Franz-Xaver Kaufmann
Katholische Kirchenkritik

D1676675

Franz-Xaver Kaufmann

KATHOLISCHE KIRCHENKRITIK

«… man muss diese versteinerten Verhältnisse dadurch zum Tanzen
zwingen, dass man ihnen ihre eigne Melodie vorsingt!»

EDITION EXODUS
Luzern 2022

Alle Rechte vorbehalten
© Genossenschaft Edition Exodus, Luzern 2022

Redaktion: Odilo Noti

Umschlag: Bernard Schlup
Satz: atelier hupa, CH-4462 Rickenbach
Druck: PBtisk a.s., CZ-261 01 Příbram 1
ISBN 978-3-907386-00-2

INHALTSVERZEICHNIS

VORWORT DES VERLAGES

«Die Zeit» hat Franz-Xaver Kaufmann attestiert, er sei «seit Jahrzehnten so etwas wie ein wissenschaftliches und ethisches Frühwarnsystem». In der Tat hat Kaufmann in der Wissenschaftslandschaft, in der Politikberatung und in den gesellschaftlichen Debatten Deutschlands tiefe Spuren hinterlassen. Von herausragender Bedeutung ist auch seine Funktion als Brückenbauer zwischen Soziologie und Theologie.[*]

Trotz der sachlichen, zurückhaltenden Tonalität der von ihm formulierten Erkenntnisse scheut sich Kaufmann keineswegs, auch persönliche Statements abzugeben – etwa zu seinem Selbstverständnis als Soziologe oder zu seinen wissenschaftlichen und kulturellen Voraussetzungen und Perspektiven. Derartige Positionierungen sind für den Leser, die Leserin hilfreich im Umgang mit dem soziologischen Stoff; sie sind anregend und sie bieten Orientierung. Deshalb seien vier solcher Statements in diesem Vorwort skizziert.[**]

Zunächst einmal formuliert Kaufmann, er sei *Mitglied der katholischen Kirche*. Die Aussage ist nicht als forsches Bekenntnis gedacht. Sie beschreibt seine Voraussetzungen. Das gehört gerade zum soziologischen Handwerk als Reflexion des menschlichen Handelns. In seiner Familie habe das Katholisch-Sein «eine große und ausdrückliche Rolle» gespielt. Es betraf nicht nur den Kirchgang, sondern umfasste die gesamte Existenz. Doch der Soziologe ist in der Zwingli-Stadt Zürich, in der Diaspora aufgewachsen. Deshalb war in einer bürgerlich-offenen Familie wie der seinen klar, dass es mehr als eine Wahrheit gibt. Oder wie er in seinen Erinnerungen «Zwischen Wis-

---

[*] Vgl. Karl Gabriel u. a.: Modernität und Solidarität. Für Franz-Xaver Kaufmann Freiburg i. Br. 1997; ders. u. a.: Zukunftsfähigkeit der Theologie. Anstöße aus der Soziologie Franz-Xaver Kaufmanns, Paderborn 1999; Stephan Goertz u. a.: Christentum – Moderne – Politik. Studien zu Franz-Xaver Kaufmann, Paderborn 2014; Norbert Mette: Die religiöse Brisanz des Christentums. Das religionssoziologische Oeuvre von Franz-Xaver Kaufmann: Stimmen der Zeit 149 (2017), S. 507–517. – Vgl. zum Folgenden ursprünglich: Franz-Xaver Kaufmann zum 90. Geburtstag, auf «feinschwarz.net».

[**] Sie sind etwa zugänglich in: Franz-Xaver Kaufmann: Kirche begreifen. Analysen und Thesen zur gesellschaftlichen Verfassung des Christentums, Freiburg i. Br. 1979; ders.: Kirchenkrise. Wie überlebt das Christentum, Freiburg i. Br. ⁴2011; ders.: Kirche in der Ambivalenz der Moderne, Freiburg i. Br. 2012; ders.: Zwischen Wissenschaft und Glauben. Persönliche Texte, Freiburg i. Br. 2014.

senschaft und Glauben» formuliert: «Uns haben der Glaube unserer Eltern, das Leben in der Diaspora und die vielfältigen Kontakte zu qualifizierten Geistlichen frei gemacht, frei auch zu einem kritischen Blick auf die von uns durchaus geliebte Kirche.» (S. 112)

Die Spätphase des Pontifikats von Pius XII. hat Kaufmann dann als Einengung erfahren, und sein Urteil über die in dieser Zeit dominierende Neuscholastik fällt unmissverständlich aus: «Die wussten immer schon, was Wahrheit ist, und zwar auch in Dingen, die mit Religion, Glaube, genauer: mit Offenbarung, gar nichts zu tun hatten» (ebd. S. 105). Sein offener Katholizismus führt den promovierten Ökonomen sogar zur Soziologie, wie er in seiner ersten religionssoziologischen Publikation – «Theologie in soziologischer Sicht» (1973) – bekennt: «Die Vorstellung, es sei mit Hilfe soziologischer Einsichten möglich, kirchliches Denken vom Ballast überholter Welt- und Sozialvorstellungen zu befreien, und der Wunsch, hierzu beizutragen, haben seinerzeit meine Entscheidung, mich der Soziologie zuzuwenden, mitbestimmt.» (S. 5)

Und sein Katholisch-Sein veranlasst den Soziologen mitunter zum öffentlichen Protest. So etwa, wenn er in der Frankfurter Allgemeinen Zeitung (FAZ) dem damaligen Leiter des Staatssekretariats, Kardinal Sodano, wegen dessen beschönigenden Worten zur Missbrauchskrise die Leviten liest und von «moralischer Lethargie» in der Kirche spricht – wo doch Jesus Menschen, die einem vertrauenden Kind etwas antun, einen Mühlstein an den Hals wünschte (vgl. Text VI in diesem Buch).

Ein zweites Statement: Der christliche Glaube sei eine Dimension seines Lebens, die ihm – wie Max Weber formuliert hat – *Weltdistanzierung* erlaube: «Für mich ist der Glaube eine Position, von der aus ich es mir leisten kann, distanziert auf die Welt zu schauen». Und er fügt hinzu, es gebe dazu keinen kopernikanischen Punkt. Die Sicht auf die Welt geschieht also nicht von einem Zentralpunkt aus. Es kommt – egal ob Soziologe oder Theologin – auf den Standpunkt und die Perspektive des Beobachters an. Deshalb lässt sich Kaufmann vom Konzept der transversalen Vernunft (Wolfgang Welsch) leiten. Es ist die Basis für die interdisziplinäre Orientierung gerade seiner religionssoziologischen Arbeiten (vgl. Text III in diesem Buch). *«Multiperspektivität»* ist der Anspruch. Danach hat für den Soziologen auch die religiöse Dimension ihren Platz – freilich ist es nur eine unter anderen.

Dieses komplexe, vielschichtige Verständnis mag zwar eine Kränkung gerade eines triumphalistisch-klerikalen, auf Dominanz zielenden Kirchenverständnisses sein. Es ist jedoch den Wirklichkeiten, in denen wir unter den Bedingungen einer entfalteten Moderne leben, angemessen. Es trägt der gesellschaftlichen Komplexität, ja der wachsenden Unübersichtlichkeit des sozialen Gesamtzusammenhanges Rechnung. Auch eine gläubige Weltsicht muss multiperspektivisch sein, will sie anschlussfähig zur Lebenswelt der Gegenwart werden. Vor diesem Hintergrund ist in den Augen von Kaufmann innerkirchliche Pluralität kein Hindernis, sondern eine Chance für die öffentliche Relevanz des Christentums.

Der Fremde – ein drittes Statement. Was Georg Simmel über den Fremden schreibt, ist auch eine Metapher für den Soziologen in der Gesellschaft: «Der Fremde ist der Freiere, praktisch und theoretisch, er übersieht die Verhältnisse vorurteilsloser, misst sie an allgemeineren, objektiveren Idealen und ist in seiner Aktion nicht durch Gewöhnung, Pietät, Antezedentien gebunden.» Allerdings, so Simmel weiter, der Fremde ist nicht der Fahrende, der sich bald da, bald dort aufhält. Er ist derjenige, «der heute kommt und morgen bleibt». Der Fremde verkörpert eine spezifische «Synthese von Nähe und Ferne».

Wer also, aus der Sicht Kaufmanns, Soziologe sein will, sollte sich von der Selbstverständlichkeit seiner sozialen Herkunftskontexte frei machen. Er muss ein gebrochenes Verhältnis zu den Selbstverständlichkeiten seiner sozialen Umgebung mitbringen. Kaufmann in seinen «persönlichen Texten»: «Fremde gewinnen einen besonderen Blick auf die einheimischen Verhältnisse und zugleich allmählich eine besondere, vielleicht etwas reflektiertere Vertrautheit mit ihnen. In Verbindung mit der kirchlichen Bindung und der soziologischen Perspektive scheinen mir das keine schlechten Voraussetzungen, um eine Diagnose der kirchlichen Verhältnisse zu versuchen.» Fremdsein ist auch für den Christen, die Christin eine prägende Erfahrung, seit jeher. In der Gesellschaft der Gegenwart ohnehin. Da ist von der Soziologie zu lernen.

Und schließlich: Dem Christentum, der katholischen Kirche erst recht, eignet wesentlich *eine gesellschaftliche und eine geschichtliche Dimension*. Dies besagt erstens, dass eine Selbstvergewisserung des Christentums wie der katholischen Kirche eine kritische Wahrnehmung der geschichtlich wirkenden Tendenzen erfordert. Diese manifestieren sich als gesellschaftliche Entwicklungen wie etwa die

Prozesse der Individualisierung und der Globalisierung. Zweitens gehört dazu die Berücksichtigung der geschichtlich gewordenen Konkretionen des Christentums und des Katholizismus. Geschichtlichkeit und Gesellschaftlichkeit sind konstitutive Größen für sie. Der Soziologe fügt hinzu, dass aus seiner Sicht die gesellschaftlichen Veränderungen im Vergleich zu innerkirchlichen Entscheidungen und Weichenstellungen relevanter sind für das allgemeine Bewusstsein. Derartige gesellschaftliche Entwicklungen und Tatsachen sind etwa die Erosion des katholischen Milieus, der Einfluss transkonfessioneller Medien, die allgemeine Anerkennung der Pluralität von Weltanschauungen oder eben der allgemeine Prozess der Individualisierung und der Globalisierung. In dieses gesellschaftliche Sein und Bewusstsein, für das Geschichtlichkeit und Wandelbarkeit der Verhältnisse selbstverständlich sind, hat sich das Christentum, die Kirche zu inkulturieren. Nicht zuletzt kirchliche Reformbefürworterinnen und -befürworter sollten diese grundlegende Perspektive nicht aus den Augen verlieren. Sie ist produktiv zu nutzen, damit das Christentum zukunftsfähig ist.

EDITION EXODUS
Odilo Noti

ZUR EINFÜHRUNG

Umgangssprachlich bezeichnet Kritik ein negatives oder zum mindesten abwertendes Urteil über einen in Frage stehenden Sachverhalt. Wer kritisiert, macht auf problematische Aspekte eines meist normativ aufgeladenen Gegenstandes oder einer Handlungsweise aufmerksam. Kritik ist ein diskursives Ereignis, eine bestimmte Form der Kommunikation.

Diese Umschreibung ist nicht falsch, aber unvollständig. Seiner Entstehung nach ist ‹Kritik› ein Wort der deutschen Gelehrtensprache, das Ende des 17. Jahrhunderts aus dem Französischen übernommen wurde und dort unter Bezugnahme auf das altgriechische *krinein* entstanden ist. *Krinein* bezeichnet die Tätigkeit des Unterscheidens und daraus folgend des ‹Scheidens› im Sinne von Trennen, Auswählen, Entscheiden. Kritik wurde zu einer wichtigen Methode der Geisteswissenschaften. Die beiden «Großen Kritiken» der reinen und der praktischen Vernunft des Meisterdenkers Immanuel Kant wurden zu Vorbildern des aufgeklärten Denkens.

In dieser Publikation finden sich beide Formen der Kritik mit Bezug auf die römisch-katholische Kirche. Oft setzt ein zutreffendes abwertendes Urteil Unterscheidungen im Sinne der zweitgenannten Form von Kritik voraus.

Auch das Wort ‹Krise› entstammt derselben Wurzel und bezeichnet den Höhepunkt oder die entscheidende Wendung in einem problematischen Prozess, so etwa bei einer schweren Krankheit die Phase, in der sich der Fortgang zu Heilung oder Tod entscheidet. Auch das Krisendenken ist ein Kind der Aufklärung.[1] Ob die in Deutschland aktuell viel diskutierte ‹Kirchenkrise› dieser Dramatik entspricht, ist ein Thema dieses Bandes.

---

1   Vgl. Reinhart Koselleck: Kritik und Krise. Eine Studie zur Pathogenese der bürgerlichen Welt, Frankfurt 1973, Neuauflage Berlin 2021.

1. Absicht

Die römisch-katholische Kirche hat wenig Sympathie für die Aufklärung entwickelt. Der im 19. Jahrhundert aufkommende Anti-Modernismus war im Kern gegen zentrale Vorstellungen der liberalen Aufklärung gerichtet. Dabei verstand Rom unter Aufklärung vor allem die in der Tat antireligiöse und antiklerikale französische Aufklärung, die sich gegen «Thron und Altar» richtete. In Frankreich blieb die Bartholomäusnacht von 1572, in der führende Hugenotten umgebracht und ein Pogrom an Protestanten in großen Teilen Frankreichs ausgelöst wurde, unvergessen – bis heute![2]

Die Ansätze zu einer «Katholischen Aufklärung» in der ersten Hälfte des 19. Jahrhunderts wurden unter den Pontifikaten von Gregor XVI. und Pius IX. erfolgreich unterdrückt. Im deutschsprachigen Kulturraum hatten sich aufklärerische Ideen bis in den höheren Klerus verbreitet, und fast alle deutschsprachigen Konzilsväter waren auf dem Ersten Vatikanischen Konzil (1869/70) gegen die Dogmatisierung des Jurisdiktionsprimates und der möglichen Unfehlbarkeit päpstlicher Entscheidungen. Es waren vor allem die zahlreichen Bischöfe aus Italien und Spanien, die den beiden Dogmen zur Mehrheit verhalfen. Der Großteil des deutschsprachigen Episkopats beugte sich der Entscheidung des Konzils, aber eine nicht unerhebliche Fraktion verließ die römische Kirche und nannte sich fortan «Alt-Katholische Kirche».

Parallelen zur gegenwärtigen Situation bieten sich an, wenngleich die aktuelle Unruhe im deutschsprachigen (einschließlich des niederländischen und Teilen des angelsächsischen) Katholizismus heute weit stärker vom ‹Kirchenvolk› ausgeht. Es sind im Wesentlichen die Katholiken aus den Ländern, in denen die Reformationen des 16. Jahrhunderts erfolgreich waren, wo die Katholiken also keine Mehrheit bilden, die ihr Unbehagen an der ‹Amtskirche› äußern. Dort wurden auch die klerikalen Missbrauchsskandale zuerst aufgedeckt.[3]

Ohne ins Detail zu gehen, sei daran erinnert, dass eine wesentliche Errungenschaft der Moderne, die Rechtsstaatlichkeit, umso besser

---

2 «Papst Gregor XIII. ließ bei Bekanntwerden des Massakers zum Dank ein *Te Deum* singen und eine Gedenkmünze prägen.» (Wikipedia)

3 Die Aufklärung in Großbritannien und Deutschland war denn auch nicht dominant antireligiös geprägt, sondern nahm christliche Ideen aus den protestantischen Kirchen auf, die bis heute als «Christentum außerhalb der Kirchen» wirksam sind. So zuerst Trutz Rendtorff: Christentum außerhalb der Kirchen. Konkretionen der Aufklärung, Hamburg 1969.

funktioniert, je höher der Bevölkerungsanteil der Protestanten ist.[4] Die Leistungsüberlegenheit des Rechtsstaates gegenüber der kirchlichen Administration, manifestiert aktuell am Beispiel der Strafverfolgung sexuellen Missbrauchs, bildet einen wichtigen Kontext der Kirchenkritik. *Es sind also unterschiedliche kulturelle Räume, die die Wahrnehmung von und Kommunikation über Kirche und ihren Glauben mitbestimmen.* In vielen korrupten Staaten, vor allem der dritten und vierten Welt, stellen die Einrichtungen der christlichen Kirchen Orte der Sicherheit und Verlässlichkeit dar, und dem entsprechend ist auch die Autorität der Kirchen ungebrochen, insbesondere die der katholischen Kirche. Da gibt es keine Kirchenkrise!

Mit dieser kleinen einleitenden Argumentation möchte ich zum einen eine soziologische Perspektive auf das Kirchengeschehen veranschaulichen und zum andern verdeutlichen, was ich unter Kirchenkritik verstehe. Denn ich bin kein Theologe, sondern Soziologe, aber einer, der schon früh ins Gespräch mit der Theologie geriet.[5] Soziologische Kirchenkritik bedeutet mir zu differenzieren, Unterschiede aufzuzeigen, die Perspektiven zu wechseln, um Kirche in ihrer historischen oder sozialen Dimension, in ihrer Vielschichtigkeit oder auch Widersprüchlichkeit zu beleuchten und dem Verstehen der Beteiligten nahe zu bringen. Oder mit Karl Marx gesprochen: «[…] man muss diese versteinerten Verhältnisse dadurch zum Tanzen zwingen, dass man ihnen ihre eigne Melodie vorsingt!»[6] Was Marx in erstaunlicher Klarsicht mit Bezug auf die kapitalistische Gesellschaft gelungen ist, habe ich mit bescheidenen Mitteln und als wissenschaftliche Nebentätigkeit während meines langen akademischen Lebens mit Bezug auf die römisch-katholische Kirche versucht – meine Kirche, deren benediktinischer Tradition ich viel verdanke.[7] Aber wie die weit verbreitete Rede von einer Kirchenkrise zeigt, muss hier etwas im Argen liegen. Tiefere Schichten der

4   Beispielhaft seien die Ergebnisse des ‹Korruptionswahrnehmungsindex› (CPI) von *Transparency International* erwähnt: Auf den fünf Spitzenplätzen stehen (2020) drei skandinavische Staaten sowie Neuseeland und Singapur. Es folgen die Schweiz, Norwegen, die Niederlande und Deutschland, dann Länder des ehemaligen britischen Commonwealth. Das erste mehrheitlich katholische Land erscheint mit Österreich auf Rang 15, Spanien auf Rang 32, Polen auf Rang 45, Italien auf Rang 52 von insgesamt 179 erfassten Staaten.

5   Vgl. Franz-Xaver Kaufmann: Zwischen Wissenschaft und Glaube. Persönliche Texte, Freiburg i. Br. 2014, S. 111 ff.; 126 ff.

6   Karl Marx: Kritik der Hegelschen Rechtsphilosophie, Einleitung (1844), MEW 1, S. 181.

7   «Die Vorstellung, es sei mit Hilfe soziologischer Einsichten möglich, kirchliches Denken vom Ballast überholter Welt- und Sozialvorstellungen zu befreien, und der Wunsch, hierzu beizutragen, haben seinerzeit meine Entscheidung, mich der Soziologie zuzuwenden, mitbestimmt.» Franz-Xaver Kaufmann: Theologie in soziologischer Sicht. Freiburg i. Br. 1973, S. 5.

sich heute vor allem im Kontext der Missbrauchsdiskussion und der Frauenfrage manifestierenden Krise ans Licht zu bringen, das scheint mir eine wichtige Aufgabe katholischer Kirchenkritik.

Zugegeben: Solche Kritik erleichtert nicht das bewahrende oder zukunftsorientierte Handeln. Aber sie kann zum wechselseitigen Verständnis zwischen unterschiedlichen Auffassungen beitragen, indem sie Gründe für diese Unterschiede aufdeckt und vielleicht einen erweiterten Interpretationsrahmen vorschlägt, in dem Kontrahenten, die zueinander in Widerspruch geraten sind, einander wiederfinden können.

Den zeitgeschichtlichen Hintergrund für die Nützlichkeit soziologischer Beobachtungen und Analysen bilden der sich beschleunigende soziale und kulturelle Wandel, den die kirchliche Sprache als «Zeichen der Zeit» thematisiert. Die Modernisierung vollzieht sich als Differenzierung und Komplexitätssteigerung der sozialen Zusammenhänge. Den Sinn hierfür zu wecken ist ein *nobile officium* der Soziologie als Gesellschaftstheorie, und die institutionsbezogene historische und aktuelle empirische Sozialforschung sowie darauf aufbauende deutende Analyse tragen zum Verständnis der gesellschaftlichen, näherhin politischen, ökonomischen, sozialen und kulturellen Zusammenhänge bei, in denen wir leben. Dies geschieht hier für den institutionellen Bereich der katholischen Kirche – mit gelegentlichen Seitenblicken auf andere christliche Konfessionen.

2. Überblick

Mit Ausnahme der Texte IX und XIII sind alle in diesem Buch zusammengefassten Texte im Horizont der Erschütterung der katholischen Kirche entstanden, welche durch das Öffentlich-Werden verbreiteter Vergehen von Klerikern an Kindern und Jugendlichen ausgelöst wurde. Der Früheste von ihnen (Text VI) ist aus sehr persönlicher Empörung über eine Bemerkung des Kardinals Sodano während des Ostergottesdienstes 2010 entstanden. An Papst Benedikt XVI. gerichtet, sagte er: «Heiliger Vater, das Volk Gottes ist mit dir und wird sich nicht vom Gerede der herrschenden Meinungen beeinflussen lassen», was die Öffentlichkeit (mich eingeschlossen) als Verharmlosung der beginnenden Missbrauchsdiskussion verstand.[8]

---

8 Der Zusammenhang wurde nachträglich vom Vatikan dementiert.

Der Text entstand in einem Tag und wurde von der Frankfurter Allgemeinen Zeitung (FAZ) kurzfristig veröffentlicht.

Die Texte werden hier nicht in der eher zufälligen Reihenfolge ihrer Entstehung präsentiert, sondern auf Grund eines Gedankengangs, der kurz erläutert sei.[9] Das Ziel ist nicht, einfach meine Beiträge zur Krisendiskussion zusammen zu publizieren, sondern das Bewusstsein für den historischen und aktuellen Kontext der Krisendiskussion zu schärfen und auf Zusammenhänge aufmerksam zu machen, die in der aktuellen Krisendiskussion meines Erachtens zu kurz kommen. Diese steht auch im Hintergrund des «Synodalen Weges», und wie dessen Schwierigkeiten zeigen, haben meine Analysen nichts an Aktualität eingebüßt.

Die ersten drei Beiträge beziehen sich auf den größeren Kontext des aktuellen Selbstverständnisses der römisch-katholischen Kirche. Text I holt weit aus und beleuchtet den weltgeschichtlichen Horizont in Spannung zu unseren eurozentrischen religionswissenschaftlichen Perspektiven. Text II macht auf die Partikularität der romzentrierten katholischen Kirche im Zusammenhang der Christentumsgeschichte aufmerksam, nämlich auf die Provinzialität ihres universalen Anspruchs. Text III, der dem Leser, der Leserin etwas zumutet, beleuchtet den Kontext der Moderne und Postmoderne sowie die daraus resultierenden Herausforderungen an die Kirchen.

Es folgen fünf aktualitätsbezogene Beiträge, die zuerst in öffentlichkeitswirksamen Medien (FAZ, Schweizerische Kirchenzeitung) veröffentlich wurden. Text IV kommentiert ein kirchenkritisches Memorandum katholischer deutscher Theologieprofessoren aus dem Jahr 2011 und die Entgegnung von Kardinal Walter Kasper. Text V analysiert das Schlagwort einer Kirchenkrise, indem vier verschiedene Dimensionen ausgemacht werden: Missbrauchskrise, pastorale Krise, strukturelle Krise und Krise des Gottesglaubens. Er bildet gleichzeitig eine Klammer für viele andere Texte dieses Bandes. Vom stark rezipierten Text VI «Moralische Lethargie in der Kirche» war bereits oben die Rede. Text VII reagierte auf die Freiburger Rede von Papst Benedikt XVI. am 25. September 2011 bzw. das darin lancierte Stichwort einer «Entweltlichung der Kirche». Und Text VIII auf das

---

9 Den Plan, meine Beiträge zur Krisendiskussion in der katholischen Kirche gemeinsam zu veröffentlichen, fasste ich schon 2015, doch standen dem Vorhaben verschiedene Erkrankungen im Wege sowie die Sorge um meine im Dezember 2021 nach langer Krankheit gestorbene Frau.

von Papst Franziskus kritisch aufgenommene Stichwort «Klerikalismus».

In den folgenden Texten wird tiefer gebohrt. Von den oben unterschiedenen vier Dimensionen einer Kirchenkrise beschäftigt mich am meisten die strukturelle Dimension. Meine Einschätzung der immer noch in den Prämissen des Ersten Vatikanischen Konzils gefangenen römischen Kirche suggeriert den Begriff der *Selbstfesselung*. Trotz der Lockerungsübungen des Zweiten Vatikanischen Konzils hat sich der Trend zur Zentralisierung von Entscheidungskompetenzen im Vatikan fortgesetzt. Das ist Thema der Texte IX und X. Sie betreffen vor allem das Phänomen der *organisatorischen Zentralisierung*, der Kirchenleitung.

Ergänzend sei hier auf den Trend zu *doktrinärer Zentralisierung* hingewiesen. Eine Grundaufgabe der Kirche ist die Sicherung der Übergabe (*traditio!*) des christlichen Glaubensschatzes (*depositum fidei*) durch die Geschichte: von Generation zu Generation, von Kultur zu Kultur und Vergesellschaftungsform zu Vergesellschaftungsform. Dabei verändern sich die Plausibilitätsstrukturen, also die Bedingungen, unter denen der christliche Glaube glaubhaft erscheint. Diese Vermittlung von Weitergabe der Tradition und neuen Kontexten vollzog sich bis zum Beginn der Neuzeit auf vielfältige und kaum reflektierte Weise. Eine explizite «Lehre von der Kirche» (Ekklesiologie) entstand erst im 16. Jahrhundert in Reaktion auf die Anfragen der Reformatoren. Einflussreich wurde der spanische Dominikaner Melchior Cano (1509–1560). Er systematisierte die «Fundorte des Kirchenglaubens» (*loci theologici*) wie folgt: die heiligen Schriften, das Glaubensbewusstsein der Kirchenzugehörigen, das Kollegium der Bischöfe, das kirchliche Lehramt (Papst) und die «Väter der Kirche», modern gesagt: die anerkannten Theologen.[10] Zwischen diesen Orten des Glaubens postuliert Cano keine Rangfolge; der Glaube der Kirche entwickelt sich in der Wechselwirkung der verschiedenen Autoritäten.

Diese theologische Lehre wurde erst im Zuge des päpstlichen Antimodernismus in Frage gestellt, vor allem hinsichtlich der Autorität des Glaubensbewusstseins der Gläubigen und der Gleichordnung des päpstlichen Lehramtes. Vollendet wurde die Monopolisierung der Lehrautorität beim Papst aber erst unter Johannes Paul II., der

---

10 Nach Wolfgang Beinert: Wer hat das Sagen in der Kirche? In: Herder Korrespondenz 76 (2022), S. 45 f.

die Theologen verpflichtete, nicht nur die dogmatisierten Wahrheiten, sondern auch die Maßgaben des «authentischen Lehramtes» sich zu eigen zu machen.[11] Diese Denkfigur ist erst im Vorfeld des Ersten Vatikanums von einem Jesuiten entwickelt worden.[12] Soweit zum Thema Zentralisierung in der Kirche, die allmählich zur Monopolisierung verkommt und damit auch ihre Veränderungsfähigkeit einbüßt.

Ein spezifisches Moment kirchlicher Selbstfesselung lässt sich im Bereich der Moraltheologie beobachten. Dies wird derzeit manifest im Bereich der Sexualmoral, doch ist das Problem grundsätzlicher. Dem geht Text XI nach, in dem es um den Umgang der Kirche mit dem menschlichen Phänomen der Schuld geht, das kirchlicherseits als «Sünde» thematisiert wird. Betont werden die Unterschiede zum ersten Jahrtausend und wiederum der Trend zur Vereinheitlichung und Systematisierung, den schon die vorangehenden Texte hervorgehoben haben.

Die beiden abschließenden Texte öffnen, wie die einleitenden, je eine breitere Perspektive als die aktuelle Krisendiskussion. «Ist das Christentum in Deutschland zukunftsfähig?» (XII) bietet eine skeptische Gegenwartsdiagnose bezüglich der kirchlichen Situation in Deutschland, die durch starke staatskirchenrechtliche Vorgaben gestützt wird, aber die Erosion der Kirchenmitgliedschaft nicht aufzuhalten vermag.

Der letzte Text (XIII) «Kann es heute katholische Intellektualität geben?» wechselt die Perspektive. In ihm ist nicht mehr von den kirchlichen Verhältnissen die Rede, sondern von denjenigen, die sich mit ihnen kritisch auseinandersetzen. Es sind katholische Intellektuelle, Theologen und Nicht-Theologen, die gelernt haben, die theologische mit anderen fachlichen Perspektiven zu verknüpfen. Der Text nimmt also keine religionssoziologische, sondern eine wissenssoziologische Perspektive ein. Er guckt gewissermaßen über die Schulter des Autors, der als Katholik kirchenkritische Texte verfasst. Und er will seinen Schwestern und Brüdern im Glauben Mut machen, das Eigene der katholischen Tradition nicht nur kritisch, sondern auch

11 «Die fast absolute Fokussierung der Lehrfindung auf Amtsträger hat wesentlich dazu beigetragen, dass die gegenwärtige Krise entstanden ist. Man kann ihren Ausbruch in der Publikation der Enzyklika ‹Humanae vitae› (Paul VI., 1968) sehen, die in der Folge zum weitgehenden Zusammenbruch der lehramtlichen Autorität geführt hat.» Beinert, ebd. S. 46.

12 Vgl. Hubert Wolf: «Wahr ist, was gelehrt wird» statt «Gelehrt wird, was wahr ist»? Zur «Erfindung» des «ordentlichen» Lehramts, in: Thomas Schmeller, Martin Ebner, Rudolf Hoppe (Hg.): Neutestamentliche Ämtermodelle im Kontext, Freiburg i. Br. u. a. 2010, S. 236–259.

affirmativ zur Geltung zu bringen, soweit es vor dem Gericht einer aufgeklärten, aber ihrer Grenzen bewussten Vernunft zu bestehen vermag.

Die hier zusammengefassten Texte sind nicht für Spezialisten, sondern für eine breitere Öffentlichkeit geschrieben und in entsprechenden Medien zuerst publiziert worden. Ihre gemeinsame Publikation will einen Denkstil verdeutlichen, der Sozialwissenschaft als Praxis der Aufklärung versteht, der ich mich ebenso verpflichtet weiß wie meinem Glauben.

Bonn, am 2. August 2022
Franz-Xaver Kaufmann

I. DER EUROPÄISCHE SONDERWEG DER RELIGION

«Welche Verkettung von Umständen hat dazu geführt, dass gerade auf dem Boden des Okzidents, und nur hier, Kulturerscheinungen auftraten, welche doch – wie wenigstens wir uns vorstellen – in einer Entwicklungsrichtung von universeller Bedeutung und Gültigkeit lagen?»[13]

Diese wuchtige Frage, die Max Weber seinen Studien zur Religions-soziologie vorangestellt hat, bildet auch den Hintergrund für diesen Text. Allerdings soll nicht der umfangreichen Max-Weber-Exege-se ein weiteres Kapitel hinzugefügt werden, die neuere Forschung brachte durchaus zusätzliche Einsichten zutage. Vor allem ist der für Webers Zeit ungewöhnlich weitsichtige Einschub «wie wenigstens wir uns vorstellen» inzwischen zu einem eigenen wissenssoziologi-schen Problembereich geworden, der die Frage nach dem europäi-schen Sonderweg auf das Problem der Religion zuspitzt. Vielleicht wäre der richtigere und provokativere Titel «Der europäische Son-derweg *zur* Religion», denn «Religion» ist nicht nur ein allein im Horizont der europäischen Geschichte prominent gewordenes Kon-zept, sondern die religionsbezogene Perspektive selbst steht in einer merkwürdigen Inkongruenz zu den noch nicht von der Modernisie-rung heimgesuchten gesellschaftlichen Verhältnissen.

Dass die umfassenden gesellschaftlichen Transformationen, die vereinfachend mit dem Begriff der Modernisierung bezeichnet sei-en, ihr Zentrum in Westeuropa hatten, wird hier vorausgesetzt. Drei Revolutionen – kulturell als Aufklärung, wirtschaftlich als Indust-rialisierung und politisch als Konstitutionalisierung – trafen in der zweiten Hälfte des 18. Jahrhunderts zusammen und brachten die Jahrtausende alten Formen einer auf Bodenhaftung und Traditionen beruhenden Vergesellschaftung in Bewegung. Und die Legitimität des Wandels, in den Worten Jakob Burckhardts «der Geist der ewi-gen Revision», wurde zu einem zentralen kulturellen Element der Moderne.[14] Man könnte einwenden, dass die Ideen der Religionsfrei-heit und der Verfassung zuerst in den Vereinigten Staaten eine po-

---

13 Max Weber: Gesammelte Aufsätze zur Religionssoziologie, Band I, Tübingen ³1934, S. 1.
14 Näheres bei Franz-Xaver Kaufmann: Religion und Modernität, Tübingen 1989, S. 35 ff.

litische Form angenommen haben und dass die Vereinigten Staaten zunehmend zur Speerspitze der Modernisierung geworden sind. Für die hier interessierende Frage nach dem okzidentalen Sonderweg der Religion ist dies nachrangig. Amerika wurde sozusagen zum Laboratorium einer nicht durch die Last der Vergangenheit mitbestimmten Moderne; es gilt aber, eben diese Vergangenheit in den Blick zu nehmen.

Dabei ist selbstverständlich der Sonderweg der Religion nicht vom Gesamtkomplex der besonderen Entwicklungen zu trennen, die uns in eine Moderne geführt haben, die wir gerne als säkular bezeichnen. Hier sei jedoch der Strang der Religionsentwicklung analytisch isoliert.

1. Die religionswissenschaftliche Perspektive

Die verbreitetste Bezeichnung für das Schicksal von Religion im Zuge der Modernisierung lautet ‹Säkularisierung›. Allerdings wird dieser Begriff seit einiger Zeit zunehmend kritisiert.[15] Es lassen sich mindestens sieben verschiedene Bedeutungen des Begriffs unterscheiden, die miteinander nicht systematisch verbunden sind.[16] Die Phänomene religiösen Wandels sind vielfältig und ihre Ursachen heterogen. Sie lassen sich nicht auf solch einen unilinearen Begriff bringen, und für die Zusammenhänge zwischen Modernisierung und Religion außerhalb des lateinischen Christentums ist er völlig untauglich. Niklas Luhmann diagnostizierte, ‹Säkularisierung› sei eine Kategorie kirchlicher Beobachter mit Bezug auf ihre Umwelt. In der Tat wurde das Wort zunächst von evangelischen Theologen aufgenommen, es wird aber neuerdings auch in katholischen Kreisen rezipiert und scheint allgemein in den Sprachspielen von Kirchenmännern beliebt zu sein. Immerhin verweist ‹Säkularisierung› auf eine Kernvorstellung des europäischen Sonderwegs der Religion: die

---

15 Hierzu die große interdisziplinäre Studie «Umstrittene Säkularisierung» des Exzellenzclusters Religion und Politik, hg. von Karl Gabriel, Christel Gärtner und Detlef Pollack, Berlin ²2014. Eine vorzügliche Übersicht über die internationalen religionssoziologischen Diskussionen um Säkularisierung gibt Michael Hainz: In Favour, Against and Beyond Secularization – Contemporary Sociological Disputes on a Core Concept of the Sociology of Religion, in: Secularization – The Context of our Evangelization. Proceedings of the Eurojess Conference Lviv, Ukraine, 21. bis 24. August 2013, Lviv 2014, S. 28–72.

16 Siehe Franz Xaver Kaufmann: Religion und Modernisierung – Wie weit trägt die Säkularisierungsthese?, in: Gregor Buß/Markus Luber (Hg.), Neue Räume öffnen – Mission und Säkularisierungen weltweit, Regensburg 2013, S. 15–32, hier 16 ff.

Prominenz der Unterscheidung zwischen einem religiösen und einem nicht-religiösen Bereich: Transzendenz und Immanenz, heilig und profan, Kirche und Welt, Kirche und Gesellschaft, geistlich und säkular – das sind typische Begriffspaare, welche diese Unterscheidung konkretisieren. Den sozialen Hintergrund bildet die institutionelle Verselbstständigung der lateinischen Kirche in Auseinandersetzung mit der sich parallel verselbstständigenden und säkularisierenden politischen Gewalt im Staat und in den konkurrierenden Wahrheitsansprüchen der Wissenschaften. Und – seit der Trennung von Kirche und Staat – gilt dies auch für die reformatorischen Kirchen. Dies wird im Folgenden zu vertiefen sein.

Bezogen auf die genannten Grundunterscheidungen nimmt der Begriff ‹Religion› heute eine merkwürdig ambivalente Stellung ein. ‹Religion› ist ein Begriff, der erst im Horizont der nachreformatorischen Konfessionskonflikte in der Aufklärung zu einer Kategorie dessen wird, was den ‹wahren Kern› des zwischen den Konfessionen strittigen Christentums ausmacht. *Religio* ist also trotz seines römischen Ursprungs erst ein «neuzeitlicher Grundbegriff», ohne den die christlichen Kirchen lange ausgekommen sind; hier waren vor allem *pistis* bzw. *fides* und im Westen auch *lex* semantisch führend.[17] Der Protestantismus hat *religio* übernommen und darin ein Äquivalent zum katholischen Begriff der *Ecclesia* gefunden: Beide Begriffe betonen die Selbstständigkeit des Religiösen im Verhältnis zum Rest der Welt. Von Seiten der Aufklärung wurde ‹Religion› alsbald kritisch unter die Lupe genommen und ihre auf eine außerweltliche Transzendenz bezogenen Prämissen in Frage gestellt. Unter Intellektuellen des romanischen und angelsächsischen Sprachraums, aber auch bei Friedrich Nietzsche und Arthur Schopenhauer, wurde das absehbare Ende des Christentums als Religion Europas als nahezu selbstverständlich vorausgesetzt. Parallel dazu entwickelte sich mit der Entstehung der vergleichenden Religionswissenschaft im 19. Jahrhundert ein breiterer, generischer Begriff von Religion, der nicht nur das Christentum, sondern zunächst alle ‹Weltreligionen›, und in der Folge auch die ‹Naturreligionen› umfasst. Hier entstand also eine religionstheoretische Perspektive auf die Welt, die von der Annahme ausgeht, in allen menschlichen Gesellschaften gebe es ‹Religion›, und

---

17 Vgl. die begriffsgeschichtlichen Studien von Ernst Feil: Religio, 4 Bände, Göttingen 1986–2007. Bemerkenswerterweise führt ein so seriöses Werk wie das Lexikon für Theologie und Kirche das Judentum nicht unter «Weltreligionen» auf; vgl. LThK, 3. Aufl., Sonderausgabe Freiburg i. Br. 2006, Band 10, 1080 f.

diese zu entdecken und zu erforschen sei Aufgabe der Religionswissenschaften. Hier steht ‹Religion› also nicht mehr für das allgemein
Verbindliche und Verbindende am christlichen Glauben, sondern, in
«Abwendung von allen Wahrheitsfragen» (Ernst Troeltsch), als generischer Begriff für … – und hier beginnen schon die nicht enden wol-
lenden Diskussionen um das Wesen oder den Begriffskern von ‹Religion› im Allgemeinen, die an dieser Stelle nicht zu referieren sind.[18]
Funktionale und substanzielle, normative und deskriptive, theozentrische und anthropozentrische Religionsbegriffe konkurrieren in einem
Raum, der einerseits durch protestantische Theologien, andererseits
durch die verschiedenen – historischen, philosophischen, soziologischen und psychologischen – Religionswissenschaften besetzt wird.

Es zeugt von der Sensibilität Max Webers, dass er trotz der damaligen Aktualität des Religionsbegriffs in seinen wegweisenden Studien
zur Soziologie der Weltreligionen auf eine kategoriale Verwendung
des Wortes verzichtet hat.[19] Hintergrund der begrifflichen Verlegen-
heiten um ‹Religion› ist – in der Formulierung von Joachim Matthes
– die «zentristische Organisation des religionssoziologischen Denkens»: «Dass ‹Religion› immer und überall mit einer Scheidung der
Welten und der Dinge in ‹heilige› und ‹profane› zu tun habe, wie
uns in der Religionssoziologie seit Durkheim geläufig ist, ist eine
christozentrische Projektion *par excellence*. … Wenn wir dann, wie
im Ausstrahlungsbereich der chinesischen Kultur, aber auch der in-
dischen und der afrikanischen, auf ein multiples Konzept von vielfältig geschichteten Wirklichkeiten stoßen, in dem die hier und jetzt
gelebte alltägliche Wirklichkeit von allen anderen, die man so kennt
(die der Naturkräfte, der Vorfahren, der Geister und schließlich auch
der Götter) nicht nur nicht säuberlich getrennt, sondern geradezu
auf ‹Kommunikation› mit ihnen angelegt ist, dann wird es schwie-
rig, diese Scheidung in ‹heilig› und ‹profan› als ein definitorisches
Erfordernis für eine allgemeine, auch empirisch ausgelegte Bestimmung von ‹Religion› durchzuhalten.»[20] Diese Argumentation lässt

18 Vgl. etwa die umfangreichen Bände von Carsten Colpe (Hg.): Die Diskussion um das «Hei-
    lige», Darmstadt 1977; Christoph Elsas (Hg.): Religio. Ein Jahrhundert theologischer, philo-
    sophischer, soziologischer und psychologischer Interpretationsansätze, München 1975; Falk
    Wagner: Was ist Religion?, Gütersloh 1986.
19 Vgl Hartmann Tyrell: ‹Religion› in der Soziologie Max Webers, Wiesbaden 2014, S. 25 ff.
20 Joachim Matthes: Was ist anders an anderen Religionen? Anmerkungen zur zentristischen
    Organisation des religionssoziologischen Denkens, in: Religion und Kultur. Sonderheft 33
    der Kölner Zeitschrift für Soziologie und Sozialpsychologie, Opladen 1993, S. 16–30, Zitat auf
    S. 22.

sich auf andere Unterscheidungen im Bereich von Religion/Nicht-Religion ausdehnen. Besonders irritierend für von den Exklusivitäts-ansprüchen des Christentums geprägte Europäer sind die dort ver-breitete Polyreligiosität oder besser Polyritualität sowie das Fehlen klarer Grenzen zwischen unterschiedlichen Lebensbereichen. Wie Friedrich Tenbruck verdeutlicht, gibt es außerhalb des Lateinischen kein ursprüngliches Synonym für ‹Religio›. Der Begriff wurde im Christentum nur zögerlich und in unterschiedlichen Ausdeutun-gen rezipiert, entwickelte jedoch in dem Maße eine Eigendynamik, als Kirchen und Intellektuelle mit den Spannungen zwischen einer klerikalen und einer Laienkultur konfrontiert wurden. «Die beweg-te neuzeitliche Geschichte des Religionsbegriffs ergab sich aus dem Zwang, diesen Begriff, der zum eigenen Glaubensverständnis gehör-te, zu klären. Dieser Zwang ergab sich im Westen, weil dort die ratio-nale Theologie auf diese Einheit von Wissen und Glauben abgestellt hatte und weil dort diese Annahme durch neue Lagen in Zweifel geriet. ... Nur im Westen konnten im Fortgang die Religionswissen-schaften und zuletzt die Religionssoziologie entstehen.»[21]

2. Etappen des Sonderwegs

Halten wir also fest: Religion ist ein auf den vom Lateinischen ge-prägten Kulturraum beschränkter Begriff und verbindet sich hier mit der Vorstellung einer Scheidung von religiöser und nicht-religiöser Lebenssphäre. Und genau in dieser Spaltung, in der «Apartheid von Religion» (Matthes) kommt die religiöse Eigenart Europas zur Gel-tung, das wie kein anderer Kulturraum von einer einzigen Religion, dem Christentum, geprägt worden ist. Zwar haben Judentum und Islam für die europäische Religionsgeschichte ebenfalls eine Rolle gespielt, aber nur als äußere oder innere Bedrohung, als Negativfolie, die die Identität der ‹Christenheit› verstärkte. Was hat das in histori-scher Sicht, aber auch aktuell zu bedeuten?

Wenn wir diesen europäischen Sonderweg erklärend rekonstruie-ren wollen, so müssen wir weit zurückgehen, in die seit Karl Jaspers so genannte Achsenzeit, genauer zu den sich im Zwangsexil in Babylon befindlichen Juden, unter denen der Glaube an einen einzigen tran-

21 Friedrich H. Tenbruck: Die Religion im Malstrom der Reflexion, in: Religion und Kultur. Sonderheft 33 der Kölner Zeitschrift für Soziologie und Sozialpsychologie, Opladen 1993, S. 31–67, Zitat auf S. 61.

szendenten Gott zuerst Gestalt annahm – ein eifersüchtiger Gott, der keine anderen Götter neben sich duldet. Das Numinose zieht sich damit aus der Alltagswelt zurück, und dies wird die Grundlage für ein rationaleres Verhältnis zu den menschlichen Handlungsmöglichkeiten. Arnold Gehlen bezeichnete den Monotheismus als intime Voraussetzung der Naturwissenschaften. Bereits hier ist die grundlegende Trennung zwischen Transzendenz und Immanenz angelegt, die den drei großen monotheistischen Religionen gemeinsam ist und sie vom Rest der Welt, insbesondere den asiatischen Hochkulturen unterscheidet. Daraus allein lässt sich allerdings noch kein europäischer Sonderweg ableiten. Auch wenn wir uns nur auf das Christentum konzentrieren, stehen wir vor der Tatsache, dass sich eine der okzidentalen vergleichbare Dichotomie zwischen ‹Religion› und ‹Nicht-Religion› im Bereich der orthodoxen oder der monophysitischen Christentümer nicht entwickelt hat.[22] Zwar waren die Christen von Anfang an eine sich scharf von ihrer Umgebung abgrenzende Minderheit, und auch nach der Konstantinischen Wende blieb die Präsenz nicht-christlicher Völker und Gegenden und damit der Missionsauftrag aktuell. Aber dies führte nur im Bereich der lateinischen Kirche zu einer allmählichen Differenzierung zwischen konkurrierenden geistlichen und weltlichen Gewalten.

Wir werden also auf Rom verwiesen, wo dessen Bischöfen im allmählichen Zusammenbrechen des weströmischen Reiches eine hohe symbolische Macht zuwuchs, und darüber hinaus auch politisch-administrative Funktionen. In der Ost-Kirche blieb die kirchliche und politische Gewalt beim Kaiser, der für diese Doppelautorität auf vorchristliche Modelle rekurrieren konnte, während die religiösen Anstrengungen davon sozusagen abgetrennt dem Mönchtum oblagen. Im Westen entwickelte sich dagegen das Papsttum in der Spätantike zu einer gleichzeitig religiösen und politischen Größe, die sich zur Legitimation ihrer primatialen Ansprüche zunächst weniger auf Mt 16,18–19 als auf das römische Recht berief. «Für die lateinische Kultur [war] kennzeichnend eine klare Vorstellung von Ordnung, die wesentlich als Rechtsordnung aufgefasst wurde, hierarchisch strukturiert war und Autorität nur für das Amt zuließ. Die Möglichkeit von Einheit war an eine solche Ordnung gebunden, die, wie auch Wahr-

---

22 Es fällt auf, dass sich die Religionswissenschaften um diese Formen des Christentums nur marginal kümmern. Zu den monophysitischen Kirchen vgl. die große Studie von Philip Jenkins: Das goldene Zeitalter des Christentums. Die vergessene Geschichte der größten Weltreligion, Freiburg i. Br. 2010.

heit allgemein, durch den Rückgriff auf Geschichte und Tradition begründet wurde. ... Die Verbindung zwischen ‹richtiger› Tradition und Amt war im Osten keineswegs anerkannt.»[23] Diese Prinzipien wurden vom Papsttum früh übernommen. Auch wenn das Papsttum zwischenzeitlich zum Zankapfel des römischen Adels wurde, wird man der kirchlichen Ordnung bis an die Schwelle der Neuzeit (und noch mit der Kurienreform Sixtus' V.) überwiegend ein organisatorisches Prä gegenüber den politischen Gewalten attestieren dürfen. Mit anderen Worten: Die aus unserer heutigen Perspektive geistliche Gewalt war besser organisiert als die neu entstehenden weltlichen, und sie durchdrang Westeuropa zunehmend nicht nur mit einem gemeinsamen Glauben, sondern auch mit vergleichsweise einheitlichen rechtlichen und moralischen Grundsätzen. Und diese wurden von da aus nach Britannien und nach Zentraleuropa getragen.

Die Unterscheidung von ‹geistlich› und ‹säkular› war im ersten christlichen Jahrtausend noch nicht kategorial, auch wenn bereits duale Denkmuster im lateinisch christlichen Raum seit der Spätantike eine Rolle spielten. Nachhaltig wirksam wurden Augustins Unterscheidung zwischen *Civitas Dei* und *Civitas terrena* und der Brief des Papstes Gelasius I. an den Kaiser von Byzanz Anastasios I., in dem zwischen der *sacrata auctoritas pontificum* und der *regalis potestas* unterschieden wird. Das augustinische Dual führte zu den Bemühungen im Luthertum, das Verhältnis zwischen Obrigkeit und Kirche zu klären. Das gelasianische Dual führte mit dem Aufstieg der fränkischen Könige zur Unterscheidung von *Sacerdotium* und *Imperium* und in der Folge zur Auseinandersetzung zwischen der päpstlichen und der kaiserlichen Partei mittels der sogenannten «Zwei-Schwerter-Lehre» im Investiturstreit.

Der Investiturstreit endete formell mit dem Konkordat von Worms (1122). Auch wenn dessen politische Wirkung bescheiden blieb, ist es erwähnenswert, weil hier erstmals die Unterscheidung von *spiritualia* und *temporalia* im Sinne einer funktionalen Trennung und differenzierten Zuschreibung der Kompetenzen von Papst und Kaiser festgeschrieben wurde. «Die Investitursymbole wurden verändert, was auf einen wichtigen Wandel deutet: Nicht mehr mit Ring und Stab [als Zeichen seiner geistlichen Hirtenfunktion, FXK], sondern mit dem Zepter [als Zeichen seiner herrschaftlichen Funktion, FXK] sollte der

---

23 Jochen Martin: Der Weg zur Ewigkeit führt über Rom, Stuttgart 2010, S. 11, 13. Vgl. Friedrich Wilhelm Graf: Art. «Zweireichelehre», in LThK, Bd. 10, S. 1515–1519.

König den Bischof investieren. *Temporalia* und *spiritualia* wurden so unterschieden, weltliche und geistliche Bereiche des Bischofsamtes erkannt und anerkannt. Das deutet auf ein gewachsenes Bewusstsein hin, dass Kirche und Welt getrennte Sphären darstellen.»[24] Die bald darauffolgende Wiederbelebung des römischen Rechtsdenkens durch Gratian führte auf dem III. und IV. Laterankonzil zu einer Systematisierung der kirchlichen Ordnung. Durch die Einführung des Pflichtzölibats für alle Kleriker unter Innozenz III. wurde eine weitere Weiche zur Entflechtung von kirchlicher Organisation und Laienwelt gestellt, wie denn die Eliminierung des Laieneinflusses, insbesondere natürlich desjenigen von Kaiser und Königen, ein wichtiges Anliegen der Päpste der gregorianischen Reformzeit gewesen ist.

Ein weiterer Aspekt des religiösen Sonderwegs muss wenigstens erwähnt werden: die Entstehung und institutionelle Verselbstständigung einer an den Prinzipien menschlicher Vernunft orientierten Theologie. Während die Auslegung und Reflexion der christlichen Lehre im ersten Jahrtausend im Wesentlichen eine Aufgabe der Bischöfe und in etwa des Mönchtums blieb, entstand mit den Kathedralschulen und später den Universitäten im Westen ein eigener Theologenstand, dessen Mitgliedern zeitweise höhere geistliche Autorität zuerkannt wurde als den Bischöfen und Päpsten. Die Scholastik drängte in mehreren Reflexionsschüben zu einer Verwissenschaftlichung des Glaubens und zu gemeinsamen Wahrheitskriterien für alle Wissensformen. Sie wurde so zur Vorläuferin des modernen Wissenschaftsverständnisses und nicht zuletzt des modernen Freiheits- und Personverständnisses.[25] Die sich dem Antimodernismus der Päpste unterordnende Neuscholastik des 19. und frühen 20. Jahrhunderts hat den zentralen Beitrag der mittelalterlichen Scholastik zur Entstehung des wissenschaftlichen Denkens und damit der neuzeitlichen Vernunft verdunkelt, und die antikatholische Einseitigkeit der protestantisch und laizistisch geprägten Geisteswissenschaften tat das Ihre dazu. In keinem anderen Kulturraum der Erde hat das Religiöse sich so sehr mit den Ansprüchen reflexiver Vernunft verbunden wie im lateinischen Christentum. Vielleicht ließen sich gewisse Parallelen im Judentum finden, das jedoch nach der Zerstörung Jerusalems nirgends mehr zur kulturprägenden Kraft wurde.

---

24 Gerd Althoff: Libertas ecclesiae oder die Anfänge der Säkularisierung im Investiturstreit?, in: Gabriel u. a. (Hg.): Umstrittene Säkularisierung, S. 78–100, Zitat auf S. 97 f.
25 Vgl. Theo Kobusch: Die Entdeckung der Person. Metaphysik der Freiheit und modernes Menschenbild, Darmstadt, ²1997, bes. S. 23 ff.

Die wiederholten Spannungen zwischen der oft von Ordensleuten getragenen Theologie und dem kirchlichen Leitungsamt weisen jedenfalls gewisse Ähnlichkeiten mit denjenigen zwischen Propheten und Priestern im alten Israel auf. In beiden Fällen entstand im Horizont des transzendenten Gottesglaubens eine religiös produktive Doppelstruktur, die zur vergleichsweisen Offenheit und Dynamik des Christentums beigetragen hat.

Vom 14. Jahrhundert an sank die Macht des Papsttums, während Macht und historischer Einfluss der weltlichen Herrscher zunahmen, was bis zur Entstehung der modernen Staatlichkeit führte. Die Säkularisierung der Politik setzte sich vor allem in jenen Gebieten Europas durch, in denen es der katholischen Kirche und mit ihr verbundenen Herrschern gelungen war, die protestantischen Bewegungen zu unterdrücken oder gar auszurotten – erinnert sei lediglich an die Pariser Bluthochzeit oder Bartholomäusnacht von 1572. Hier entwickelte sich die Aufklärung in einem religionsfeindlichen Sinne, während in den protestantischen Gebieten Europas die Trennung von Religion und Politik weniger ausgeprägt war und die Aufklärung zwar die kirchlichen Einflüsse, aber nicht die christliche Tradition in Frage stellte. Der katholische Antimodernismus war nicht in der Lage, zwischen dem Laizismus in den katholischen Gebieten und der weiterhin christlich geprägten Aufklärung in den protestantischen Gebieten zu unterscheiden. Letztere haben jedoch den Fortgang der europäischen Kultur im Wesentlichen geprägt.

Die Trennung von katholischer Kirche und Staat vollzog sich zuerst und am entschiedensten im revolutionären Frankreich, allerdings nicht ohne das Vorbild der Vereinigten Staaten, in denen es nie zu einer institutionellen Amalgamierung von Religion und Politik gekommen war. Das entsprach dem calvinistischen Glaubensverständnis, das sich in die Tradition der altjüdischen Propheten stellte. In den lutherisch geprägten Staaten blieb die Amalgamierung bis ins 20. Jahrhundert erhalten. In Deutschland hat die Notwendigkeit, nach dem Ende des Staatskirchentums zu einem eigenen institutionellen Selbstverständnis zu finden, zweifellos dazu beigetragen, das Verhältnis von Kirche und Gesellschaft im Protestantismus reflexiv zu verarbeiten. Die einleitend erwähnte Säkularisierungstheorie gibt dem Ausdruck. Es ließen sich zahlreiche weitere Eigenarten des christlichen Westens gegenüber dem Osten anführen, etwa die größere kulturelle Offenheit und das Bemühen, mit der zunächst höheren Kultur des Ostens gleichzuziehen.[26] Oder die Offenheit für Spannungen und Widersprüche, und damit verbunden der Einfluss nonkonformistischer sozialer Bewegungen.[27] Und natürlich der okzidentale Rationalismus, den Max Weber ins Zentrum seiner Analysen gestellt hatte. Diese Faktoren beeinflussten auch die religiöse Entwicklung des Westens, die ihrerseits auf sie zurückwirkte. Sie müssen mit Bezug auf unser Thema aber peripher bleiben.

3. Aktuelle Beobachtungen

Zum Schluss einige Seitenblicke auf die Epoche seit dem Zweiten Weltkrieg und die Gegenwart. Zunächst zum Religionsbegriff: Mit der Ausbreitung westlicher Kulturelemente zunächst in den Kolonien, sodann aber auch in sich modernisierenden Gesellschaften Asiens hat sich auch der Religionsbegriff verbreitet. Ins Japanische gelangte er beispielsweise über die internationalen Schemata der Bevölkerungsstatistik, und er wurde während der japanischen Besetzung Taiwans (1895–1945) auch ins Chinesische eingeführt, und zwar durch die Verknüpfung der Zeichen für ‹Kult› und ‹Lehre›.[28] In der Allgemeinen Erklärung der Menschenrechte der Vereinten Nationen (1948) findet sich das Wort ‹Religion› mehrfach, beispielsweise in Artikel 2: «Jeder hat Anspruch auf die in dieser Erklärung verkündeten Rechte und Freiheiten ohne irgendeinen Unterschied, etwa nach Rasse, Hautfarbe, Geschlecht, Sprache, Religion, politischer oder sonstiger Überzeugung, nationaler oder sozialer Herkunft, Vermögen, Geburt oder sonstigem Stand». ‹Religion› ist hier zu einer allgemeinen Kategorie menschlicher Existenz geworden, wobei deren regionale und gruppenspezifische Ausdeutung offenbleibt. Mittlerweile versteht sich eine wachsende Zahl nicht-christlicher Gruppierungen als ‹Religionen›. Durch die zunehmenden Kontakte zwischen religiösen Führern und nicht zuletzt durch die von Papst Johannes Paul II. eingeführten Weltgebetstreffen in Assisi etabliert sich im Zuge der Globalisierung ein weltweites ‹religiöses Feld› im Sinne von Pierre Bourdieu.[29] Damit scheint aber keine

---

26 Vgl. Rémi Brague: Orient und Okzident. Modelle «römischer» Christenheit, in: Otto Kallscheuer (Hg.): Das Europa der Religionen, Frankfurt a. M. 1996, S. 45–65.

27 Vgl. Shmuel N. Eisenstadt: Die Vielfalt der Moderne, Weilerswist 2000, S. 24 ff.

28 Diese Hinweise verdanke ich der Dissertation von Wei Shian Chi: Der Wandel der Sozialform des Religiösen in Taiwan, Universität Bielefeld, Fakultät für Soziologie, 2005.

29 In diesem Sinne Franz-Xaver Kaufmann: Die Entwicklung von Religion in der modernen Gesellschaft, in: Bernhard Nacke (Hg.): Orientierung und Innovation. Beiträge der Kirche für

Konvergenz der Organisation der Religionen verbunden zu sein, vor allem nicht im Sinne einer Zentralisierung und Abgrenzung nach dem Vorbild der römisch-katholischen Kirche.

Was Form und Inhalt von Religion im modernisierten Westen angeht, so sind verschiedene Entwicklungen zu unterscheiden. Nach wie vor zählen die traditionellen christlichen Kirchen die meisten Mitglieder, und ihr Einfluss auf andere Lebensbereiche ist zwar von Land zu Land unterschiedlich, aber nirgends unerheblich. Allerdings haben sich Wirtschaft, Wissenschaft und zuletzt auch die Politik weitgehend von religiösen Beeinflussungen emanzipiert. Man kann sie als ‹säkular› bezeichnen, auch wenn in ihrem jeweiligen Ethos sich häufig Überzeugungen finden, die im Kontext des Christentums vorgeformt wurden, z. B. Ehrlichkeit, Anerkennung von Menschenrechten, Hilfsbereitschaft. Eine historisch gut fundierte, einflussreiche Denkrichtung der Soziologie versteht gesellschaftliche Modernisierung zentral als Transformation von einer ständisch geschichteten zu einer funktional strukturierten Ordnung der sozialen Beziehungen.[30] Die Ausdifferenzierung funktional orientierter Kommunikationsbereiche wie Wirtschaft, Politik, Recht und Wissenschaft hat zu erheblichen Leistungsgewinnen geführt, und die leitenden Codes dieser Bereiche sind uns allen selbstverständlich. Auch ‹Religion› und ‹Familie›, welche die Modernisierung eher erlitten als aktiv mitgestaltet haben, tendieren dazu, sich zu eigenen Kommunikationsbereichen zu verselbstständigen. In diesem Sinne lässt sich die Ausdifferenzierung von Religion korrelativ als Verkirchlichung des Christentums begreifen.[31] Das explizit Religiöse zieht sich mehr und mehr auf den Bereich der Kirchen zurück, ohne aber zu verschwinden. So etwa ließen sich die Verhältnisse bis in die 1970er oder 1980er Jahre begreifen; unter ‹Religion› wurde in Europa selbstverständlich das durch die römisch-katholische und die evangelischen Kirchen repräsentierte Christentum verstanden.

Seither hat sich im Zuge der fortschreitenden Modernisierung und Globalisierung der Religionsbegriff zunehmend von den christlichen

---

Staat und Gesellschaft, Freiburg 2009, S. 132–148.

30 Die konsequenteste Ausarbeitung dieser bei Klassikern wie Hegel, Emile Durkheim, Georg Simmel oder Max Weber bereits angelegten Denkrichtung findet sich im Werk Niklas Luhmanns. Moderne Vergesellschaftungsformen kennen keine Spitze und kein Zentrum mehr und machen nicht an nationalen Grenzen Halt. Sie sind kulturell pluralistisch, funktional in auf bestimmte Leistungen spezialisierte Bereiche strukturiert, die in ihren Leistungen aufeinander angewiesen sind, aber zugleich für nicht ihren Codes entsprechende Belange unsensibel und deshalb im Hinblick auf die Lebenswelt natürlicher Personen rücksichtslos wirken.

31 So zuerst Franz-Xaver Kaufmann: Kirche begreifen, Freiburg 1979, S. 100 f.

Kirchen gelöst, und zwar in doppelter Hinsicht: zum einen durch die wachsende Präsenz nichtchristlicher Religionen wie Islam und Buddhismus im Kulturraum Europas. Und zum anderen durch eine wachsende semantische Distanz zwischen ‹Religion› und ‹Kirche›, die etwa in dem geflügelten Wort «Religion ja – Kirche nein» zum Ausdruck kommt. Religionssoziologen diagnostizieren eine wachsende Pluralisierung und Subjektivierung von Religion.[32] Deren institutionelle Formen, in Deutschland vor allem die römisch-katholische und die evangelischen Landeskirchen, haben mit einer sinkenden Reputation zu kämpfen. Auch gelingt es ihnen immer weniger, die Tradierung ihres konfessionellen Glaubens an die nachfolgenden Generationen zu sichern. Eine wesentliche Ursache für das ‹Verdunsten› der Volksfrömmigkeit und der damit verbundenen Glaubensformen ist in der Erosion der konfessionell geprägten Milieus zu suchen.

Andererseits fällt, zum mindesten in Deutschland, eine wachsende Moralisierung des öffentlichen Lebens im Sinne von Umweltsensibilität, Friedensförderung und Hilfsbereitschaft angesichts des Elends in weiten Teilen der Welt auf, die durchaus Affinitäten zum christlichen Ethos aufweisen. Auch wenn offensichtlich der Anteil der Bevölkerung zunimmt, die sich der Herkunftsreligion Europas entfremdet hat, scheint die zukünftige Entwicklung des religiösen Feldes in Europa weiterhin vor allem von der Fähigkeit der christlichen Kirchen abzuhängen, mit der sich anbahnenden Minderheitensituation und den Herausforderungen einer multidimensionalen Welt umzugehen.[33] Bedeutende Alternativen kollektiver Sinnstiftung sind hierzulande jedenfalls nicht zu erkennen. Am ehesten wird man künstlerischen Äußerungen eine religionsanaloge Funktion zuschreiben können, doch haben sie als in der Regel individuelle und damit subjektive es weit schwerer, sich eine weitreichende und dauerhafte kollektive Anerkennung zu verschaffen. Szientistische Weltbilder haben dagegen größere Chancen auf kollektive Zustimmung, doch fehlt ihnen das Visionäre, Hoffnung vermittelnde der christlichen Religion.

---

32 Vgl. Karl Gabriel: Der lange Abschied von der Säkularisierungsthese – und was kommt danach?, in: Matthias Lutz-Bachmann (Hg.): Postsäkularismus. Zur Diskussion eines umstrittenen Begriffs, Frankfurt a. M. 2014.
33 Hierzu für den katholischen Bereich Franz-Xaver Kaufmann: Kirche angesichts der Ambivalenzen der Moderne, in: Magnus Striet (Hg.): «Nicht außerhalb der Welt» – Theologie und Soziologie, Freiburg i. Br. 2014, S. 93–119.

II. WAS IST KATHOLISCH, WAS IST «RÖMISCHER GEIST»?

Die Zukunft des Christentums hängt wesentlich davon ab, dass die Kirche ernsthaft um ihre Gestalt ringt: historisch ehrlich, dialogisch, evangeliumsgemäß, zeitgemäß, ökumenisch.

Das Christentum hat eine zweitausendjährige Geschichte. Allein aus dieser historischen Perspektive lässt sich etwas Vernünftiges zur Situation der römisch-katholischen Kirche sagen, von der mit großer Selbstverständlichkeit als «die Kirche» gesprochen wird. Das geziemt sich so, wenn man traditionsbestimmt und ausschließlich innerkatholisch denkt. Aber damit verfehlt man bereits die aktuelle Problemlage: dass einem innerkatholischen Selbstverständnis Sichtweisen von außen gegenüberstehen, die die Wahrheit dieses Selbstverständnisses in mancherlei Hinsicht infrage stellen. Der römische Antimodernismus, der in zentraler Hinsicht ein Anti-Historismus war, hatte schon seine subjektiv guten Gründe. Denn eine Auseinandersetzung mit der Geschichte des Christentums geht ans Eingemachte.

1. Universalität – Provinzialität

Ein Christentum, das der Moderne gegenüber widerstandsfähig bleibt, muss durch die Einwendungen der Religionskritik hindurchgegangen sein und dann erneut auf der Ernsthaftigkeit der jesuanischen Botschaft bestehen. Dabei geht es auch um die verschiedenen Traditionsstränge, durch die die Botschaft Jesu auf uns gekommen ist. So erinnert das Buch von Philip Jenkins «Das goldene Zeitalter des Christentums»[34] an die christlichen Traditionen Nordafrikas und des Orients, die wir längst vergessen haben. Die Armenier, die verfolgte syrische Kirche im Irak und die Kopten in Ägypten und südwärts sind letzte Reste einer orientalischen Christenheit, die sich in ihrem

---

34 Philip Jenkins: Das goldene Zeitalter des Christentums. Die vergessene Geschichte der größten Weltreligion, Freiburg i. Br. 2010.

nestorianischen Zweig zeitweise bis nach China ausdehnte und auch unter muslimischer Herrschaft bis ins 14. Jahrhundert behauptete. Die Theologie der meisten dieser Traditionen betonte je nach Akzentsetzung vor allem die göttliche oder aber die menschliche Natur Jesu Christi. Das bedeutet: Sie blieben außerhalb der durch die römischen Kaiser in Nizäa und Chalzedon erzwungenen lehramtlichen Festlegungen auf die zwei Naturen Christi: «unvermischt und ungetrennt», wie die Kurz-Glaubensformel heißt. Inzwischen sind durch theologische Verständigung die früheren gegenseitigen Verketzerungen jedoch als Missverständnisse ausgewiesen worden.

Wer die Geschichte des Christentums ernst nimmt, dem erscheint der historische «Erfolg» der römischen Kirche eher ihrer europäischen Randlage und ihrer eigenen Beziehung zur römischen Tradition geschuldet. Oder sollte man annehmen, es sei der Wille Gottes gewesen, dass all diese Christentümer unter dem Ansturm der Mongolen und unter dem Druck eines radikalisierten Islam weitgehend untergegangen sind und selbst Byzanz dem Ansturm der Turk-Völker nicht standhalten konnte, so dass nur das Patriarchat des Westens als historische Größe übrigblieb? Das Selbstverständnis der römischen Kirche hat sich seit dem Großen Schisma von 1054 zu solcher Ausschließlichkeit entwickelt.

Wollte man das abgrenzende Selbstverständnis dieser sakralisierten Tradition aufbrechen, müsste es im Namen dieser großen Ökumene geschehen. Aus dieser Sicht wurde die katholische, das heißt ihrem Namen nach die ganze Christenheit umfassende Kirche seit dem elften Jahrhundert immer provinzieller, römischer und doktrinärer. Darüber können auch die großen missionarischen Erfolge nicht hinwegtäuschen. Sie beschränkten sich auf den Raum der sogenannten Naturreligionen und fanden ihre Grenzen an anderen Hochkulturen. Mission erfolgte in der Regel im römischen, mit den Denkwelten der Kolonialherren verwandten Sinne. Auch nach dem Ende des Kolonialismus hatten es christliche Bewegungen schwer, die aus regionalen Impulsen entstanden sind, beispielsweise die Theologie der Befreiung.

Den Höhepunkt dieser Provinzialisierung und lehramtlichen Verfestigung bildete das Erste Vatikanische Konzil. Es legte Rom als den Nabel der christlichen Welt fest. Diese Stadt eignet sich dazu vorzüglich, zeigt sie doch wie keine andere die großartigen Zeugnisse ihrer Vergangenheit als gegenwärtige, alltägliche. Die lateinische

Sprache, die Bedeutung von Hierarchien, die Rolle des Rechts und das Amtsverständnis hat die katholische Kirche aus der römischen Kultur übernommen.[35] Sie ist ein zusammengefügtes «Produkt» aus römischen und christlichen Traditionen. Darin besteht ihre Identität, die sie so schnell nicht ändern wird. Aber dieses Selbstverständnis eignet sich so nicht als universale Vertretung des Christentums.

Der zunehmende Widerspruch zwischen der beanspruchten Katholizität und der tatsächlichen Provinzialität ist weniger ein Problem des Papsttums, sondern des im Vatikan verankerten Traditionalismus. Papst Johannes Paul II. hat diesen Widerspruch offenbar empfunden und nicht nur durch sein weltweites Auftreten, sondern auch durch das Weltgebet der Religionen in Assisi zu überwinden gesucht. Gegen vatikanische Widerstände scheint auch Benedikt XVI. gewillt, den Weltgebetstag fortzuführen.

Es ist sehr bedauerlich, dass sich die katholische Theologie bisher kaum mit der päpstlichen Kurie als eigenständigem Handlungszentrum der Kirche befasst hat. Das Leben im Verborgenen ist eine der größten Machtquellen jener vatikanischen Verwaltungsbehörde. Offiziell ist die Kurie ein Hilfsorgan des Papstes. Alles, was von dort ausgeht, geschieht im Namen des Papstes als dem souveränen und nur Gott verantwortlichen Leiter der Kirche. Eine bemerkenswerte und faire Studie dazu hat der Jesuit und amerikanische Politikwissenschaftler Thomas J. Reese verfasst: «Im Inneren des Vatikans»[36]. Es wird deutlich, wie komplex dieses Gebilde ist, wie sehr es dem Aufbau von Machtpositionen einzelner Kardinäle Vorschub leistet und wie unmöglich es für einen Papst ist, seine Kurie selbst zu leiten. Man wird an die schon von Hegel analysierte Dialektik von Herr und Knecht erinnert: Beide sind voneinander abhängig.

2. Die Macht der Kurie

Zwar bleibt es den Päpsten überlassen, bestimmte Angelegenheiten an sich zu ziehen. Nicht selten trafen sie so Entscheidungen von kirchenhistorischer Bedeutung. Man denke etwa an die Ankündigung des Zweiten Vatikanischen Konzils durch Johannes XXIII. Aber auch die von Benedikt XVI. nunmehr verfügte Zusammenarbeit

---

35 Vgl. Jochen Martin: Der Weg zur Ewigkeit führt über Rom, Stuttgart 2010.
36 Thomas J. Reese: Im Inneren des Vatikans. Politik und Organisation der katholischen Kirche, Frankfurt a. M. 1998.

kirchlicher und staatlicher Behörden bei der Verfolgung sexuellen Missbrauchs von Kindern und Jugendlichen im Raum seiner Kirche verdient die Qualifizierung als historisch, weil damit die herkömmliche Beanspruchung des *ius fori*, der exklusiven Gerichtsbarkeit der Kirche über ihre Kleriker, außer Kraft gesetzt wurde.

Aber solche eigenständigen Handlungen des Papstes müssen schon deshalb die Ausnahme bleiben, weil auch er nur ein Mensch mit einer Arbeitszeit von höchstens vierzehn Stunden täglich ist und solche Beanspruchung wohl auch nicht lange durchhalten würde. Längst nicht alle vatikanischen Entscheidungen gehen über den Schreibtisch des Papstes. Das meiste davon muss schon aus Zeitgründen abgenickt werden. Die Kurie selbst ist zwar vielfältig intern vernetzt, zum Teil auch nach außen. Sie kennt aber keine klaren Strukturen der Zuständigkeit und nur bescheidene Instrumente interner Zusammenarbeit. Die meisten Bischöfe der Weltkirche kennen sich da nicht aus und erfahren sich deshalb als Bittsteller und Kontrollierte. Vor allem die Nuntiaturen, also die diplomatischen Vertretungen des Heiligen Stuhls, bilden den verlängerten Arm des Vatikans in der Weltkirche. Ihnen kommt bei der Ernennung von Bischöfen zentrale Bedeutung zu.

Das Zweite Vatikanische Konzil hat sich zwar bemüht, die Macht der Kurie durch die Schaffung weiterer Gremien wie der regelmäßig tagenden Bischofssynode und der nationalen Bischofskonferenzen zu beschränken. Aber im Kirchenrecht von 1983 wurde die Macht der Kurie zementiert. Manche nennen dieses Kirchenrechtsbuch den Grabstein für das letzte Konzil, obwohl es auch manche von dessen Impulsen aufgenommen hat. Tatsächlich aber hat die Zentralisierung in der katholischen Kirche seit dem letzten Konzil weiter zugenommen. Zum einen müssen immer mehr Entscheidungen von den Bischöfen zunächst im Vatikan vorgelegt werden. Zum anderen gibt es auf Grund der zunehmenden medialen Vernetzung auch in der katholischen Kirche informelle Abhängigkeiten.[37]

In der Praxis sind die Vorschläge des letzten Konzils, soweit es das Kirchenverständnis betrifft, weitgehend ins Leere gelaufen. Man wird sogar von einer noch zu nehmenden Hierarchisierung sprechen können, weil durch das Konzil die Bischöfe und Diözesen weit stärker ins Zentrum des kirchlichen Lebens gerückt sind als zuvor. Die

---

37 Siehe auch in diesem Band: Römischer Zentralismus (Text IX); Entwicklung und Dilemmata der päpstlichen Kurie (Text X).

vorkonziliare Situation der Seelsorge war durch ein Nebeneinander von Orden und Bistümern gekennzeichnet. Und die meisten Orden weisen eine genossenschaftliche, keine hierarchische Struktur auf. Das Konzil hat die Orden stiefmütterlich behandelt und die Bischöfe ganz ins Zentrum der Kirche gestellt. Das rächt sich nun nicht zuletzt in der Zölibatsdiskussion.

Die Zeichenhaftigkeit des Zölibats ist bei den Orden weiterhin gut aufgehoben. Warum spricht man häufig von der «Aufhebung des Zölibats» anstatt von seiner Anpassung für den Weltklerus? Was spricht gegen das Modell der byzantinischen Kirche? Stets wird von Bischöfen nur auf die evangelischen Pfarrer als Vergleichsgröße verwiesen. Die Kirche scheint den Schatz ihrer Orden vergessen zu haben, von denen mindestens einige durchaus lebbare Formen des Zeugnisses auch in unserer Zeit zustande gebracht haben. Der alleinlebende Weltkleriker ist eine solche Form nicht.

3. Das hierarchische Denkmodell

Deutschland und auch die Schweiz sind Kernländer der Reformation: Wittenberg, Zürich und Genf. Hier wurden neue Formen des Christentums gewagt, die den unmittelbaren Gottesbezug in den Vordergrund stellten und nicht an der institutionellen Vermittlung der göttlichen Gnade festhielten, die zu jener Zeit zudem käuflich erschien. Die evangelischen Formen des Christentums nahmen die zunehmende Individualisierung des menschlichen Bewusstseins seit der Renaissance auf, als deren Vorläufer die mittelalterliche Lehre von einer erlösungsbedürftigen einzelnen Seele und mit ihr verbunden des Fegefeuers gelten kann. Diese Seele wird nun aber nicht mehr als vom kirchlichen Gnadenschatz abhängig gedacht, sondern als unmittelbar auf Gott gerichtet, was ja in der mittelalterlichen Sicht vom Menschen ebenfalls schon vorgedacht war. In der Folge hat sich der Protestantismus in seiner lutherischen und calvinischen Richtung unterschiedlich entwickelt, wobei die Konflikte zwischen beiden Richtungen in Preußen durch eine vom König verordnete Zwangsunion beendet wurden.

Im übrigen Deutschland brachte erst die Leuenberger Konkordie, in der lutherische, reformierte und unierte Kirchen sich 1973 wechselseitig anerkannt haben und gegenseitige Abendmahlsgemeinschaft gewähren, einen Fortschritt. Seit dem Ende des Staatskirchentums 1918 und erst recht seit der Gründung der Evangelischen Kirche in Deutschland 1945 ergeben sich hierzulande strukturell große Ähnlichkeiten zwischen evangelischer und katholischer Kirche, die durch das Staatskirchenrecht gefördert werden. Auf Grund der Erfahrungen im Dritten Reich hat sich hier eine ökumenische Bewegung gebildet. Hinzu kommt die starke Stellung der Universitätstheologie beider Konfessionen, welche infolge ihrer staatlichen Finanzierung im Vergleich zu anderen Ländern kirchlichen Kontrollansprüchen weniger zugänglich ist. Es ist daher soziologisch wahrscheinlich, dass sich die Einstellungen zwischen den Bekenntnissen angleichen. Wenn man diese Verhältnisse aus vatikanischer Sicht betrachtet, sind sie zunächst theologisch und kirchenrechtlich unbequem und vor allem mentalitätsmäßig fremd. Das starke Selbstbewusstsein der Deutschen und Schweizer, zudem mit Sonderrechten bezüglich der Bischofsernennungen ausgestattet, passt nicht in das hierarchische Denkmodell Roms. Die starke Volksfrömmigkeit, gepaart mit hoher Papstloyalität, hat dies für ein Jahrhundert seit dem Ersten Vatikanischen Konzil überdeckt. Doch seit die antiautoritäre Bewegung vornehmlich im evangelischen Deutschland für eine Kulturrevolution gesorgt hat, beginnt es auch unter Katholiken zu brodeln.

Hierzulande hatten wir eine Generation größtenteils sehr qualifizierter Bischöfe, die durch die Theologie und Ereignisse des Zweiten Vatikanischen Konzils und die Erfahrung der Gemeinsamen Synode der westdeutschen Bistümer in Würzburg geprägt worden waren. Sie vermochten zu vermitteln. Vor allem Kardinal Karl Lehmann, dem langjährigen Vorsitzenden der Deutschen Bischofskonferenz, gebührt ein Denkmal dafür. Die einst gegen den Willen des Kölner Domkapitels vom Vatikan aufgezwungene Besetzung des erzbischöflichen Stuhls mit einem unter den Bedingungen der Kirchenverfolgung geprägten Priester sowie die damalige Berufung eines Bischofs nach Fulda, der die Konzils- und Nachkonzilszeit im Dienst der vatikanischen Außenpolitik verbracht hatte, störten diese Harmonie. Hier war römischer Geist zu spüren.

Was aber heißt «römischer Geist»? Verkürzt geht es um das Selbstbewusstsein, dem verantwortlichen Zentrum der Weltkirche anzugehören, des ältesten *Global Players*. Diese von ursprünglich römischem Geist geprägte Weltkirche versteht sich als ein Sozialgebilde, das auf Befehl und Gehorsam beruht, in dem die einzig zugelassene Komplexität die hierarchische ist. Die Hierarchie versteht sich in der Verantwortung vor Gott, und dies begrenzt zweifellos die Willkür der Machtausübung. Ein dialogisches Prinzip ist jedoch nicht vorgesehen, geschweige denn irgendwelche Formen außervatikanischer Mitbestimmung.

4. Der demokratische Staat

Vereinbarungen im Konkordat zwischen Staat und Kirche gelten als Beschränkungen, die bei der nächstmöglichen Gelegenheit zu beseitigen oder auch durch kirchenrechtliche Ausnahmebestimmungen zu umgehen sind. Der säkulare und demokratische Staat, dessen Regeln insbesondere hinsichtlich der Religionsfreiheit man schließlich zähneknirschend hinnehmen musste, bleibt in seiner Eigenwertigkeit und insbesondere den Grundsätzen seiner Rechtsstaatlichkeit fremd. Gottes Herrschaft in allen Dingen, vertreten durch den Stellvertreter Christi auf Erden, bleibt die ideale Norm.

Es wäre zu einfach, dieses Pochen auf ein Selbstverständnis, das uns heute absolutistisch und aus einer früheren historischen Zeit stammend anmutet, einzig auf ein Interesse an Machterhalt zurückzuführen. Man muss die Begründungen schon ernst nehmen und theologisch fragen, was an ihre Stelle treten könnte. Bislang sind es im deutschen Sprachraum nur wenige Theologen wie Kardinal Walter Kasper[38] und Hermann Josef Pottmeyer[39], die sich dieser Aufgabe stellen. In Amerika wiederum ist die Diskussion lebhafter.

Für den Vatikan bleibt Deutschland eine evangelisch geprägte Kirchenprovinz, wo es schwerer fällt, die Grenzen zwischen dem Katholischen und dem Nichtchristlichen zu ziehen. Da sind laizistische Staaten weit einfachere Gegner. Der Vatikan liebt klare Verhältnisse. Die Zerrissenheiten einer pluralistischen Kultur stellen eine Herausforderung dar, mit der schwer umzugehen ist. Es bleibt abzuwarten, ob die neue Generation von Bischöfen, welche seit einiger Zeit die von Konzil und Synode geprägten Bischöfe ersetzt, die Klugheit und

---

38 Walter Kardinal Kasper: Katholische Kirche. Wesen – Wirklichkeit – Sendung, Freiburg i. Br. 2011. Dazu meine Rezension: Ein großer Entwurf und seine Grenzen. Kardinal Kaspers Theologie der Kirche. In: Herder Korrespondenz 65 (2011), S. 403–406.
39 Hermann J. Pottmeyer: Die Rolle des Papsttums im dritten Jahrtausend, Freiburg i. Br. 1999. – Vgl. auch diverse Beiträge in: Heinz Schütte: Im Dienst der einen Kirche. Ökumenische Überlegungen zur Reform des Petrusamtes, Paderborn 2000.

das Verständnis für die Situation der Seelsorge aufbringt und in Rom zu vermitteln vermag.

5. Nicht ohne Weltgeschichte

Die bisherige Analyse dürfte wenig Hoffnung auf Veränderung geweckt haben. Und natürlich würde der «römische Geist» fragen, warum denn Veränderung überhaupt sein muss. Er würde in vielen Aussagen zum Beispiel des jüngsten Theologen-Memorandums nur den Zeitgeist am Werk sehen und die Forderung nach Menschenrechten in der Kirche als Fehleinschätzung in der Sache sehen. Die Kirche ist anders, sagen die Römer, und sie fühlen sich durch Traditionen gebunden, die selbst in bestimmten Zeitumständen sinnvoll gewesen sein mögen, aber heute ihre Verständlichkeit und Einsichtigkeit zunehmend verlieren.

Derzeit ist eine wachsende Selbstfesselung durch eigene, zum Teil auch neue Traditionen zu beobachten, insbesondere in der Diskussion um Veränderungen im Priesteramt. Ein anderes Beispiel sind die aktuellen Disziplinierungsversuche durch die sogenannte *Professio fidei*, die als Glaubensbekenntnis Theologen nicht nur auf die Aussagen des außerordentlichen, also «unfehlbaren», sondern auch des ordentlichen, also gewöhnlichen Lehramts festlegen will. Dabei existiert die Denkfigur des «ordentlichen Lehramts» erst seit Mitte des 19. Jahrhunderts, wie der Münsteraner Kirchengeschichtler Hubert Wolf festgestellt hat.[40]

Das römisch-vatikanische Denken macht sich unempfindlich gegenüber der Geschichte. Deshalb sind ihm Geschichts- wie Sozialwissenschaften auch verdächtig. Die soziale Vermittlungsgestalt der Kirche wird verdrängt. Das Heilsgeschehen wird in einer transzendenten Sphäre verortet, obwohl Jesus doch real und unter bestimmten historischen Umständen für uns gestorben ist. Die Apostelgeschichte zeichnet ein realistisches Bild der damaligen Verhältnisse. Die Heilsgeschichte kann sich nicht außerhalb der Weltgeschichte

---

40 Hubert Wolf: «Wahr ist, was gelehrt wird» statt «Gelehrt wird, was wahr ist»? Zur «Erfindung» des «ordentlichen» Lehramts, in: Thomas Schmeller, Martin Ebner, Rudolf Hoppe (Hg.), Neutestamentliche Ämtermodelle im Kontext, Freiburg i. Br. u. a. 2010, S. 236–259. – Zum Kontext vgl. Hubert Wolf: Der Unfehlbare. Pius IX. und die Erfindung des Katholizismus im 19. Jahrhundert, München 2020.

ereignen, sondern allein durch sie.[41] Es ist wunderbar genug, dass sich die Leuchtkraft des Messias Jesus bis in unsere Zeit erhalten hat, durch alle Wirren der Kirchengeschichte und insbesondere der Vatikangeschichte hindurch. Das aber wird im römischen Denken nicht bedacht.

Wer allerdings unter Kirche vor allem die Amtskirche und ihr Zentrum versteht, tappt in eine Falle. Denn das ist nicht der Kern des Christentums, auch nicht seiner römisch-katholischen Form. Das Christentum lebt in der Feier des Gedächtnisses an Lehre, Leiden, Tod und Auferstehung seines Gründers und das, was daraus folgt: Glaube, Hoffnung und Liebe. Nicht einmal das römische Denken behauptet, dass der Heilige Geist ausschließlich im Papsttum oder gar im Vatikan wirksam sei. Aber leider ist vom Heiligen Geist wenig die Rede, innerhalb wie außerhalb der Hierarchie.

Wenn Christen nicht mehr an die Leitung durch den Geist Gottes glauben, wie er uns vor allem in den Schriften der Bibel, aber auch in vielen Glaubenszeugnissen der Christentumsgeschichte entgegentritt, haben wir bereits abgedankt. Wir dürfen uns durchaus fragen, ob es dem Evangelium und den besten Traditionen des Christentums entspricht, dass das soziale Medium Kirche in seiner heutigen Form der Selbstfesselung die Zukunft des Christentums bestimmt.

Eine gewisse Hoffnung kann von der Ökumene ausgehen, wo sich auch die römische Kirche dem Dialog nicht entziehen kann. Natürlich stellen auch die Unruhen in nationalen Teilkirchen wichtige Herausforderungen für das Zentrum dar. Ob man sie auf Dauer mit einer bloß von oben gelenkten Personalpolitik wird lösen können, bleibt sehr fragwürdig. Der Glaube wird sich neue Wege suchen, wenn kirchliche Kommunikation nicht dialogisch wird, und zwar nicht im palavernden, sondern im ernsthaften Sinne eines Ringens auch um die Gestalt der Kirche im dritten Jahrtausend. Dieser Dialog darf sich nicht auf den Klerus beschränken, sondern muss die Laien mit einbeziehen.

6. Der Christusimpuls

Die Wandlungen im gesellschaftlichen Umfeld westlicher Kirchen werden mit Modernisierung, Säkularisierung oder Globalisierung

---

41 Vgl. auch in diesem Band: Entweltlichte Kirche? (Text VII).

gekennzeichnet, wobei vor allem die Beschleunigung des sozialen Wandels auffällt. Natürlich führen diese Entwicklungen zu einem Kraftverlust christlicher Religion im herkömmlichen Sinne einer engen Verbindung von politischer und geistlicher Herrschaft. Die traditionelle Volksfrömmigkeit erodiert und das substanziell Christliche, das Magma des Christentums, ist neu gefordert. Diese Glut des Glaubens wieder aufzudecken, ist die nobelste Aufgabe einer interdisziplinär orientierten Theologie, welche mittlerweile keineswegs mehr einzig von Klerikern betrieben wird, sondern auch von gebildeten Laien.

Die einzelnen christlichen Traditionen, unter denen die römische immer noch die stärkste darstellt, müssen sich neu orientieren. Man sollte sich aber nicht nur über die verbreiteten materialistischen Daseinsdeutungen sowie die zweifellos vorhandenen Widersprüche zu zentralen ethischen Normen empören. Vielmehr ist auch die Wirksamkeit christlicher Impulse im Ethos moderner Gesellschaften wahrzunehmen, vor allem im Ethos der Menschenrechte. Der Aufstieg der Menschenrechte in den letzten Jahrzehnten, deren Wirksamkeit nunmehr sogar muslimisch geprägte Gesellschaften ergreift, lässt hoffen, dass der «Christusimpuls», wie der Künstler Joseph Beuys die Wirksamkeit christlicher Ideen in der westlichen Kultur bezeichnet hat, bis auf Weiteres nicht erlischt.[42]

---

42 Dazu Franz-Xaver Kaufmann: Joseph Beuys – Homo Religiosus, in: ders.: Religion und Modernität. Sozialwissenschaftliche Perspektiven, Tübingen 1989, S. 172–195.

der Hoffnungen gälte es zu beenden.»[45] Das Konzept der transversalen Vernunft schlägt eine Denkform vor, die es gestattet, mit den Widersprüchlichkeiten unserer Welterfahrungen umzugehen, ohne sie aufzuheben. Oder mit Bezug auf Ambivalenz formuliert: Ambivalenzen zu erkennen, zu benennen und mit ihnen umzugehen.

Die Unterschiede zwischen den beiden Autoren sind hier nicht auszuführen, doch ist festzuhalten, dass sich das Vernunftkonzept von Welsch im Horizont einer Theorie der Postmoderne oder, wie Welsch richtiger sagt, einer zu sich selbst kommenden, *reflexiven Moderne* entfaltet.[46] Pröpper dagegen will, wenn ich ihn richtig verstehe, diese zeitbedingten Einflüsse auf das Denken überwinden. Ihm geht es um die Rehabilitierung der absoluten Verbindlichkeit der Gottesbotschaft für den sich seiner endlichen Freiheit bewussten Menschen. Im Vernunftkonzept von Welsch bleibt die Theologie *eine Dimension* menschlichen Denkens, die sich mit anderen Dimensionen auseinandersetzen muss, ohne absolute Verbindlichkeit beanspruchen zu können.

Zugespitzt könnte man den basalen Unterschied beider Ansätze auf die Formel bringen, dass Welsch die Idee der Vernunft im Horizont der neuzeitlichen Prämisse *etsi* non *daretur Deus*, Pröpper dagegen im theologischen Horizont des *etsi* daretur *Deus*, zu entwickeln sucht, womit wir wohl bereits im Zentrum der Problematik des Projektes «Christlicher Glaube – Reflexive Vernunft – Dialog» angekommen wären.[47]

Dem Soziologen steht das Vernunftkonzept von Welsch näher als dasjenige von Pröpper. «Die Spannung zwischen dem Bedürfnis der Vernunft, eine systematische Gesamtschau der Wirklichkeit zu etablieren, und der bohrenden Reflexion, die das jeweils Erreichte wieder zersetzt» (Pröpper), treibt auch die anspruchsvolleren Formen der Sozialtheorie an.

Ambivalenz ist zu einer Kategorie im Rahmen von Theorien der Postmoderne geworden.[48] Der Entdeckungszusammenhang ergibt

45 Wolfgang Welsch: Vernunft. Die zeitgenössische Vernunftkritik und das Konzept der transversalen Vernunft. Frankfurt a. M. 1995, S. 32 u. 39.
46 Vgl. Welsch, Unsere postmoderne Moderne, S. 185 ff.
47 In diesem Zusammenhang ist der Text entstanden.
48 Es fällt allerdings auf, dass begriffliche Expositionen selten sind. Eine dem ursprünglichen Bleulerschen Begriff der Ambivalenz nahestehende, auf die Identitätsproblematik des Subjekts bezogene Begrifflichkeit entwickelt Kurt Lüscher: Menschen als «homines ambivalentes», in: Dieter Korczak (Hg.): Ambivalenzerfahrungen, Kröning 2012, S. 11–32. – Eine brillante, leider nur skizzenhafte Analyse zur Logik der Ambivalenz hat der verstorbene Dietmar Kamper vorgelegt: Je strikter die Ambivalenz, desto stringenter die Dekonstruktion. In: Peter

sich aus der Theorie der Postmoderne von Jean-François Lyotard, welcher den Übergang von der ‹Moderne› zur ‹Postmoderne› im Geltungsverlust der «Großen Erzählungen» sieht. [49] «Modernes Wissen hatte je die Form der Einheit, und diese Einheit war durch Rückgriff auf große Meta-Erzählungen zustande gekommen. ... Die Neuzeit bzw. Moderne hatte drei solcher Meta-Erzählungen hervorgebracht: die Emanzipation der Menschheit (in der Aufklärung), die Teleologie des Geistes (im Idealismus) und die Hermeneutik des Sinns (im Historismus). Die gegenwärtige Situation hingegen ist dadurch gekennzeichnet, dass diese Einheitsbande hinfällig geworden sind, und zwar nicht nur den genannten Gehalten, sondern ihrer ganzen Art nach. Totalität wurde als solche obsolet, und so kam es zu einer Freisetzung der Teile. Diese Auflösung des Ganzen ist eine Vorbedingung des postmodernen Pluralismus.»[50]

Springen wir von der Philosophie in die Gesellschaftsbeobachtung, so lassen sich auch hier im Horizont der Aufklärung drei wirksame «Große Erzählungen» beobachten: Zunächst der *Liberalismus* als Kind der Aufklärung, sodann als Reaktion der *Konservatismus* und der *Sozialismus*. Alle drei Denksysteme waren bereits um 1830 weitgehend entwickelt, vor allem in Frankreich, und sie motivierten vielerorts politisch-soziale Bewegungen. Schließlich ist ein viertes Denksystem nicht zu vergessen: der *Katholizismus*, der als ‹spät Gekommener› erst nach dem I. Vatikanum seine prägnante ideelle Ausprägung als Neuscholastik, Naturrechtstheorie und Soziallehre erfuhr und sich ebenfalls politisch-gesellschaftlich artikulierte. Auch diese weniger an Erkenntnis denn an politischem Handeln orientierten Sinnsysteme haben in den letzten Jahrzehnten stark an Einfluss verloren oder sind – wie der ökonomische Neo-Liberalismus – zu einer klassenspezifischen Ideologie verkommen.[51]

Die ‹Großen Erzählungen› beanspruchten für ihre Prinzipien universale Geltung und suggerierten damit eine Eindeutigkeit der Weltwahrnehmung für diejenigen, die sich an ihnen orientierten. Wer dies nicht tat, wurde aus dem Kreis von Meinesgleichen aus-

Koslowski/Richard Schenk (Hg.): Ambivalenz – Ambiguität – Postmodernität. Begrenzt eindeutiges Denken, Bad Cannstatt 2004, S. 47–63.

49 Jean-François Lyotard: Das postmoderne Wissen, Graz–Wien 1986. Ich orientiere mich an der Zusammenfassung bei Welsch, Unsere postmoderne Moderne, S. 31–37.

50 Welsch, ebd. S. 32.

51 Neben den erwähnten transnationalen «Großen Erzählungen» dürfen auch die Nationalismen nicht übergangen werden, deren politische Mobilisierungskraft sich in zwei vorwiegend europäischen Kriegen entladen hat.

geschlossen, war ein Gegner, ja ein potenzieller Feind. Die Folge waren weltanschauliche Gegensätze und klare politische Fronten. In dem Maße, als die geistige und soziale Bindungskraft der weltanschaulichen Sinnsysteme nachließ, reduzierte sich auch die Dramatik der ideellen und politischen Gegensätze. Die nach dem Zweiten Weltkrieg in Westeuropa zunehmende regionale und soziale Vermischung ehemals weitgehend homogener Milieus und die Verbreitung von entgrenzenden Massenkommunikationsmitteln waren wohl die wichtigsten ‹Lösungsmittel› des ideologischsozialen Kitts.

Diese Auflösungserscheinungen sind lediglich eine Vorbedingung, aber nicht der Inhalt postmodernen Denkens. Dieses entwickelt sich vielmehr als grundsätzlich *positive* Einstellung zur mit den vielfältigen Entgrenzungen wachsenden *Pluralität* der Sinnsysteme, der Weltanschauungen und Parteiungen. «‹Postmodern› ist, wer sich jenseits von Einheitsobsessionen der irreduziblen Vielfalt der Sprach-, Denk- und Lebensformen bewusst ist und damit umzugehen weiß.»[52] Das postmoderne Denken betont die *Errungenschaften der Moderne*: die in der Menschheitsgeschichte völlig neuartige Sicherheit der alltäglichen Lebensverhältnisse; die Überwindung der unteilbaren Wertkonflikte, welche oft mörderische politische Leidenschaften motiviert haben, durch teilbare und damit verhandelbare Interessenkonflikte[53]; und vor allem die damit verbundenen Chancen individueller *Freiheit*.

Hier sind nicht die vielfältigen gesellschaftlichen Veränderungen namhaft zu machen, welche diese Pluralitätserfahrung bedingen und gleichzeitig tragbar machen.[54] In unserem Zusammenhang interessieren vor allem die Sinnsysteme der *Einzelwissenschaften*, die als Deutungshorizonte für unterschiedliche Handlungsfelder wie Wirtschaft, Politik, Recht, Wissenschaft, Bildung oder Gesundheit fungieren. Sie vereinseitigen die Weltwahrnehmung auf ihre je spezifische Weise, fungieren aber gleichzeitig als autoritative Deuter der jeweiligen systemischen Handlungszusammenhänge. Da diese in der Wirklichkeit jedoch keineswegs isoliert operieren, sondern sich in ihren Auswirkungen wechselseitig beeinflussen und vor

---

52 Welsch, Unsere postmoderne Moderne, S. 35.
53 Hierzu vor allem Albert O. Hirschman: Leidenschaften und Interessen. Politische Begründungen des Kapitalismus vor seinem Sieg, Frankfurt a. M. 1980.
54 Vgl. hierzu Franz-Xaver Kaufmann: Kirche in der ambivalenten Moderne, Freiburg i. Br. 2012, S. 46–58.

allem auch auf der Ebene menschlicher Lebenswirklichkeit fragwürdige Interdependenzen erzeugen, fördern sie *Ambivalenz in typischer Form*: Jedes dieser Sinnsysteme und jeder von ihnen legitimierte Handlungszusammenhang vertritt spezifische Wertorientierungen und verspricht spezifische Güter: Wohlstand, Beteiligung, Rechtssicherheit, Wahrheit, Bildung oder Gesundheit. Jedes dieser Systeme vernachlässigt jedoch andere Wertgesichtspunkte, so dass für kollektive wie für individuelle Entscheidungen in der Regel *mehrere Wertgesichtspunkte relevant werden, für die es keine vorgegebenen Wertsynthesen gibt.* Zudem gibt es keinesfalls für alle Wertgesichtspunkte, die zu einem ‹guten Leben› gehören, eindeutige Zuständigkeiten – beispielsweise nicht für den grundlegenden Wert der Menschenwürde. Wer also in Entscheidungssituationen steht, steht oft vor der Herausforderung, divergierende Wertgesichtspunkte berücksichtigen zu müssen. Je unmittelbarer ihn diese betreffen, desto stärker wird die Erfahrung von Ambivalenz.[55]

‹Ambivalenz› ist keineswegs das einzige Wort, um die Konsequenzen des uneinholbaren Pluralismus und der komplexen Wechselwirkungen moderner Gesellschaftlichkeit zu begreifen. Die wachsende Komplexität der gesellschaftlichen Verhältnisse führt grundsätzlich für die Akteure zu erheblichen Optionserweiterungen, aber auch zu erhöhter Kontingenz in den Entscheidungssituationen.[56] Jürgen Habermas beispielsweise sprach von der «Neuen Unübersichtlichkeit», Niklas Luhmann von unauflösbaren Paradoxien, und Lothar Krappmann erhob die «Ambiguitätstoleranz» zu einem Merkmal sozialer Identität. Die Diskurse gesellschaftlicher Individualisierung betonen seit Georg Simmel den Verlust vorgegebener Maßstäbe und die Herausforderungen wie auch die Freiheiten, die sich daraus ergeben. In unserem Zusammenhang ist jedoch der Begriff der Ambivalenz heuristisch fruchtbarer, da er auf die Dimension der Werte und deren Multidimensionalität aufmerksam macht, für die es keine plausiblen totalisierenden Argumente mehr zu geben scheint.[57]

---

55 Vgl. Lüscher, Menschen, S. 25 ff.
56 Vgl. Boris Krause: Religion und die Vielfalt der Moderne. Erkundungen im Zeichen neuer Sichtbarkeit von Kontingenz, Paderborn 2012.
57 Schon gar nicht kann die utilitaristische Ethik für sich eine solche Totalisierungsleistung in Anspruch nehmen. Denn sie reduziert das Nutzenproblem auf individuelle und damit kollektiv beliebige Wertschätzungen, ohne die Pluralität kollektiver Nutzenvorstellungen ernst zu nehmen.

2. Vom Umgang der Kirche mit Wertkonflikten

Kirche, die Versammlung der im Namen Jesu Christi Herausgerufenen und die Gesamtheit dieser Versammlungen, hatte im ersten Jahrtausend ihrer Existenz keine einheitliche Rechtsform. In dem Maße, als die Gemeinde von Rom an Reichtum und Ansehen gewann, bediente sie sich zunehmend der Rechtsformen des römischen Rechts, um ihre Angelegenheiten zu ordnen und ihre Vorrangansprüche zu artikulieren.[58] Durchsetzen konnten diese sich allerdings nur langfristig und im Rahmen des *lateinischen Patriarchats*, das sich nach dem Schisma von 1054 als die allein rechtgläubige Kirche setzte und nunmehr jene eigenständige Entwicklung nahm, die von den Herrschaftsansprüchen Gregors VII. bis zu den Erklärungen des Ersten Vatikanischen Konzils geführt hat. Kirche, das wurde nun zunehmend die im und vom Papsttum institutionalisierte *Kirche der Kleriker* in häufig schroffer Spannung zu den Laien, worunter allerdings zunächst nicht das bildungslose Volk, sondern im Wesentlichen die weltlichen Herrscher verstanden wurden.

Vor diesem Hintergrund wird die geistige Revolution deutlich, die das Zweite Vatikanische Konzil mit der Anerkennung des bereits von Papst Leo I. formulierten allgemeinen Priestertums der Laien hinsichtlich des Kirchenverständnisses bedeutete.[59] Zwar hat sich eine Kommunikationsgemeinschaft zwischen Klerikern und Laien sporadisch durchaus etabliert, aber sie prägt nicht das nachkonziliare Kirchenrecht, welches sämtliche kirchlichen Kompetenzen den geweihten Priestern vorbehält. Wenn im Folgenden von ‹Kirche› die Rede ist, so verstehe ich deshalb darunter die vorherrschende Erscheinungsform der römisch zentralisierten zölibatären Priesterkirche, deren Haupt für sich ein umfassendes Lehramt und einen dem entsprechenden Gehorsam seitens der Priester *und* Laien in Anspruch nimmt.

Wert- und Normkonflikte sind keineswegs nur eine Erscheinung der entfalteten Moderne. Es hat sie immer gegeben, wo überhaupt Normen und Werte artikuliert wurden, aber sie wurden erst allmählich reflektiert. Ein frühes Beispiel ist die ‹Antigone› des Sophokles, die der politischen Vernunft Kreons hinsichtlich der Beerdigung ihres Bruders das Gebot der Götter entgegenhält. So lange allerdings

---

58 Hierzu gründlich Jochen Martin: Der Weg zur Ewigkeit führt über Rom, Stuttgart 2010.
59 Zu Leo I. vgl. Martin, ebd. S. 98. Zum Verständnis des Zweiten Vatikanums siehe Walter Kasper: Katholische Kirche: Wesen – Wirklichkeit – Sendung, Freiburg i. Br. 2011, S. 285 ff.

eine eindeutige Hierarchie der Werte angenommen oder vertreten wird, entstehen Norm- und Wertkonflikte nur aus mangelnder Einsicht in die Konsequenzen dieser Hierarchie und bleiben prinzipiell lösbar. Hier gibt es noch keine Ambivalenz im modernen Sinne. Die Lösbarkeit der Wertkonflikte wird aber mit der Abgrenzung der eigenen Werthorizonte von anderen divergierenden Werthorizonten erkauft.

Man wird das Hochmittelalter, in dem die spekulative Philosophie, die gotische Baukunst und der Herrschaftsanspruch der Päpste gleichermaßen versuchten, Himmel und Erde zusammenzubinden, bereits als ersten «Aufbruch aus der Unmündigkeit» verstehen dürfen, welcher die Dynamik der Modernisierung in Gang brachte. Die Forderung nach der *Libertas Ecclesiae* war der Anfang der europäischen Freiheitsgeschichte. Im Ergebnis entstand ein Papsttum, das für sich die Stellung eines *Vicarius Christi* und eine *potestas universalis* beanspruchte, was in der Folge zahlreiche Gegenbewegungen bis hin zur Aufklärung auslöste. *Es sind diese stabilisierten kulturellen Spannungen, welche das Abendland von allen anderen Menschheitskulturen unterscheiden und die dynamische Entwicklung Europas zur Moderne ermöglicht haben.*

Das Papsttum benutzte die errungene Freiheit, um ein Kirchenregiment zu errichten, das auf der klaren Unterscheidung von Gut und Böse, von Heil und Unheil, von Wahrheit und Unwahrheit beruhte. *Extra ecclesiam nulla salus.* Wie ging dieses Kirchenregiment, das im Tridentinischen Konzil seine systematische Ausformung fand, mit Wertkonflikten um, soweit sie überhaupt als solche anerkannt wurden? Zwei zentrale Bereiche seien angesprochen, nämlich die Moral und die Religionsfreiheit.

Seit auf dem Vierten Laterankonzil (1215) die mindestens alljährliche Beichte für alle erwachsenen Gläubigen verbindlich gemacht worden war, wurde das bis dahin vielfältige Bußwesen zum Kernelement der gleichzeitig eingeforderten Kirchendisziplin.[60] Die Maßnahmen standen im Zusammenhang mit der Entstehung verschiedener religiös-sozialer Bewegungen, von denen nur wenige dem Verdacht des Ketzertums und der Verfolgung bis hin zu Folter und Tod entkamen.[61] Kirchendisziplin bedeutete zunächst vor allem Un-

---

60 Vgl. zum Folgenden ausführlicher: Zur Soziologie der Sünde: Vom Umgang mit Schuld in der Kirche (Text XI).

61 Vgl. Arnold Angenendt: Toleranz und Gewalt. Das Christentum zwischen Bibel und Schwert, Münster ⁶2012, S. 264 ff.

terwerfung unter den Papst und den nunmehr umfänglich regulierten Klerus. Das Konzil von Trient regelte das Bußsakrament detaillierter und führte die kategoriale Unterscheidung von ‹Todsünden› und ‹lässlichen Sünden› ein. Damit wurde es für den Beichtvater wesentlich zu erkennen, um welche Art von Sünde er es im konkreten Bekenntnis zu tun hatte. Das war der praktische Anstoß für die Entstehung einer gesonderten theologischen Disziplin, der Moraltheologie, die sich in der Folge zu einem ausgefeilten kasuistischen Lehrgebiet entwickelte, auf dem sich eine Auseinandersetzung mit der wachsenden gesellschaftlichen Komplexität und der damit einhergehenden zunehmenden Anerkennung des Individuums vollzog.

Ein wichtiges Spannungsfeld der moralischen Reflexion wurde das *Verhältnis von Tat und Gesinnung*. Während in der frühen Kirche beide Elemente zusammen gesehen wurden, reduzierte sich im Frühmittelalter das Sündenverständnis auf die Tatseite. Gegen diese Einseitigkeit betonte der Frühscholastiker Petrus Abaelardus (1079–1142) die Intention des Handelnden als entscheidendes Merkmal eines guten oder bösen Verhaltens, und seither bleibt die Spannung zwischen subjektiver Moralität und objektiver Moral eine nicht mehr zu eliminierende Herausforderung der moralischen Reflexion.[62] Denn einerseits lag der Kirche an der Durchsetzung moralischer Normen, andererseits sollte die Beichtpraxis auch das Gewissen des Pönitenten ernst nehmen. Das Problem spitzte sich zu im sogenannten Probabilismusstreit, bei dem es um die Freiheitsgrade menschlicher Entscheidung, näherhin um die Frage ging, wann es in Zweifelsfällen erlaubt sei, sich gegen eine vorherrschende Meinung zu entscheiden.[63] Zweifelsfälle traten vor allem auf, wo unterschiedliche Handlungsmaximen in Konkurrenz treten, weil mehrere Referenznormen und/oder Wirkungsketten in Betracht gezogen werden können, wie dies mit wachsender Komplexität der Handlungs- und Entscheidungssituation zunehmend der Fall ist. Beachtlicherweise hat das Lehramt im Probabilismusstreit auf eindeutige Entscheidungen zugunsten einer Partei verzichtet und lediglich extremen Positionen eine Absage erteilt.

Während sich die kirchliche Morallehre in vielen Bereichen durchaus als lernfähig erwies und gegenüber neuen Situationen auch flexiblere Einschätzungen ermöglichte, hielt sie bisher im Bereich

---

62 Vgl. John Mahoney: The Making of Moral Theology, Reprint Oxford 2006, S. 175–258.
63 Vgl. Mahoney, ebd. S. 135–143.

der Sexualmoral an einer juridisch angehauchten Moralkasuistik fest, was insbesondere deshalb belastend wirkt, weil *in sexualibus omnis materia gravis* gilt. Das hat in neuerer Zeit den Widerspruch von zahlreichen Moraltheologen auf sich gezogen. Die herkömmliche Sexualmoral legt den Fokus auf den Samenerguss und darauf hinführende Handlungen bzw. Umstände – die weibliche Sexualität kommt nur in Analogie zur männlichen in den Blick, nicht jedoch im Hinblick auf die *Kontexte* – z. B. von Liebe, Abhängigkeit oder Gewalt. Damit verpasst sie das *Humanisierende*, das der christlichen Moral doch in vielen Zusammenhängen, nicht zuletzt der Ehe, auch zukommt.[64]

Von Ambivalenz ist in den moraltheologischen Diskursen nicht die Rede, denn wenngleich der wachsenden Komplexität und häufigeren Konflikthaftigkeit von Entscheidungssituationen in der Bußpraxis vermehrt Rechnung getragen wird, führt dies nicht zur *systematischen* Reflexion von Konflikten zwischen Werten oder Handlungsfolgen, die sich nicht in eine eindeutige Wertungsfolge bringen lassen. Grundsätzlich gilt die Maxime des *minus malum*, wobei die kirchliche Morallehre dieses grundsätzlich zu definieren beansprucht. Argumente für eine ‹Situationsethik› werden nicht zugelassen.

Prägnanter noch für unsere Frage nach dem Umgang mit Ambivalenzen ist das zweite Problemfeld des Pluralismus, insbesondere im Bereich religiösen *Glaubens*. Nirgends steht – wenigstens aus der seit Innozenz III. vorherrschenden Sicht – die Wahrheitsfrage so sehr im Zentrum, und die seit der Reformation durch persistierende religiöse Alternativen herausgeforderte katholische Kirche hat bis zum Zweiten Vatikanischen Konzil am Grundsatz festgehalten, dass der Irrtum kein Existenzrecht habe. Das unter der Leitung von Karl Gabriel stehende Projekt «Gewaltverzicht religiöser Traditionen» ist der Haltung der katholischen Kirche zum Pluralismus nachgegangen.[65]

Spätestens mit dem Westfälischen Frieden, im Grunde aber auch schon mit dem Augsburger Religionsfrieden waren der Kirche die gewaltsamen Mittel entzogen worden, um gegen Irrtümer und Ketzereien vorzugehen. Die Kirche musste sich mit der *Ko-Existenz* abweichender Glaubensgemeinschaften und Doktrinen wie der Auf-

64 Vgl. Stephan. Goertz: Sexuelle Gewalt als individuelle Sünde gegen das sechste Gebot!?, in: ders./Herbert Ulonska (Hg.): Sexuelle Gewalt – Fragen an Kirche und Theologie, Berlin 2010, S. 127–146.
65 Karl Gabriel, Christian Spieß und Katja Winkler: Modelle des religiösen Pluralismus, Paderborn 2012.

klärung abfinden. In den daraus folgenden Auseinandersetzungen war eine wachsende Rigidität bis hin zum Syllabus von Pius IX. zu beobachten. Seit Leo XIII. entwickelte sich dann eine Toleranzdoktrin, die aus heutiger Sicht recht opportunistisch anmutet: Wo der Katholizismus die Macht hat, braucht er keine Toleranz zu üben; wo sie ihm fehlt, ist die Forderung nach freier Religionsausübung das kleinere Übel.[66] So begründete Leo XIII. die Möglichkeit einer Zulassung religiöser Freiheiten «um des Gemeinwohls willen». Ähnlich Pius XII: «1. Was nicht der Wahrheit und dem Sittengesetz entspricht, hat objektiv kein Recht auf Dasein, Propaganda und Aktion. 2. Nicht durch staatliche Gesetze und Zwangsmaßnahmen einzugreifen, kann trotzdem im Interesse eines höheren und umfassenderen Gutes gerechtfertigt sein.»[67] Auch hier also keine Ambivalenz.

Dem entsprechend wurde die Erklärung *Dignitatis humanae* des II. Vatikanischen Konzils zur Religionsfreiheit als fast revolutionärer Durchbruch gefeiert.[68] «Mit der Erklärung über die religiöse Freiheit *Dignitatis humanae* schließt die katholische Kirche vollständig an einen Begriff der Religionsfreiheit an, der mit der liberalen politischen Philosophie der Moderne und mit dem Menschenrechtsethos vereinbar ist. Zugleich wird eine freiheitstheologische Begründungsfigur entwickelt, deren ‹Wurzeln› in der Botschaft der Heiligen Schrift beziehungsweise der Botschaft Jesu Christi verortet werden. Sie löst sich von politischem Machtanspruch, bekennt sich zur Trennung von Religion und Politik und öffnet sich dem religiösen Pluralismus.»[69]

Karl Gabriel hat jüngst diese Wende auf dem Konzil mit einer bereits vorher bestehenden *latenten Pluralität* der Auffassungen hinsichtlich des Verhältnisses von Kirche und Staat erklärt, wobei sich auf dem Konzil die Auffassungen kirchlicher Peripherien gegen diejenigen der römischen Zentrale durchgesetzt hätten. Was die Folgen betrifft, so scheinen sich die Lehren des Konzils zwar im *Außenverhältnis* als Demokratisierung traditionell katholischer Staaten und im Verhältnis zum Ostblock durchgesetzt zu haben, nicht jedoch

---

66 Vgl. Christian Spieß: Konfessionalität und Pluralität. Katholische Kirche und religiöser Pluralismus – Zur Neuorientierung auf dem Zweiten Vatikanischen Konzil», in: Gabriel u. a., Modelle des religiösen Pluralismus, S. 101–131, hier 104.

67 Pius XII.: Die religiöse Toleranz in der Staatengemeinschaft, zit. ebd. S. 112.

68 Vgl. Ernst-Wolfgang Böckenförde: Über die Autorität päpstlicher Lehrenzykliken – am Beispiel der Religionsfreiheit (2006). In: ders.: Kirche und christlicher Glaube in den Herausforderungen der Zeit, Berlin ²2007, S. 471–489.

69 Spieß, Konfessionalität und Pluralität, S. 124.

mit Bezug die Anerkennung *innerkirchlicher* Pluralität.[70] Von einem expliziten Umgang mit Ambivalenzen als nicht generell entscheidbaren Wertkonflikten kann auch hier nicht die Rede sein.

3. AMBIVALENZ IN DER KIRCHE

Das letzte Konzil hat zwar in der Frage der Religionsfreiheit und auch anderswo eine Wende vom Recht der Institution zum *Recht der Person* eingeleitet, und dies hat auch im Zweiten Buch des kirchlichen Gesetzbuches *Codex Iuris Canonici* (CIC) von 1983 über das ‹Volk Gottes› seinen Niederschlag gefunden. Allerdings bleiben gleichzeitig die Prinzipien der hierarchischen Unterordnung ohne ausdrückliche Rechtsmittel weitgehend erhalten. Für die Lösung von Konflikten bestehen nur informelle Wege, und der CIC strotzt von unbestimmten Rechtsbegriffen wie ‹gerecht› oder ‹billig›, welche das Ermessen der Vorgesetzten, insbesondere der Bischöfe, kaum einengen, sondern lediglich an deren Einsicht appellieren. Unter der Voraussetzung, dass sich alle Beteiligten an alle Grundsätze des kirchlichen Rechts hielten und dieses keine Wertwidersprüche enthielte, wäre dies vielleicht eine praktikable Ordnung. Aber zum mindesten aus der Sicht des weltlichen Rechts ist das Recht für die Lösung von *Konfliktfällen* gedacht, und dabei fehlt es in der katholischen Kirche weitgehend an Vorkehrungen zur Wahrung der Rechte derjenigen, die sich durch kirchliche Entscheidungen beschwert fühlen, z. B. das Recht auf vollständige Akteneinsicht oder die Entscheidung durch von den kirchlichen Instanzen unabhängige Richter. Daraus ergibt sich, *dass Konflikte zwischen kirchlichen und außerkirchlichen Wertungen in kirchlichen Verfahren kaum eine Chance auf Berücksichtigung haben.*

Zentral ist der Wertkonflikt zwischen der Tradition unbedingten hierarchischen Gehorsams und den Rechten der Person, aber auch den Prinzipien der Rechtsklarheit und Rechtssicherheit. Diese werden allerdings als Werte auch von der Kirche grundsätzlich anerkannt. Es geht also nicht wie z. B. bei der Behandlung der Homosexualität darum, dass kirchliche und profane Wertungen diametral

---

70 Karl Gabriel: Moderner Katholizismus und religiöser Pluralismus. Von der Abwehr zur Versöhnung – und zurück? Ringvorlesung des Exzellenzcluster «Religion und Politik» und des Zentrums für Religion und Moderne, Münster: «Religiöse Vielfalt. Eine Herausforderung für Politik, Religion und Gesellschaft» am 8. I. 2013, S. 8 ff.

gegeneinanderstehen; das wäre keine Ambivalenz im strengen Sinne, da für beide Seiten die Position der Gegenseite als inakzeptabel gilt. Der hier interessierende Fall sind vielmehr Werte, die sowohl von der Kirche wie von der säkularen Gesellschaft (die vereinfachende Formulierung sei erlaubt) grundsätzlich anerkannt werden, die jedoch in den Normen oder Praktiken der Kirche nicht zur Geltung kommen.

Es ist ja nicht so, dass die sogenannte säkulare Gesellschaft das christliche Ethos über Bord geworfen hätte. Überall dort, wo die Aufklärung sich im Horizont reformatorischer Bekenntnisse entwickelte, und das gilt für die hinsichtlich der Moderne führenden englischen und deutschen Sprachräume, hat sie Wertorientierungen entwickelt, die sich auch auf christliche Wurzeln zurückführen lassen. Lediglich im romanischen Sprachraum, wo es der katholischen Kirche in Verbindung mit den jeweiligen Regierungen gelungen ist, die Reformation mehr oder weniger gewaltsam zu unterdrücken oder fernzuhalten, hat sich eine *laizistische Moral* entwickelt, die in weit größerer Distanz zur Kirche steht; die Bartholomäusnacht (1572) ist in Frankreich bis heute nicht vergessen. Der kirchliche Antimodernismus hat sich in Auseinandersetzung mit der romanischen Frontstellung entwickelt. Es existiert aber in den Grundsätzen der Rechtsordnung und im Ethos der westlichen Moderne ein «Christentum außerhalb der Kirche»[71], dessen ethische Normen heute von der Öffentlichkeit nicht selten gegen kirchliche Praktiken in Stellung gebracht werden.

Der in diesem Zusammenhang wohl bemerkenswerteste Sachverhalt der jüngeren Zeit bezog sich auf die Vorwürfe, Jugendliche seien entweder in sexueller oder auch erzieherischer Hinsicht Opfer von Handlungen durch Kleriker geworden, die moralisch verwerflich und nach weltlichem Recht strafbar sind. Die Kirche hat sich stets die Gerichtsbarkeit über ihre Kleriker vorbehalten und im Regelfalle mit weltlichen Behörden nicht kooperiert, bis Benedikt XVI. eine solche Kooperation auf Grund der öffentlichen Empörung ausdrücklich angeordnet hat. Und sie hat dieses für sich in Anspruch genommene Privileg genutzt im Sinne eines fortgesetzten *Schutzes der Täter bei Vernachlässigung der Opfer*.[72] Je mehr an Details über die Praktiken der Bischöfe und Generalvikariate ans Licht kommen –

---

71 Vgl. Trutz Rendtorff: Christentum außerhalb der Kirche – Konkretionen der Aufklärung, Hamburg 1969.

72 Vgl. Franz-Xaver Kaufmann: Kirchenkrise – Wie überlebt das Christentum?, Freiburg i. Br. 2011, S. 154–166.

und hinsichtlich der Aufarbeitung der Ursachen und der Folgen-
bewältigung braucht sich zumindest in Deutschland die Kirche im
Vergleich zu anderen Einrichtungen mit ähnlichen Problemen nicht
zu verstecken –, desto deutlicher wird die bisherige *strukturell* be-
dingte Verdrängung der Problematik und die Angst, derartige Missbräuche könnten öffentlich werden. Die öffentliche Skandalisierung
der sogenannten Missbrauchskrise «demonstrierte ... vor unser aller
Augen die Macht der gesellschaftlichen Moral, ja die Vormacht dieser profanen Moral über die Kirche. Damit wurde massiv der gesellschaftliche Status der Kirche verschoben, insbesondere der vom
Klerus repräsentierten ‹Priesterkirche›.»[73]

Gerhard Kruip hat darauf hingewiesen, dass die Kirche nicht
nur mit dem klassischen Problem von Doppelmoral zu tun hat, dass
nämlich «das, was man offiziell von sich und anderen verlangt, in
krasser Weise nicht mit dem überein[stimmt], was in den eigenen
Reihen geschehen ist». Die Kirche muss sich vielmehr noch mit einer
weiteren Form doppelter Moral auseinandersetzen: «Es gibt nämlich
in weiten Bereichen Diskrepanzen zwischen Norm und Praxis, in denen jedoch diese Praxis von vielen Katholiken im Grunde als richtig
angesehen wird, während die Kirche offiziell an einer Norm festhält,
die viele nicht mehr überzeugt.»[74] Hier sind Ambivalenzerfahrungen
nicht nur aktuell, sondern strukturell vorprogrammiert.

Diese Einschätzungen seien durch die Beobachtung ergänzt, dass
die Missbrauchsdiskussion im Wesentlichen auf Europa nördlich der
Alpen beschränkt ist. Es stellt sich die Frage, ob beispielsweise in
Italien oder Spanien der Klerus von solch traurigen und beschämen-
den Ereignissen frei ist. Oder ob dort die klerikale *Omertà* nach wie
vor intakt ist? Außerdem: Das Verhältnis von Regeln und Handeln
scheint in den südlichen Ländern weit lockerer zu sein als in den
von der Reformation geprägten Ländern. Man kann das auch in der
Eurokrise beobachten, wo darum gerungen wird, dem Süden nörd-
liche Disziplin beizubringen. Auch in der römischen Kirche sind die
Reaktionen weit schärfer, wenn Regeln als solche in Frage gestellt
werden, als wenn die Regeln in der Praxis gebrochen werden. Der
Katholizismus findet sich mit der Sündhaftigkeit der Menschen

---

73 Michael N. Ebertz: Von der Aufgabe der Neugründung. Die Kirche in sich wechselseitig
   verstärkenden Krisen, in: Pastoral im Umbau, Herder Korrespondenz Special, H. 1, 2011, S. 2–6,
   Zitat auf S. 2.
74 Gerhard Kruip: Ins Mark getroffen. Wie kann die Kirche moralische Autorität zurückgewinnen?, in: Herder Korrespondenz, 65 (2011), S. 173–178, Zitat auf S. 176.

leichter ab als der Protestantismus, der ja in hohem Maße das Ethos der Moderne mitgeprägt hat.

4. LERNENDE KIRCHE ALS POSTULAT DER KULTURELLEN MODERNE

Zusammenfassend ergibt sich der Eindruck, dass die Kirche des zweiten Jahrtausends, also die römisch-katholische Kirche unseres Erfahrungsraumes, sich durch ein hoch formalisiertes und mit ethischen Urteilen verflochtenes Glaubens*system* der unanfechtbaren Wahrheit ihrer eigenen Auffassungen zu versichern sucht, das in der Auseinandersetzung mit den Werten und dem Ethos der Moderne wie eine *Selbstfesselung* wirkt. Identitätstheoretisch formuliert: Die Kirche schrieb sich eine *an Grenzen orientierte, feststehende Identität* zu.

Allerdings spricht vieles dafür, dass auch innerhalb der katholischen Kirche eine größere Pluralität der Ansichten und Praktiken herrscht, als die römischen Vorgaben suggerieren. Wir können hier von unterschiedlichen *Plausibilitätsstrukturen* sprechen, die sich geschichtlich auf Grund bestimmter religiöser Erfahrungen einerseits und im Austausch mit der jeweiligen regionalen Kultur andererseits gebildet haben. Das gilt beispielsweise hinsichtlich der Praxis des Zölibats, aber auch für das Verhältnis von Kirche und Staat. *Maßgeblich* für die nachkonziliare Kirche erscheinen jedoch nur die Plausibilitätsstrukturen, die im Rahmen der römischen Kurie vorherrschen. Und gegen sie scheinen auch von außen kommende Päpste nur schwer anzukommen, wenn sie nicht – wie vermutlich Johannes Paul I. – von ihrem Gewicht erdrückt wurden. Paul VI., der mit der Kurie engstens vertraut und zudem kirchenrechtlich gebildet war, war meines Erachtens der einzige Papst seit dem Konzil, der es mit den kurialen Machtverhältnissen aufgenommen und eine einigermaßen effektive Kurienreform durchgesetzt hat. Nun hoffen viele auf Papst Franziskus.

Die *römischen Plausibilitätsstrukturen* dehnen im Namen eines ‹allgemeinen und ordentlichen Lehramts› – ein erst 1856 von einem deutschen Jesuiten geprägter Begriff[75] – die Deutungshoheit des Papstes immer weiter aus und definieren es als Aufgabe der Kurie, die Kirche in hierarchischer Weise zu leiten, was in der Praxis zu einer wachsenden Zentralisierung und Rigidisierung führt, sehr im

---

75 Vgl. Hubert Wolf: «Wahr ist, was gelehrt wird» statt «Gelehrt wird, was wahr ist»? Zur «Erfindung» des «ordentlichen» Lehramtes, in: Schmeller, Thomas u. a. (Hg.), Neutestamentliche Ämtermodelle im Kontext, Freiburg i. Br. 2010, S. 236–259.

Gegensatz zu den Wünschen und Hoffnungen der Väter des letzten Konzils. Die Enttäuschung unter vielen Katholiken über die nachkonziliare Entwicklung, die ja auch durch das weltweite Echo auf das deutsche Theologenmemorandum von 2011 zum Ausdruck gekommen ist,[76] scheint in hohem Maße von dem erneuten Romzentrismus der katholischen Kirche bestimmt, dessen Spannung zu weltkirchlichen Erwartungen im Sinne des Subsidiaritäts- und Synodalprinzips auf dem II. Vatikanum deutlich wurde.

Es liegt auf der Hand, dass es der katholischen Kirche in dieser Verfassung schwerfällt, die Herzen der Menschen außerhalb ihrer schwindenden traditionellen Milieus zu gewinnen und in der Öffentlichkeit jenes Vertrauen und Wohlwollen zurückzugewinnen, das ihr im Anschluss an das Konzil zunächst zuteil wurde, aber im Zuge der Missbrauchskrise weithin verloren ging. Scharf formuliert gewinnt man den Eindruck, die Kirche beschränke sich auf den Anspruch, im Namen der Religionsfreiheit in Ruhe gelassen zu werden mit ihrem Selbstverständnis. *Dass sich dieses historisch gewachsene Selbstverständnis ändern müsste, um heute wirksame Evangelisierung oder Mission zu leisten, kommt ihr an den entscheidenden Stellen nicht in den Sinn.*[77] Zwar hat das II. Vatikanische Konzil wesentliche Motive und Argumente für ein mit den ‹Zeichen der Zeit› kompatibleres Selbstverständnis formuliert, das sich aber in der Praxis nicht ausreichend durchgesetzt hat, auch wenn manche nachhaltige Veränderungen durchaus zu beobachten sind. Zum mindesten bis zum Rücktritt von Benedikt XVI. und nördlich der Alpen herrschte der Eindruck vor, es gebe in Rom keine Bereitschaft, sich mit den Wertkonflikten auseinander zu setzen, bei denen auch viele Katholiken die besseren Argumente auf der säkularen Seite erkennen.

An dieser Stelle mag sich ein Blick auf eine der wenigen mutigen Stellungnahmen aus dem deutschen Episkopat seit der Missbrauchskrise lohnen, nämlich auf die in zehn Punkten formulierte Erklärung des Münchner Kardinals Reinhard Marx zur Lage der Kirche.[78] Er

---

76 Vgl. Judith Könemann/Thomas Schüller (Hg.): Das Memorandum. Die Positionen des Für und Wider, Freiburg i. Br. 2011.

77 Eine scharfe Analyse aktueller Missstände und ein Konzept kirchlichen Lernens, das der Größe der Herausforderungen in etwa entspricht, entwickelt Michael N. Ebertz: Quo vadis Kirche? Wie kann die katholische Kirche wieder glaubwürdig werden? Vortrag auf dem Studiennachmittag für Religionslehrkräfte am 13. Juni 2010. Herausgegeben vom Bischöflichen Generalvikariat Hildesheim, Hildesheim 2010. Nunmehr auch ders.: Kirchenkurs und Kirchenreform in der katholischen Kirche, in: Evangelische Theologie 73 (2013), S. 144–151, Heft 2 (Sonderheft: Kirchenreformen im Vergleich).

78 Reinhard Kardinal Marx: Krise und Wende, in: Herder Korrespondenz 65 (2011), S. 335–339.

diagnostiziert realistisch «die große Verunsicherung vieler Christen, auch der Priester und Hauptamtlichen, im Blick auf Lehre und Praxis der Kirche». Er vermutet als Ursache der klerikalen Missbrauchsfälle, «dass sich im Leben und Denken der Kirche – manchmal dem Trend der Zeit folgend (!) – gewisse ‹Disziplinlosigkeiten› ergeben haben» die «nicht [durch] größere Strenge», sondern durch eine «ganzheitliche und katholisch geprägte Bildung und Erziehung» überwunden werden sollen.[79]

Dazu ist zunächst anzumerken, dass die sogenannten Disziplinlosigkeiten nach allem, was wir bisher wissen, in den Nachkriegsjahrzehnten stärker verbreitet waren als in den letzten Jahrzehnten. Es war vielmehr dieser Trend der Zeit, der die Würde und Rechte der Kinder ins öffentliche Bewusstsein gebracht hat. Zum zweiten reflektiert Marx nicht, dass der größere Kirchenskandal als die Missbrauchsfälle als solche deren fortgesetzte Vertuschung in der verantwortlichen kirchlichen Hierarchie gewesen ist, und zwar bis in den Vatikan, wo beispielsweise Laisierungsgesuche für Priester seitens amerikanischer Bischöfe abgelehnt oder nicht entschieden wurden.

Marx setzt sodann im Anschluss an die Päpste Johannes Paul II. und Benedikt XVI. auf eine *Neu-Evangelisierung* der «einstmals durchgängig christlichen Länder, die einem tiefgreifenden Prozess der Wandlung ihres Verhältnisses besonders zum Christentum unterworfen sind»[80]. Dabei wäre allerdings zu reflektieren, worauf Helmut Schelsky bereits 1957 aufmerksam gemacht hat, «dass heute mit dem Christentum keine neue Wahrheit in eine alte Welt kommt, sondern sich eine alte Wahrheit gegenüber einer neuen Welt behaupten muss»[81].

Auch hier stoßen wir auf eine Ambivalenz: Geht es für die Kirche in erster Linie darum, das, was sie als Fragen des Glaubens im Laufe der Jahrhunderte formuliert hat, «unverfälscht weiter zu tragen»? Oder geht es darum, die «Kernelemente der christlichen Botschaft» auch in sozialen Kontexten zur Geltung zu bringen, die sich dem herkömmlichen Kirchentum entfremdet haben, und dabei neue Plausibilitätsstrukturen zu erzeugen? Das Programm einer Neu-Evangelisierung, wie es von Benedikt XVI. verkündet wurde, wird nicht ohne eine Reflexion der spezifischen kommunikativen

---

79 Alle Zitate ebd. S. 336.
80 Ebd. S. 336.
81 Helmut Schelsky: Ist die Dauerreflexion institutionalisierbar? (1957), in: ders.: Auf der Suche nach Wirklichkeit, Düsseldorf–Köln 1965, S. 250–275, Zitat S. 251.

Bedingungen moderner Glaubensvermittlung erfolgreich sein können, wobei sich meines Erachtens die Kirche als Lehr- und Lerngemeinschaft zu verstehen hätte. Die Aneignung des christlichen Glaubens ist unter den modernen Kommunikationsbedingungen ein wesentlich voraussetzungsvollerer Prozess geworden, bei dem die Vorbildwirkung der Glaubensverkünder von entscheidender Bedeutung ist. [82] Es reicht deshalb keinesfalls aus, sich in einzelnen Punkten dem zeitgenössischen Ethos zu akkommodieren, wenn den Worten keine Taten folgen. [83] In diesem Sinne auch Kardinal Marx: «Deshalb gehören Lehre und Leben zusammen. Den katholischen Glauben kann man nur verstehen, wenn er auch in Lebenszeugnissen sichtbar wird.» [84] Ob und inwieweit das allerdings durch eine Wiederbelebung alter Lebensformen möglich ist, bleibt zum mindesten eine offene Frage. Nicht zuletzt nach den Erfahrungen der Gegenreformation können Revitalisierungen nur durch neue Synthesen mit den jeweils aktuellen Kulturentwicklungen gelingen.

Aus soziologischer Sicht erscheint als normative Reaktion auf die sich steigernde Komplexität der gesellschaftlichen Verhältnisse eine *Generalisierung von Wertorientierungen* empfehlenswert. [85] In diesem Sinne ist z. B. die Enzyklika Benedikts XVI. *Deus caritas est* zu verstehen, aber auch die theologische Anthropologie von Thomas Pröpper. In dieser Perspektive ist es allerdings unsinnig, weiterhin auf unplausiblen Einzelnormen zu insistieren, wie beispielsweise im Bereich der Empfängnisverhütung. Ebenso problematisch erscheint eine kasuistische Sündenlehre, wenn sie, wie etwa in der Sexualethik, Masturbation und Kinderschändung auf dieselbe Stufe einer Todsünde stellt. Es lässt sich zwar mit Kardinal Marx einwenden, dass es sich hier nicht um zentrale Punkte des christlichen Glaubens han-

---

82 Vgl. hierzu Kaufmann, Kirche in der ambivalenten Moderne, S. 174–182.

83 Kürzlich hat die Deutsche Bischofskonferenz auf die besondere Hungersnot in der Sahel-Zone hingewiesen, die in der Tat zu den ärmsten Regionen der Welt zählt. Sie ist damit der «Option für die Armen» gefolgt, die ein wesentliches Moment der Spiritualität auf dem II. Vatikanischen Konzil gewesen ist. Eine solche Erklärung wäre überzeugender und eindringlicher, wenn sie hätte erkennen lassen, was die Kirche ihrerseits gegen diese Herausforderung *tut*. Ein solches Beispiel war im Gefolge des Konzils der sogenannte Katakombenpakt, ein Gelübde von 40 Bischöfen in den Domitilla-Katakomben kurz vor Konzilsende, dem sich später 500 weitere Bischöfe angeschlossen haben. Sie versprachen eine einfache Lebensweise, den Verzicht auf persönliches Vermögen und auf soziale Distinktion, sowie den Einsatz der diözesanen Mittel vornehmlich für die Benachteiligten und Armen. Papst Franziskus scheint diesen Geist zu teilen.

84 Marx, Krise und Wende, S. 339.

85 So als einer der ersten Talcott Parsons: Das System moderner Gesellschaften, München 1972, S. 25 f.

dele, aber eine solche Differenz wird in der katholischen Dogmatik und Moral nur von einigen Theologen, nicht aber vom kirchlichen Lehramt gemacht. Identitätstheoretisch wäre der Kirche anzuraten, einerseits eine Kernidentität zu behaupten, andererseits aber in eher peripheren Zuständigkeitsbereichen flexibel auf ihre Umwelt zuzugehen. Dabei würde es der Glaubwürdigkeit dienen, wenn kirchlicherseits die Überdehnung ihrer normativen Kompetenzen in der Vergangenheit eingestanden und in offener Auseinandersetzung mit den Einsichten und dem Ethos in der säkularen Gesellschaft nach selbst nur vorläufigen Maximen gesucht würde. Vor allem aber wäre anzuerkennen, dass ‹richtige› Lösungen für Einzelfälle oft nur von verantwortungsbewussten Entscheidern erhofft werden können, deren Güterabwägung durch keine oder nur sehr allgemeine Regeln vorgezeichnet werden können.[86] Gleichzeitig bedürfte es der ausdrücklichen Zulassung von mehr innerkirchlicher Pluralität und Subsidiarität, bei gleichzeitiger Einschränkung hierarchischer Kontrollansprüche. *Lebendiger Glaube muss sich ‹vor Ort›, in konkreten Kontexten bewähren.* Eine Neu-Evangelisierung kann bestenfalls Erfolg haben, wenn die Kirche in ihren Repräsentanten Glaubwürdigkeit und Vertrauen zurückgewinnt. Dies kann jedoch nur gelingen, wenn sie sich auf die Zwiespältigkeiten und Polyvalenzen der Moderne mit-leidend einlässt und in ihrer eigenen Praxis exemplarische Problemlösungen vorlebt. Die Reform ihrer eigenen Strukturen im Sinne einer Selbstbegrenzung hierarchischer Entscheidungsbefugnisse wäre ein überzeugendes Zeichen, dass es die Kirche mit sich und den Menschen, für die sie da ist, *ernst* meint.[87]

---

86 Zur Rolle von Verantwortung in komplexen Entscheidungssituationen vgl. Franz-Xaver Kaufmann: Der Ruf nach Verantwortung. Risiko und Ethik in einer unüberschaubaren Welt, Freiburg i. Br. 1992.

87 Für eine kritische Lektüre des Textes und daraus hervorgehende Anregungen danke ich Karl Gabriel und Kurt Lüscher.

IV. VOM ZWIESPALT DER KIRCHENKRITIK

Am 3. Februar 2011 haben über hundert Professoren der Theologie an deutschen Hochschulen ein Memorandum mit dem Titel «Kirche 2011 – Ein notwendiger Aufbruch» veröffentlicht, und die Zahl der Unterzeichner ist inzwischen auf über zweihundert angewachsen. In der FAZ vom 11. Februar hat der ehemalige Präsident des Päpstlichen Rates zur Förderung der Einheit der Christen, Kardinal Walter Kasper, auf das Memorandum geantwortet, das die FAZ auf der gleichen Seite samt den Namen aller Unterzeichner veröffentlicht hat.

Dieser klug arrangierte Dialog, der ja von den Theologen gefordert wird, verdient es, öffentlich fortgesetzt zu werden, auch wenn mein erster Einwand gegen das Memorandum lautet, dass diese öffentliche Form der Auseinandersetzung offensichtlich nicht auf innerkirchliche Wirkung angelegt, also kirchenpolitisch unbedacht ist. Das Memorandum bestätigt die römischen Vorurteile gegen den deutschen Katholizismus, seine Glaubensschwäche und seine zum Palavern und nicht zum Handeln neigende Saturiertheit. Der Kritik von Kardinal Kasper ist insoweit recht zu geben: Unbeschadet der Berechtigung der in sechs Punkten zusammengefassten Diskussionsthemen bleibt die theologische Begründung des Memorandums dürftig. Im Wesentlichen bildet die vom Vorsitzenden der Deutschen Bischofskonferenz, Erzbischof Zollitsch, ausgerufene «größte Kirchenkrise seit Kriegsende» den Aufhänger für die besorgte Frage: «Wird die vielleicht letzte Chance zu einem Aufbruch aus Lähmung und Resignation durch Aussitzen oder Kleinreden der Krise verspielt?» Wer so kurzatmig denkt, hat von Kirchengeschichte keine Ahnung und auch schon das alle Welt und die Kirche selbst überraschende Ereignis des Zweiten Vatikanischen Konzils vergessen.

Nun ist allerdings schwer zu bestreiten, dass die Impulse des Zweiten Vatikanischen Konzils (1962–1965) in der katholischen Kirche Deutschlands mittlerweile weitgehend verpufft sind. Auch die Gemeinsame Synode der Bistümer in Deutschland (1971–1975) hat zwar in manchen Bereichen Wirkungen gezeigt, beispielsweise hinsichtlich der Mitwirkung von Laien oder dem Selbstverständnis des

Religionsunterrichts, aber man wird schwerlich behaupten können, es habe sich daraus eine dem kirchlichen Leben bis heute förderliche Dynamik entwickelt. Das Abtreten der Generation der Bischöfe und Priester, welche Konzil und Synode bewusst erlebt und zum Teil mitgetragen haben, leistet dem Vergessen weiteren Vorschub. Von den heute in der Verantwortung stehenden jüngeren Bischöfen sind nach meiner Wahrnehmung bisher kaum Impulse für das Glaubensleben ausgegangen. Auch von Seiten der Orden ist wenig Zeugnishaftes wahrzunehmen, vielleicht mit Ausnahme der Jesuiten. Beachtlich ist lediglich die Großzügigkeit, mit der die deutschen Katholiken – Kleriker wie Laien – die Aufgaben der Kirchen in armen Ländern unterstützen.

Als gläubiger Katholik kann man also mit dem Zustand unserer Kirche in Deutschland durchaus unzufrieden sein, und das Memorandum verdient als Ausdruck solcher Unzufriedenheit Beachtung. Mehr noch: Es ist zu begrüßen, dass sich die Theologen in der Debatte um die Reformbedürftigkeit der Kirche zu Wort melden. Leider scheinen sie in Deutschland als Berater von Generalvikaren und Bischöfen weniger gefragt zu sein als betriebswirtschaftliche Beratungsfirmen.

Vor allem die Ausdünnung der Seelsorge als Folge des Priestermangels und die Überlastung der Priester sind mit Sorge zu betrachten. Ich hätte mir vom Memorandum der Theologen allerdings eine klarere Situationsdiagnose und eine vertiefte theologische Begründung gewünscht, und nicht bloße Artikulation eines Unbehagens und die Forderung nach einem «offenen Dialog ohne Tabus». Kardinal Kasper ist auch zuzustimmen, dass das Freiheitspostulat des Memorandums nicht in erkennbarer Weise auf die «Freiheitsbotschaft des Evangeliums» zurückgeführt wird, sondern im Horizont des Zeitgeistes verbleibt. Überdies wird man wohl fragen dürfen, ob ‹Freiheit› allein ausreicht, um die Frohe Botschaft unserer Zeit verständlich zu machen.

Aber auch die Entgegnung von Kardinal Kasper kann mich nicht recht befriedigen. Das von Johann Baptist Metz geprägte Wort der ‹Gotteskrise› bleibt nur ein Wort, wenn es nicht entwickelt wird. Die katholische Kirche hat sich mit der Krise der ontologischen Metaphysik nur wenig auseinandergesetzt, und gerade der gegenwärtige Papst hält bei aller Reflexion an den platonischen Voraussetzungen des Gottesglaubens fest. Damit scheut sein Pferd vor der höchsten

Hürde der zeitgenössischen Diskussionen. Hat die meines Erachtens zunehmende Schwäche des Gottesglaubens nur mit der Verbreitung diesseitiger Denk- und Verhaltensmuster zu tun, oder vielleicht auch mit der zunehmenden Ortlosigkeit eines nur an die Tradition gebundenen Glaubens einer sich immer mehr zentralisierenden, hierarchischen Kirche? Ist die Kirchenkrise wirklich nur eine Folge der Gotteskrise, oder könnte es nicht teilweise auch umgekehrt sein? Das Diktum Karl Rahners, dass der Gläubige der Zukunft einer sein müsse, der etwas von Gott erfahren hat, verweist auf eine ganz andere Dimension als diejenige der herkömmlichen scholastisch und metaphysisch geprägten Theologie. Und wo sind die Zeugen solcher Gotteserfahrung in unserer Zeit? Man kann sie gelegentlich im kleinen Kreis oder mehr noch im persönlichen Gespräch finden, und manch einem Priester oder Laien ist sie anzumerken. Aber es fehlt uns doch sehr an einer Sprache oder an symbolischen Zeichen, um hierüber zu kommunizieren.

Auch fällt mir auf, dass Kardinal Kasper von den sechs im Memorandum angesprochenen Punkten ausführlicher nur auf zwei eingeht und auch diese auf Fragen eng führt, die im weiteren Sinne mit Sexualität oder der Geschlechterhaftigkeit des Menschen zu tun haben: Zölibat, Frauenordination, Anerkennung gleichgeschlechtlicher Lebensgemeinschaften. Ich betrachte dies als Symptom einer, wie ich meine, verhängnisvollen Verstrickung der katholischen Klerikerkirche in frühneuzeitliche Traditionen der rationalistischen Moraltheologie, die *in sexualibus* anscheinend überhaupt nur Todsünden kennt. So geraten dann Masturbation und Kinderschändung in die gleiche Kategorie. Auf diesem Gebiet hat die Kirche aus eigenem Verschulden viel an Autorität eingebüßt und wird diese auch nicht ohne Auseinandersetzung mit humanwissenschaftlichen Einsichten zur menschlichen Sexualität zurückgewinnen können.

Das drängende Problem der Loslösung der Seelsorgestrukturen von den örtlichen Kommunikationskreisen wird von Kasper als belastende «Übergangslösung» bezeichnet, ohne allerdings anzudeuten, wohin die Reise gehen könnte. Sicher sind die alten Pfarreistrukturen angesichts zunehmender Mobilität nicht der pastoralen Weisheit letzter Schluss. Aber die Vergreisung des Klerus hierzulande ist eine Tatsache, die auch durch eine verbesserte Priesterausbildung nicht aus der Welt geschafft werden könnte. Ich sehe nur die Alternative einer Ausweitung des Klerikerstatus oder aber einer stärkeren Kompetenzzuweisung an Laien, die dann allerdings nicht so ohne weiteres an die Gehorsamsbedingungen der Hierarchie zu ketten sind. Die in vielen anderen Ländern mit Priestermangel wesentlich stärkere Einbeziehung der Laien in die Katechese und Seelsorge stößt in Deutschland nicht nur auf kirchenrechtliche Bedenken, im Juristischen sind die Deutschen ohnehin groß! Es gibt hierzulande auch eine Mentalität, dass Gutes nicht ohne steuerlich wirksame Spendenbescheinigung in Gang kommt. Hinzu kommt das herrschende Kirchensteuerrecht: Die Diözesen sitzen auf dem Geld, und alle anderen sind Bittsteller. Zum mindesten in Deutschland ist die Hierokratie weithin zur Bürokratie verkommen. Die Dominanz von Recht und Geld auch in der katholischen Kirche Deutschlands ist dem Leuchten eines Glaubensfeuers sicher abträglich. Man merkt auch beim Lesen des Memorandums wenig davon.

Die Diskussion zwischen Kardinal Kasper und den Theologen lässt schließlich ein tiefer liegendes Dilemma erkennen: Die Theologen monieren – meines Erachtens zu Recht – Strukturmerkmale der katholischen Kirche, die immer noch dem absolutistischen Geist des I. Vatikanums entsprechen: die fehlende Mitwirkung der Gläubigen an der Bestellung von Pfarrern sowie von Priestern und Laien an der Vorbereitung von Bischofsernennungen; die mangelnde Rechtskultur, der Hang zur Zentralisierung. Kardinal Kasper kontert – ebenfalls mit einer gewissen Berechtigung – mit dem Vorwurf, hier gehe es um Sekundäres, nicht um die zentrale ‹Gotteskrise›. Der mit der Kirchengeschichte und insbesondere mit der Geschichte des Papsttums und seiner Kurie in etwa Vertraute hat den Eindruck, dass allzu oft theologische Behauptungen für die Legitimierung von durchaus profanen Machtinteressen herangezogen wurden, und dies nicht nur im ‹finsteren› Mittelalter, wo man auch vor der (Ver-)Fälschung von Dokumenten zur Begründung päpstlicher Autorität keine Scheu hatte. Kardinal Kasper ist sicher kein geeigneter Kandidat für solche Unterstellungen, aber er argumentiert in einer Grundkonstellation: Die Sakralisierung der klerikalen Kirchenstrukturen, welche im Ersten Vatikanischen Konzil ihren Höhepunkt fand, lässt für innerkirchliche Kritik kaum einen Platz. Und die Gehorsamseide, welche Bischöfe bei ihrer Ernennung schwören müssen, binden sie an eine Ordnung, die aus der Sicht mancher Laien, aber wohl auch Kleriker, immer mehr zu einem Prokrustesbett wird.

Eine «radikale Erneuerung des Glaubens» (Kasper) ist selbst ein höchst voraussetzungsvoller Prozess, der nicht außerhalb der kirchlichen Strukturen denkbar und aus katholischer Sicht auch nicht wünschenswert ist. In gewisser Hinsicht hat das Zweite Vatikanische Konzil einen solchen Aufbruch gewagt, ist hinsichtlich der Strukturfragen jedoch an der Macht der römischen Kurie gescheitert, auf die auch Paul VI. mit seiner *nota praevia* zur Kirchenkonstitution Rücksicht nehmen musste. Ob die zentralistische und absolutistische «hieralogische Klerikerkirche» (Hermann Josef Pottmeyer) gottgewollt und zukunftsfähig ist, darüber würde sich ein Disput lohnen. Seit den jüdischen Propheten, seit Jesus' Auseinandersetzung mit den Pharisäern und mit den Aufbrüchen der christlichen Orden hat sich der Glaube in Spannung zu herrschenden Strukturen entwickelt. Heute besteht die Gefahr, dass solcher Widerspruch keinen Ort mehr in unserer harmoniesüchtigen Kirche findet und er eben deshalb die Öffentlichkeit sucht.

V. DIMENSIONEN DER KIRCHENKRISE

‹Kirchenkrise› ist zum geflügelten Wort geworden, seit der Vorsitzende der deutschen Bischofskonferenz im Gefolge der Veröffentlichung verbreiteter Fälle sexuellen Missbrauchs durch Kleriker und der Causa des Augsburger Bischofs Mixa «die tiefste Krise der Kirche seit dem Zweiten Weltkrieg» diagnostiziert hat. Ein verbreitetes Unbehagen im deutschsprachigen Katholizismus hat damit plötzlich einen plakativen Titel erhalten, ohne dass damit allerdings schon eine klare Diagnose verbunden wäre. Um eine solche Diagnose soll es hier gehen.

Die sogenannte Kirchenkrise werde ich in vier Dimensionen analysieren, die sich als Missbrauchskrise, als pastorale Krise, als strukturelle Krise und als Glaubenskrise bezeichnen lassen. Da die Missbrauchskrise schon breit diskutiert wird, seien nur die Gesichtspunkte in Erinnerung gerufen, die sie mit der Struktur- und Glaubenskrise verbinden.

1. Missbrauchskrise

Ende Januar 2010 führte der Entschluss des Jesuitenpaters Klaus Mertes, den *Opfern* sexueller Annäherungen durch Jesuiten, die als Lehrer am Berliner Canisius-Kolleg tätig waren, zu schreiben, zu einer Lawine offenbar werdender Missbrauchsfälle, auch im Bereich der katholischen Kirche Deutschlands. «Ich entschuldige mich auch im Namen der Mitbrüder für das, was Ihnen durch das Wegschauen der Verantwortlichen des Ordens angetan wurde. Ich weiß mich mit Ihnen in der tiefen Überzeugung verbunden, dass der Sinn unseres Berufes darin besteht, der Würde der jungen Menschen zu dienen und sie bei der Entfaltung ihrer Gaben zu begleiten und zu fördern.»[88] Mit diesen Worten hat Pater Mertes Maßstäbe gesetzt, die von anderen kirchlichen Instanzen zunächst nicht erreicht wurden.

---

[88] Erklärung von P. Klaus Mertes SJ am 30. Januar 2010. Quelle: https://canisius.de/ (Abruf am 9. März 2011).

Das Entsetzen über die Verbreitung derartiger bis zum Verbrechen reichender sexueller Handlungen von Klerikern stand zunächst im Mittelpunkt der Diskussionen. Die sexuellen Verfehlungen im kirchlichen Bereich und ihre öffentliche Erörterung schadeten der kirchlichen Autorität im ohnehin hoch umstrittenen Bereich der Sexualethik nachhaltig.

Nach einigen Wochen immer neuer Enthüllungen – und dies keineswegs nur aus dem katholischen Raum – verschob sich die innerkirchliche Diskussionslage: Wie konnte es kommen, dass diese Missstände, von denen manches schon früher innerkirchlich bekannt geworden war, verheimlicht, vertuscht oder klein geredet wurden? Die Aufmerksamkeit richtete sich nun auf Bischöfe, Ordensobere und ihre Personalverantwortlichen, die durch ihre Entscheidungen für weitere Taten mitverantwortlich wurden. Schließlich rückte die schon von Pater Mertes betonte Verantwortung gegenüber den Opfern ins Blickfeld: Dass Kindern und Jugendlichen bei ihren Versuchen, die Sprachlosigkeit des Erlebten zu überwinden, nicht zugehört wurde: von Eltern, Lehrern und Geistlichen; dass eine allgemeine Hemmung bestand, die schwerwiegenden Vorwürfe gegen Geistliche ernst zu nehmen, dass also wahrscheinlich nur ein eher kleiner Bruchteil der tatsächlichen Opferfälle Gegenstand kirchlicher Ermittlungen wurde; und dass diese wiederum nur die Heiligkeit der Institution und nicht das Leiden der Opfer interessierte, wird zunehmend als der eigentliche moralische Skandal angesehen.[89]

Die Solidarität im Klerus hat viele sowohl spirituelle als auch recht menschliche Gründe. Aber hinsichtlich sexuellen Missbrauchs wurde von römischer Seite schon 1962 eine Meldepflicht aller Katholiken von Fällen sexueller Verfehlungen durch Kleriker mit Minderjährigen angeordnet. Im Jahre 2001 verschärfte die Glaubenskongregation die Meldepflichten und versah sie gleichzeitig mit der strengsten Verschwiegenheitspflicht, dem «Päpstlichen Geheimnis». Die Missbräuche sollten also auf keinen Fall öffentlich bekannt werden. Vor allem aus dem US-amerikanischen Episkopat wurde verlautet, dass zahlreiche Missbrauchsfälle nach Rom gemeldet worden seien, ohne dass beispielsweise die beantragte Laisierung von Priestern genehmigt worden wäre. In vielen Fällen kam auch einfach keine Antwort.

Offenbar geht es hier nicht um die «Krähenmoral» der einfachen Solidarität, sondern um ein kirchliches System der Verheimlichung

---

89 Siehe auch: Moralische Lethargie in der Kirche (Text VI).

der Missbräuche, *wobei die Strafandrohungen für den Geheimnisbruch strenger waren als für die zu verheimlichenden Taten*. Die römischen Normen wurden jedoch kaum durchgesetzt. Insbesondere wurden auch die Bischöfe mit ihren Problemen allein gelassen, bis in jüngster Zeit – und anscheinend zum Missvergnügen wichtiger Kurienkardinäle – Papst Benedikt XVI. anordnete, dass die Diözesen in Zukunft hinsichtlich der Aufklärung von Sexualdelikten an Jugendlichen mit zuständigen staatlichen Behörden zusammenarbeiten sollen. Das ist, bezogen auf das traditionelle Verständnis von Kirche als staatsanaloger *societas perfecta*, eine wirkliche Revolution, weil die römische Kirche damit auf das *ius fori*, also die ausschließliche Gerichtsbarkeit über ihre Kleriker, verzichtet und damit auch auf ein Stück der für sich beanspruchten Souveränität. Man wird abwarten, inwieweit sich dieses Gebot der Zusammenarbeit auch in der Praxis durchsetzt. Wahrscheinlich in den gemischtkonfessionellen rechtsstaatlichen Ländern schon. Fraglicher ist das schon für die ‹Stammländer› des Katholizismus wie Italien oder Spanien. Und geradezu fragwürdig wird es in Staaten, die der Kirche ablehnend gegenüberstehen. Das Problem ist mit einem ‹gesunden Opportunismus› zu lösen, den die Kirche auch in weniger dramatischen Umständen gerne für sich in Anspruch nimmt.

2. Pastorale Krise

Im Frühjahr 2011 veröffentlichten über hundert deutsche Hochschullehrer der Theologie ein Memorandum, dem sich mittlerweile hunderte weitere und tausende Laien und Geistliche angeschlossen haben. In diesem Memorandum wird «zu einem offenen Dialog über Macht- und Kommunikationsstrukturen, über die Gestalt des kirchlichen Amtes und die Beteiligung der Gläubigen an der Verantwortung, über Moral und Sexualität» aufgerufen und eine Art Reformagenda in sechs Punkten entwickelt.[90] Dieses Memorandum ist, ähnlich wie die sogenannte «Kölner Erklärung» von 1989, ein Alarmschrei der immer stärker an die römischen Kandare genommenen Theologie, der die mittelalterliche Kirche noch eine Beteiligung am kirchlichen Lehramt zugestanden hatte. Erst im 19. Jahrhundert

---

90 «Kirche 2011 – Ein notwendiger Aufbruch». Zuerst veröffentlicht in der Süddeutschen Zeitung vom 4. Februar 2011, hier zitiert nach FAZ, Nr. 35, 11. Februar 2011, S. 9.

gewann nämlich der Monopolisierungsprozess kirchlicher Macht an Fahrt, der zur heutigen übermächtigen Stellung von Papst und Kurie geführt hat.

Man kann nur wünschen, dass das Memorandum nicht eine ausschließlich disziplinarische Reaktion der römischen Kurie auslöst, wie dies im Falle der Kölner Erklärung seinerzeit geschehen ist. Dass die damaligen Proteste in Köln, Wien und Chur gegen zum Teil verfahrensrechtlich fragwürdige Bischofsernennungen auch in der Sache bzw. hinsichtlich der Person berechtigt waren, hat sich zwischenzeitlich auf leider eindrückliche Weise bestätigt. In allen drei Fällen haben die römische Kurie oder der Papst sich über die Situationseinschätzungen vor Ort hinweggesetzt und mit der Arroganz der Macht Fakten geschaffen, die vor Ort nachhaltige Empörung und vielfach auch Entfremdung von der Kirche hervorgerufen haben.[91]

Einen zentralen Diskussionspunkt des aktuellen Memorandums bildet die «Erosion des gemeindlichen Lebens». «Unter dem Druck des Priestermangels werden immer größere Verwaltungseinheiten … konstruiert; in denen Nähe und Zugehörigkeit kaum mehr erfahren werden können. Historische Identitäten und gewachsene Netze werden aufgegeben. Priester werden verheizt und brennen aus. Gläubige bleiben fern, wenn ihnen nicht zugetraut wird, Mitverantwortung zu übernehmen.» Diese Situationsdiagnose ist zum mindesten nicht unplausibel. Zwar sind die Verhältnisse nicht überall dieselben, aber die heute in deutschen Diözesen vorherrschenden Reaktionen auf den zunehmenden Priestermangel laufen auf eine Verwaltung des Mangels bei fortbestehenden Pfarrstrukturen hinaus. Betrachtet man die Altersstruktur der katholischen Kleriker, so zeigt sich für die meisten Diözesen, dass auch die neu formierten Großgemeinden in wenigen Jahren nicht mehr ausreichend mit Klerikern im aktiven Alter versorgt werden können. Und es sei hinzugefügt: Je älter die Priester vor Ort werden, desto unwahrscheinlicher wird es, dass sie Jugendlichen zum Vorbild bei der Entscheidung dienen können, Priester zu werden – oder eben nicht.

Auch Kardinal Kasper ist in seiner Entgegnung auf das Memorandum kurz auf diesen Punkt eingegangen: «In ganz Europa sind wir Zeugen eines rapiden gesellschaftlichen und demografischen Wandels. Nur ein hoffnungs- und zukunftsloser und damit falscher Konservatismus kann meinen, bisherige Pfarreistrukturen mit ‹be-

---

91 Siehe auch: Vom Zwiespalt der Kirchenkritik (Text IV).

währten Männern›, die die Priesterweihe empfangen haben (*viri probati*), künstlich am Leben halten zu können. Allerdings kann die in den deutschen Diözesen praktizierte Lösung mit großflächigen Pfarreieinheiten auch nicht das letzte Wort sein. Es handelt sich um eine Übergangslösung, die die Priester wie die Gemeinden sehr belastet.»[92]

Da wird wenigstens Verständnis deutlich! Was *nach* dieser Übergangslösung kommen könnte, welches Kirchenleitbild an die Stelle des bisher bewährten lokal gebundenen Pfarreiprinzips treten könnte, hat Kardinal Kasper an anderer Stelle konkretisiert: «Man muss Mittelpunktpfarreien bilden mit einem intensiven kirchlichen Leben, mit geistlichen, katechetischen und sozialen Angeboten, wo man sich am Sonntag zur Eucharistiefeier versammelt und diese als Quelle und Höhepunkt des kirchlichen Lebens erfährt. ... Um die Mittelpunktkirchen herum kann ein Netz von Hauskirchen wachsen. Auch das lehrt die Geschichte der Christenheit. Sie sind schon im Neuen Testament bezeugt. Auf sie stützte sich etwa der Apostel Paulus, wenn er reiste. Aus dem 16. Kapitel des Briefs an die Gemeinde in Rom geht hervor, dass diese Hauskirchen sehr oft von Frauen geleitet wurden.»[93]

Als Soziologe möchte ich mich nicht an der Diskussion um kirchliche Reformmodelle beteiligen, aber immerhin darauf hinweisen, dass das pastorale Leitbild von Kardinal Kasper mit den «Hauskirchen» ein wichtiges soziales Kriterium der Glaubensweitergabe an nachfolgende Generationen berücksichtigt: *soziale Nähe*. Man kann sich soziologisch die Weitergabe des Glaubens nur nach zwei Modellen vorstellen: Entweder durch gewohnheitsmäßiges Hineinwachsen in einen stabilen religiös-sozialen Kontext; oder durch Identifikation mit vorbildhaften Personen, wobei im Idealfall sich beides verbindet. Dieser Idealfall wird aber unter zeitgenössischen westlichen Lebensbedingungen immer unwahrscheinlicher. Ich erwähne hier der Kürze halber lediglich die zunehmende Auflösung katholischer Milieus, welche nach dem Wegfall politisch erzwungener Konfessionshomogenität die Rolle einer stabilen religiös-sozialen Umwelt für die Heranwachsenden übernommen hatten. *Wenn* die von Kardi-

92 Walter Kardinal Kasper: Kommen wir zur Sache. Das Memorandum katholischer Theologen zur Krise der Kirche geht auf ein Grundproblem unserer Zeit nicht ein: die Gotteskrise, in: FAZ, Nr. 35, 11. Februar 2011, S. 9.
93 Kardinal Walter Kasper mit Daniel Deckers: Wo das Herz des Glaubens schlägt. Die Erfahrung eines Lebens, Freiburg i. Br. 2008, S. 156, 158.

nal Kasper vorgeschlagenen Hauskirchen familiäre und lokale Bindungen umfassen könnten, wenn sie also nicht einfach den Charakter von Bibelkreisen oder sozialen Initiativen religiös Engagierter annehmen, sondern eine gewisse Breite der Lebenswirklichkeiten von Kindern und Jugendlichen, aber natürlich auch von Erwachsenen abdecken würden, dann könnten sie grundsätzlich durchaus im Sinne einer Tradierungschance des Glaubens wirksam werden, vor allem in Verbindung mit einer von Kasper ebenfalls geforderten Erneuerung der Katechese.

Pastoraltheologen sprechen im Hinblick auf die gegenwärtigen Umorganisationen in der deutschen Kirche von einer *Delokalisierung der Kirche*. Aus soziologischer Sicht erscheint diese Delokalisierung gleichzeitig als ein weiterer Schritt zur *Zentralisierung der Kirche:* Weniger Pfarreien reduzieren die Kontrollspanne des Bischofs bzw. seiner Verwaltung, sie machen eventuell die Zwischeninstanz der Dekanate überflüssig. Die Spielräume, welche von vielen Pfarreien und ihren Pfarrern oft im Sinne von integrierenden Initiativen genutzt werden, jedoch nicht immer im Sinne kirchlicher Vorschriften, dürften enger werden. Die Chance, dass sich an der Basis neue religiöse Impulse bilden, reduziert sich weiter, da sie schon in einem frühen Stadium den kirchlichen Behörden auffällig und damit kontrollierbar werden.

Dieser Typus organisationssoziologischer Überlegungen wird vielen frommen Gläubigen fremd, wenn nicht frevelhaft vorkommen. Ist denn nicht die sakramentale Wirklichkeit der Kirche das Entscheidende, ist die Kirche nicht im entscheidenden Kern ein Geheimnis? Als Glaubender finde ich in der Tat meine Gottesbeziehung durch Gebet und Sakramente. Als geschichtsbewusster Mensch finde ich es beeindruckend, dass die Lehren eines jüdischen Wanderrabis durch seine größtenteils ungebildeten Jünger so glaubhaft weitergegeben werden konnten, dass sie drei Jahrhunderte später zur vorherrschenden Religion im römischen Reich wurden. Und es trägt zu meinem Glauben bei, dass die Botschaft Jesu vom Zusammenhang von Gottes- und Nächstenliebe trotz aller Skandale in der Kirchengeschichte und zumal am päpstlichen Hof bis heute ihre motivierende Kraft nicht eingebüßt hat.

All dies hindert mich jedoch als Sozialwissenschaftler nicht, nach Erklärungen für den Erfolg wie auch für den Traditionsabbruch zu suchen, der heute nicht nur die katholische, sondern auch die evangelische Kirche in Deutschland erfasst hat und den es in dieser Form beispielsweise in den Vereinigten Staaten und einigen anderen sich modernisierenden Gesellschaften nicht gibt. Der historische Erfolg des römischen Christentums wie auch seiner Spaltungen hängt eng mit dem allgemeinen Schicksal Europas zusammen, das einen legitimen Gegenstand der Geschichts- und Sozialwissenschaften darstellt. Ich weigere mich deshalb auch, den Heiligen Geist oder die Vorsehung für das praktische Verschwinden großer christlicher Kirchen wie der syrischen, der nestorianischen oder der ägyptischen verantwortlich zu machen, die über ein Jahrtausend geblüht haben und schließlich das Opfer chinesischer Expansion und eines radikalisierten Islams wurden.[94] Das machtvolle Überleben allein der römischen Kirche gründet vielmehr zu einem guten Teil im römischen Erbe und in der vergleichsweise geschützten geografischen Lage, aber natürlich auch in der erfolgreichen Allianz von Religion und Politik.

3. STRUKTURKRISE

Die soziologische Perspektive führt deshalb zu einem tiefer liegenden Aspekt der Kirchenkrise, der, wenn überhaupt, meist nur indirekt oder aspekthaft angesprochen wird. Es geht um die gegenwärtige Form der römischen Kirche selbst, um ihre historisch gewachsene Organisation und die damit verbundene Mentalität. Und um die Frage, ob die Kirche sich heute selbst im Wege steht.

Eine Beantwortung dieser Frage hängt unvermeidlich von kirchenpolitischen Vorentscheidungen ab. Wer das I. Vatikanische Konzil für das bisher letzte Wort einer geistgeleiteten Kirche ansieht, wird sie anders beantworten als diejenigen, die im II. Vatikanischen Konzil das Wirken göttlichen Geistes vermuten, wie es auch die Konzilsväter selbst geglaubt und deshalb auch Kompromissen zugestimmt haben, die nicht ihrer persönlichen Auffassung entsprachen.

Mit dieser Vorentscheidung verbunden ist zwar nicht denknotwendig, aber *de facto* eine zweite, ob man nämlich die Kirche als eine von den historischen Veränderungen wesenhaft unabhängige, in sich notwendig gleichbleibende Größe ansieht oder aber sie als an der Menschheitsgeschichte Teilhabende und sich in ihr stets Erneuernde

---

94 Vgl. hierzu eindrücklich Philip Jenkins: Das goldene Zeitalter des Christentums. Die vergessene Geschichte der größten Weltreligion, Freiburg i. Br. 2010.

versteht, «bis sie durch das Kreuz zum Lichte gelangt, das keinen Untergang kennt» (LG 10). Auch wenn das Konzil sein Augenmerk im Wesentlichen auf den geistigen Charakter des in der Geschichte der Menschen pilgernden Gottesvolkes legt, negiert es damit nicht, dass «dem Fleische nach» die Kirche an den Peripetien der jeweiligen «Weltzeit» teilhat. Die real existierende Kirche bedarf einer fortgesetzten Reinigung, um die Sehnsucht «nach der kommenden Stadt» (LG 9) nicht aus den Augen zu verlieren.

Als Sozialwissenschaftler haben wir es im Wesentlichen mit der fleischlichen Seite der Kirche zu tun. Als katholischer Laie hoffe ich, dem Volke Gottes zugehören zu dürfen, das für mich nicht an den Grenzen der «fleischlichen» römischen Kirche endet. Ich suche im Gebet den Mut, im Dienst meiner Kirche als Sozialwissenschaftler Kritik zu üben.

Diese Kritik ist nicht neu, sie wird – wenngleich meist aspekthaft – von zahlreichen Theologen und vermutlich auch Ordensleuten und Bischöfen geteilt. Ich sehe im Wesentlichen zwei Komplexe hinsichtlich derer sich die römische Kirche heute im Wege steht: *Eine Tendenz zur fortgesetzten Zentralisierung und ein ungeklärtes Verhältnis zu Fragen der menschlichen Geschlechtlichkeit.* Beide Themenkreise sind Gegenstand der im Memorandum der Theologen aufgestellten Reformagenda, und sie verschärfen sich in ihren Wirkungen meines Erachtens gegenseitig, vor allem hinsichtlich des Pflichtzölibats im Weltklerus.[95]

Kardinal Kasper ist in seiner Antwort fast ausschließlich auf den zweiten Problemkreis eingetreten: Zölibat, Frauenordination, Anerkennung gleichgeschlechtlicher Lebensgemeinschaften. Als in diesen und anderen Fragen der Sexualethik unbedarfter Beobachter finde ich es bedrückend, welchen zentralen Stellenwert diese Fragen in den neueren kirchlichen Auseinandersetzungen einnehmen. Es ist schwer bestreitbar, dass gerade hier humanwissenschaftliche Erkenntnisse vorliegen, die zwar vielfach libertinistisch überhöht werden, aber dennoch eine ernsthafte Auseinandersetzung von Seiten der kirchlichen Autoritäten verdienen. Nach meinem unmaßgeblichen Eindruck ist das kirchliche oder zum mindesten vatikanische Urteil hier teilweise in einer frühneuzeitlichen Morallehre befangen, als deren Entste-

---

95 Vgl. hierzu Klaus P. Fischer: Vom Zeugnis zum Ärgernis? Anmerkungen und Thesen zum Pflichtzölibat, Wiesmoor 2011.

hungskontext die allgemeine Sozialdisziplinierung und der an Kraft gewinnende Rationalismus auszumachen sind.[96]

Vom zweiten Problemkomplex, der fortgesetzten *Zentralisierungstendenz der römischen Kirche*, sei ausführlicher die Rede. Ich spreche bewusst von der römischen und nicht der katholischen Kirche, und zwar nicht nur, weil die römische Kirche nie die ganze (*kat holon*) Christenheit repräsentiert hat.[97] Die römische Kirche ist vom vorchristlichen römischen Denken tief geprägt worden und hat den Reichtum der griechischen Kirchenväter kaum rezipiert. Man sollte nicht vergessen, dass der einflussreichste lateinische Kirchenvater, Augustinus, der primären Sprache christlicher Glaubensquellen, nämlich des Griechischen, kaum mächtig war. Für die «lateinische Kultur [war] kennzeichnend eine klare Vorstellung von Ordnung, die wesentlich als Rechtsordnung aufgefasst wurde, hierarchisch strukturiert war und Autorität nur für das Amt zuließ. Die Möglichkeit von Einheit war an eine solche Ordnung gebunden, die, wie auch Wahrheit allgemein, durch den Rückgriff auf Geschichte und Tradition begründet wurde. ... Die Verbindung zwischen ‹richtiger› Tradition und Amt war im Osten keineswegs anerkannt.»[98]

Von besonderem Einfluss für die lateinische Kirchenstruktur wurde das hierarchische und juridische Denken der Römer, das sich endgültig erst *nach der Trennung von Byzanz* im Jahre 1054 mit der Gregorianischen Reform durchsetzte, übrigens ebenso wie der Pflichtzölibat des Weltklerus. Beides, die Interpretation kirchlicher Ordnung als Hierarchie und ihre vom römischen Recht beeinflusste Ausformung haben kaum ein biblisches Fundament, sondern sind Ausdruck eines zunehmenden Herrschaftswillens des Bischofs von Rom. Nach dem Wegfall von dessen weltlicher Machtbasis im Prozess der Einigung Italiens verschob das Erste Vatikanische Konzil diesen Herrschaftsanspruch ins Geistige und Innerkirchliche. Vorbereitet durch die Konkordatspolitik des Kardinals Consalvi nach der Liquidation der geistlichen Fürstentümer und getragen von einer religiösen Aufbruchstimmung der Katholiken in vielen Ländern Europas, gelang es auf diese Weise dem Papsttum, seinen unumschränkten geistlichen Herrschaftsanspruch über die lateinische Kirche zu konsolidieren und erstmals weitgehend gegenüber staatlichen Einflüssen und lokalen Traditionen durchzusetzen. Die Schaffung

96 Siehe auch: Zur Soziologie der Sünde (Text XI).
97 Siehe auch: Was ist katholisch, was ist «römischer Geist»? (Text II).
98 Jochen Martin: Der Weg zur Ewigkeit führt über Rom. Stuttgart 2010, S. 11.

des *Codex Iuris Canonici* (CIC) in den ersten beiden Jahrzehnten des 20. Jahrhunderts gab dieser Herrschaft auch eine rationale, den postnapoleonischen Rechtssystemen ähnliche Form, ohne allerdings die weitere rechtsstaatliche Entwicklung zur richterlichen Kontrolle von hoheitlichen Akten mitzumachen.

Das Zweite Vatikanische Konzil ergänzte den päpstlichen Jurisdiktionsprimat durch den Gedanken der *Communio hierarchica* von Papst und Bischöfen, vergaß dabei aber weitgehend die Orden, welche während Jahrhunderten die wesentliche Stütze des christlichen Vollkommenheitsanspruchs gewesen waren. Nunmehr sollten die Bischöfe sich vergleichbaren sittlichen Anforderungen stellen, die «Vermönchung des Weltklerus»[99], also die von den übrigen christlichen Kirchen abweichende Formung des Weltklerus nach dem mönchischen Vorbild, kommt damit an ihr Ende, *und damit auch das besondere Charisma der Orden.* Die zunehmende Instrumentalisierung der Orden für die diözesane Seelsorge ebnet den Unterschied zwischen Welt- und Ordensklerus weiter ein und stärkt die Einförmigkeit der römischen Kirche.

Diese natürlich viel zu knappe Skizze einer tausendjährigen Entwicklung müsste durch eine Geschichte der römischen Kurie ergänzt werden, die zunehmend zum Apparat der römischen Zentralisierung wurde, vor allem seit dem II. Vatikanischen Konzil.[100] Durch die Betonung der bischöflichen Kompetenzen und die Schaffung des Instituts der Bischofssynode wie auch der regionalen Bischofskonferenzen wollte dieses Konzil zwar ein Gegengewicht zu den zentralistischen kurialen Ansprüchen schaffen, doch hat sich das Gewicht des hierarchischen Denkens in der kirchen*rechtlichen* Regelung der neuen Institute sowie der Kontrollansprüche der Kurie und der Rechenschaftspflichten der Bischöfe wiederum durchgesetzt.[101] Die bereits erwähnte «Kölner Erklärung» von 1989 mit dem Titel «Wider die Entmündigung – Für eine offene Katholizität» macht diese Intensivierung römischer Einflüsse sehr deutlich. Die im gleichen Jahr von Rom vorgeschriebene *Professio Catholica* bindet die Theologen nicht nur an die dogmatischen Glaubenswahrheiten, sondern auch an das «ordentliche und allgemeine Lehramt» des Papstes. Dabei ist die Argumentationsfigur des ordentlichen Lehramtes überhaupt erst

99 Fischer, Vom Zeugnis zum Ärgernis, S. 31.
100 Siehe auch: Zur Soziologie der Sünde (Text XI).
101 Vgl. Norbert Lüdecke: Die Rechtsgestalt der römisch-katholischen Kirche. In: Michael Klöcker/Udo Tworuschka (Hg.), *Handbuch der Religionen*, 16. Ergänzungslieferung 2007, S. 1–17.

1856 von einem deutschen Jesuiten geprägt worden und fand durch denselben Eingang in den päpstlichen Argumentationshaushalt.[102] Nicht zu übersehen für die Stärkung des römischen Zentralismus ist ferner die technische Verbesserung der Kommunikationsmittel, wodurch der Radius möglicher Problembearbeitung stark erweitert wird. Eine Änderung dieser Grundtendenz, die sich aus dem hierarchischen Denken in Kategorien von (geistlich legitimiertem) Befehl und Gehorsam ergibt, wäre nur durch *strukturelle Reformen im Sinne des Subsidiaritätsprinzips* sowie durch Rückkehr zu verbindlichen synodalen Strukturen möglich. Bisher hat die Kirche allerdings die Anwendung des Subsidiaritätsprinzips auf sich selbst abgelehnt, das sie spätestens seit der Enzyklika *Quadragesimo anno* als Gestaltungsprinzip politischer und sozialer Verhältnisse empfiehlt. Grundsätzlich wäre jeder Papst auf Grund seines Jurisdiktionsprimats berechtigt, eine Einschränkung der kurialen Kompetenzen und deren Delegation, beispielsweise an regionale Bischofskonferenzen oder Synoden anzuordnen.

Allerdings ist unübersehbar, dass die schon von Hegel analysierte Dialektik des Verhältnisses von Herr und Knecht auch für das Verhältnis von Papst und Kurie gilt: Beide sind voneinander abhängig. Das wurde zuletzt deutlich bei der Maßregelung des Wiener Kardinals Schönborn durch Papst Benedikt XVI., weil jener es gewagt hatte, den einflussreichen Kurienkardinal Sodano öffentlich zu kritisieren.[103] Johannes XXIII. hat sich aus seiner Abhängigkeit von der Kurie durch die Einberufung des II. Vatikanischen Konzils befreit. Johannes Paul I. scheint daran gestorben zu sein, und der polnische Johannes Paul II. hat seine Aufgabe in weltkirchlicher Präsenz gefunden und die immer noch italienisch geprägte Kurie weitgehend sich selbst überlassen. Lediglich der oft unterschätzte Paul VI. hat den Kampf mit der Hydra gewagt, die er aus langen Jahren der Zugehörigkeit, zuletzt als Leiter des Staatssekretariats, bestens kannte. Das sind allerdings nicht mehr als persönliche Impressionen; das Verhältnis von Päpsten und Kurie ist im Einzelnen wenig geklärt.[104]

102 Vgl. Hubert Wolf: «Wahr ist, was gelehrt wird» statt «Gelehrt wird, was wahr ist»? Zur «Erfindung» des «ordentlichen» Lehramtes, in: Thomas Schmeller u. a. (Hg.): Neutestamentliche Ämtermodelle im Kontext, Freiburg i. Br. 2010, S. 236–259.

103 Vgl. Otto Friedrich: Missbrauchskrise als Katalysator. Aktuelle Entwicklungen in der katholischen Kirche Österreichs, in: Herder Korrespondenz 65 (2010), S. 443–447.

104 Vgl. hierzu ansatzweise Thomas J. Reese: Im Inneren des Vatikans. Politik und Organisation der katholischen Kirche, Frankfurt a. M. 1998, sowie darauf aufbauend Franz-Xaver Kaufmann: Kirchenkrise – Wie überlebt das Christentum?, Freiburg i.Br. 2011, S. 143 ff.

Die Folgen des römischen Zentralismus für die Weltkirche sind allem Anschein nach nicht einheitlich. Vor allem für Weltgegenden, in denen das Christentum unterdrückt wird, ist der starke weltkirchliche Halt in der Regel hilfreich. Für die komplexeren Verhältnisse in den modernisierten Gebieten der Erde erscheint dagegen das herrschende Kirchenverständnis zunehmend als belastend. Die eindimensionale Überordnung von römischem Zentrum, Diözesen und Gläubigen lässt die *Complexio oppositorum* vermissen, die noch Carl Schmitt als besondere Stärke der katholischen Kirche diagnostiziert hatte[105] und deren Attraktivität für unterschiedliche Persönlichkeiten und soziale Milieus mitbegründete. Aus organisationssoziologischer Sicht liegt der Mangel einer absolutistischen, d. h. keinerlei *Checks and Balances* unterworfenen und daher inappellablen Hierarchie im *Fehlen institutionalisierter Lernfähigkeit und damit auch Reformfähigkeit.* Das einzig lernfähige Element scheint die Person des jeweiligen Papstes zu sein, dem es zusteht, die behäbigen Routinen der Kurie zu durchbrechen. Aber die Problemverarbeitungsfähigkeit eines einzelnen Menschen bleibt noch beschränkter als die der ihn unterstützenden Organisation, auch wenn er Papst ist. Ob und wo der Heilige Geist hier seinen Platz hat, bleibe dahingestellt.

4. Glaubenskrise

Abschließend sei eine Dimension der Kirchenkrise angesprochen, die durch die Entgegnung Kardinal Kaspers auf das Memorandum der Theologen zu Recht ins Zentrum der Diskussion gerückt ist. Kasper fragt: «Glauben die Unterzeichner im Ernst, dass die Kirchenverfassung eine existenzielle Frage der Menschen ist? Ist es nicht eher so, dass die Kirchenkrise eine Folge der Gotteskrise ist?»[106]

Zunächst ist festzuhalten, dass der ursprünglich von Johann Baptist Metz ins Gespräch gebrachte Topos der *Gotteskrise* missverständlich ist und der gesamten christlichen Tradition widerspricht. Denn Gott existiert ihr zufolge unabhängig von menschlichem Glauben und kann deshalb auch nicht in einer Krise sein, wohl dagegen der Gottesglaube. Mit der Rede von einer Gotteskrise wird

---

105 Vgl. Carl Schmitt: Römischer Katholizismus und politische Form, München 1923.
106 Kasper, Kommen wir zur Sache, S. 9.

eine quasi schicksalshafte oder gar durch den Rückzug Gottes ausgelöste Wendung suggeriert, an der die Kirche nichts ändern könne. Wenn dagegen von einer *Krise des Gottesglaubens* die Rede ist, so ist es schon weit wahrscheinlicher, dass die Kirchen als geschichtliche Träger dieses Glaubens damit etwas zu tun haben. Und das entspricht sowohl dem jesuanischen Missionsauftrag als auch dem Selbstverständnis gerade der römisch-katholischen Kirche.

Es ist schwer zu bestreiten, dass in der öffentlichen Wahrnehmung die konfessionellen Kirchentümer, allen voran die katholische Kirche, an religiöser Autorität verloren haben. Die Aura der Heiligkeit, welche im Gefolge des Ultramontanismus die Kirche und den Papst umgab, ist geschwunden. Das II. Vatikanische Konzil versprach noch einmal Hoffnung, dass die Kirche den von ihr verkündeten Heilswillen Gottes selbst zu verkörpern vermöge. Und das persönliche Charisma von Johannes Paul II. hat den sich ereignenden Glaubensschwund noch einmal überdeckt. Die theologische Kraft und die intellektuelle Redlichkeit des gegenwärtigen Papstes haben zum mindesten nicht dieselbe Fernwirkung. Erst spätere Generationen werden beurteilen können, ob hier die Grundlagen für ein erneuertes Gottesverständnis gelegt werden. Denn eines ist sicher: Der halb-magische Gottesglaube unserer Väter, das Sakramentenverständnis als *opus operatum* und die Vorstellung, dass Gott die Geschicke dieser Welt unabhängig vom Tun der Menschen lenke, wird sich nicht wieder herstellen lassen. Auch die ontologische Metaphysik im Gefolge Platons hält der geschichtlichen Kritik unserer Existenz meines Erachtens nicht stand. Die Gottesbotschaft durch Jesus Christus muss neu ausgesagt werden in einer Welt, deren Aporien in den Folgen eines *materialistischen* Weltbildes liegen. Die katholische Kirche versteht sich als sichtbares Zeichen für das anbrechende Reich Gottes, aber sie wird nicht mehr als solches verstanden. Wer die Strukturfragen der katholischen Kirche thematisiert, insbesondere die traditionellen Mechanismen einer Immunisierung des römischen Selbstverständnisses gegen die Geschichte, nimmt den Heilswillen Gottes mit seiner Kirche ernst und hält auch größere Veränderungen nicht für ausgeschlossen. *Die Frage steht im Raum, ob eine absolutistisch geführte Klerikerkirche im Horizont einer auch religiösen Weltvergesellschaftung dem Willen Gottes für unsere Zeit noch entspricht.*[107]

107 Siehe auch: Moralische Lethargie in der Kirche (Text VI).

Aus einer soziologischen Perspektive auf die Christentumsgeschichte bietet sich die Metapher der *Häutungen* an: Stets erneut hat sich das Christentum in bestimmten kulturellen und sozialen Kontexten inkulturiert und ist in seinen Sozialformen durch sie mitgeprägt worden. Und mit deren Vergehen ist es genötigt, das Zeitgebundene auch ihrer Formen zu reflektieren, sie abzustoßen und eine neue, passende ‹Haut› zu entwickeln.[108]

Offensichtlich steht das Christentum heute wieder vor Herausforderungen des sozialen Wandels, die sich je nach Konfession und regionalen Umständen allerdings unterschiedlich darstellen. Das Christentum ist eine komplexe Größe und manifestiert sich hauptsächlich auf drei sozialen Ebenen: einer kulturellen, einer institutionell-organisatorischen und einer personenbezogen-interaktiven Ebene. Und der gegenwärtige Traditionsabbruch ist aus soziologischer Sicht wesentlich durch das Auseinandertreten, die Entkoppelung dieser drei Ebenen bedingt.[109]

Dabei steht für die hier in Frage stehende römische Kirche die institutionell-organisatorische Ebene im Mittelpunkt. Es entspricht ihrem Selbstverständnis, dass sie den *wahren Glauben* ‹besitzt›, was immer solch ein Eigentumstitel bedeuten mag. Und es ist ja auch nicht zu bestreiten, dass das soziale Substrat, die konkrete Trägerschaft der christlichen Botschaft, von alters her sich als ‹Kirche› benannte und dass alle die verstreuten ‹Kirchen› im Bewusstsein der Forderung Jesu nach ihrer Einheit als Kirche im Singular (vgl. Eph 4,1–6) leben. Die römische Kirche nun glaubt, diese Einheit in sich repräsentieren zu können, obwohl sie nie das gesamte Christentum umfasste, sondern als «Patriarchat des Okzidents» selbst nur ein Teil der die Grenzen des römischen Reiches schon in der Spätantike weit überschreitenden patriarchalen Struktur war.

Im Unterschied zum ersten Jahrtausend hat im Gefolge des formellen Schismas zwischen Rom und Byzanz (1054) das römische Papsttum für sich Herrschaftstitel beansprucht und partiell durchgesetzt, die von den übrigen Christen nicht anerkannt werden. Die Spaltungen unter den Christen wurden dadurch und durch immer neue Exkommunikationen ‹häretischer› Bewegungen vertieft. Der Titel *Vicarius Christi*, welcher ursprünglich allen Priestern als den zur Feier des Messopfers Befugten zugesprochen worden war, hat

---

108 Siehe auch: Entweltlichte Kirche? (Text VII).
109 Hierzu ausführlicher Kaufmann, Kirchenkrise 116 ff.

sich auf die Person des Papstes verengt. Nach dem Wegfall der weltlichen Herrschaftsbefugnisse hat das Erste Vatikanische Konzil die Kirche als klerikale Organisation verfestigt und in seiner hierarchischen Spitze sakralisiert. Die 1983 in Kraft getretene Revision des im CIC gebündelten römischen Kirchenrechts hat den zentralistischen, hierarchischen Charakter der römischen Kirche weiter verstärkt. Die zunehmende Bedeutung der Massenmedien führt dazu, dass die kulturelle Präsenz des Christlichen sich immer stärker in den römischen Ereignissen manifestiert: Der Papst repräsentiert die katholische Kirche heute in bisher nie dagewesener Weise, auch wenn ein Großteil der ihm zugeschriebenen Entscheidungen im Rahmen der unübersichtlich organisierten Kurie so vorbereitet werden, dass der Papst sie nur billigen oder zurückweisen kann. Ähnliches gilt in kleinerem Format für das Verhältnis von Bischöfen zu ihren Generalvikariaten. Überall herrscht ein Entscheidungs- und oftmals auch Zeitdruck. Im Unterschied zu rechtsstaatlichen Systemen gibt es gegen derartige Entscheidungen keine Appellations- und Revisionsinstanzen.

Dieser *organisatorische Charakter der katholischen Kirche* tritt heute stärker ins Bewusstsein und trägt zur Entfremdung der mehr oder weniger Gläubigen bei. Während die älteren Generationen noch in einer kirchlich mitgeprägten Lebenswelt aufgewachsen sind, in der der Vikar oder Pfarrer wichtiger waren als der Generalvikar oder Bischof; und wo Papst und Rom weit weg waren und somit zur Projektionsfläche religiöser Gefühle werden konnten, dominiert heute bei den Jüngeren eine medial vermittelte Kirchenwahrnehmung, in der Kirche nicht mehr primär für die in Wort und Sakrament vermittelte Gottesbeziehung, sondern bestenfalls noch für zentral repräsentierte moralische Autorität steht.

Gleichzeitig scheint sich der Gottesglaube zu verselbstständigen und zu verdünnen. Viele glauben, ohne Kirche auskommen zu können, ohne deshalb auf Religiosität verzichten zu müssen. Das religiöse Feld wird breiter und unschärfer, ohne deshalb zu verschwinden. Im Gegenteil: Auf Weltebene ist ein religiöses Feld sogar erst im Entstehen.[110] Die Kirchen haben das kulturelle Monopol für Religion verloren und wirken manchmal ratlos angesichts der zunehmenden Diffusion des Göttlichen in unserer Kultur. Was bewirkt, dass das Anziehende, ja Faszinierende der christlichen Gottesver-

---

110 Siehe auch: Der europäische Sonderweg der Religion (Text I).

heißung sich anscheinend immer weniger mit den religiösen Virulenzen unserer Kultur verbindet? Haben die Kirchen damit wirklich nichts zu tun? Ist die sogenannte Gotteskrise somit kein Symptom der Kirchenkrise, wie Kardinal Kasper meint?

VI. MORALISCHE LETHARGIE IN DER KIRCHE

Unser Bewusstsein von der Christentumsgeschichte ist durch die römisch-katholische Kirche geprägt. Wie keine andere christliche Kirche nimmt sie für sich öffentlich und theologisch in Anspruch, die wahre Kirche Jesu Christi zu sein und bis in die apostolischen Anfänge zurückzureichen. Zwar besagen neueste Forschungsergebnisse, dass sich die Tradition, Petrus sei in Rom gewesen und dort den Märtyrertod gestorben, erst ab Mitte des 2. Jahrhunderts gebildet habe, und auch sonst beruhen viele Traditionen und daraus abgeleitete Ansprüche der römischen Kirche auf oft zweifelhaften Grundlagen. Das hat aber ihrer Stabilität und Autorität bisher keinen dauerhaften Abbruch getan.

Historisch betrachtet gehören transzendenzbezogene Religionen zu den dauerhaftesten Sozialphänomenen, welche wirtschaftliche und politische Schicksale ganzer Völker und auch tiefgreifende Krisen ihres Klerus und ihrer Form überdauert haben. Es ist dieser sehr unterschiedlich ausgelegte Transzendenzbezug, aus dem sie ihre Kraft schöpfen. Die christlichen Traditionen sprechen hier von Glauben, einem Glauben, der nach den Worten Jesu Berge versetzen kann. Dieser Glaube lässt sich – so jedenfalls in der römischen Tradition – auch durch noch so tiefe moralische Verfehlungen im Kirchenpersonal nicht delegitimieren. Dass Verbrecher an Kindern, denen schon Jesus einen Mühlstein an den Hals gewünscht hatte, bis in jüngste Zeit von kirchlichen Behörden wissentlich gedeckt und vor rechtsstaatlicher Verfolgung beschützt wurden, bleibt dennoch ein uns heute bestürzendes, erklärungsbedürftiges Phänomen.

1. Kirchenexterne Gründe der Missbrauchskrise

Beim Erklärungsversuch sind innerkirchliche und außerkirchliche Einflüsse zu unterscheiden. Um mit letzteren zu beginnen, so ist daran zu erinnern, dass Rechte von Kindern erst in jüngster Zeit zu einer der großen moralischen Fragen der Gesellschaft aufgestiegen sind. Den maßgeblichen Hintergrund bildet der Aufstieg der politischen Doktrin allgemeiner, also jedem Menschen in gleicher Weise zustehender Menschenrechte, die zwar vielfältige, weit in die europäische Geschichte zurück reichende Wurzeln hat, aber doch erst in der zweiten Hälfte des 20. Jahrhunderts an sozialer und politischer Kraft gewann. Maßgeblich wurde die Verabschiedung der Allgemeinen Erklärung der Menschenrechte durch die Vereinten Nationen am 10. Dezember 1948, doch ist festzuhalten, dass diese Verabschiedung damals keineswegs als historisches Ereignis gefeiert wurde. Es handelte sich vielmehr nur um eine von vielen Deklarationen der UNO-Vollversammlung, die beispielsweise in einer 1982 erschienenen Geschichte der Vereinten Nationen nicht einmal erwähnt wird. Der moralische und erst recht völkerrechtliche Aufstieg der Menschenrechte ist eine Entwicklung der letzten Jahrzehnte, wobei die den Naturrechtsdiskurs verdrängende Anerkennung der Menschenrechtsdoktrin in den Dokumenten des II. Vatikanischen Konzils einen nachhaltigen Impuls setzte.

Noch länger dauerte es, bis die Rechte von Kindern formuliert und anerkannt wurden. Erst 1959 wurde in der UNO-Vollversammlung eine «Deklaration über die Rechte der Kinder» verabschiedet, der 1989 eine verbindliche Kinderrechtskonvention folgte. Sie ist inzwischen von 193 Staaten ratifiziert worden, von der Bundesrepublik allerdings nur mit ausländerrechtlichen Vorbehalten. Initiativen zur Verbreitung und Verwirklichung von Kinderrechten haben sich in Deutschland erst im letzten Jahrzehnt intensiviert. Die öffentliche Sensibilität für die Verletzung von Kinderrechten ist nunmehr stark gestiegen. Dies dürfte ein ausschlaggebender Grund für die aktuellen intensiven Reaktionen in der Öffentlichkeit auf die bekannt gewordenen Fälle von Kindsmissbrauch und Kindsmisshandlungen sein, die auffällig mit der geringen Resonanz ähnlicher Fälle in der Vergangenheit kontrastieren, was man wohl als moralische Lethargie qualifizieren kann.

2. Kircheninterne Bedingungen der Missbrauchskrise

Auch für die katholische Kirche wird man solch moralische Lethargie nicht ausschließen können, denn das kirchliche Bewusstsein steht in untergründigem Austausch mit gesellschaftlichen Wertungen. Aber es gibt auch spezifischere Umstände des Verschweigens und

Vertuschens. So stand in der katholischen Kirche die Ehemoral stets stärker im Zentrum der Familienmoral als die Elternmoral, welche ihrerseits im Protestantismus die größere Rolle spielte. In katholischen Ländern waren im 19. Jahrhundert Findelhäuser verbreitet, bei denen keineswegs nur uneheliche Kinder abgegeben wurden. Die Normen verantworteter Elternschaft sind im 20. Jahrhundert im evangelischen Raum entstanden, während die katholische Kirche einen immer vergeblicheren Kampf gegen die als künstlich bezeichneten Methoden der Empfängnisverhütung geführt hat. Zwar gelten auch im katholischen Raum Kindsmissbrauch und Züchtigungen mit Körperverletzung als schwere Sünden, aber die Kirche ist bei ihren Mitgliedern schwere Sünden gewohnt, eben dafür gibt es das Institut der Beichte. Das spezifische Pathos, mit dem heute auf Vergehen an Kindern reagiert wird, ist der Kirche fremd.

Ein wichtiger Grund für das Schweigen kirchlicher Behörden über ihnen bekannt gewordene verbrecherische Verfehlungen ihrer Mitglieder und besonders ihres Klerus dürfte aus einer Art Fernwirkung des Beichtgeheimnisses folgen: Die Quellen kirchlicher Anzeigen gegenüber staatlichen Stellen würden in der Regel im Dunkeln bleiben, weil auch Erkenntnisse aus Beichtgesprächen nicht auszuschließen wären. Sonst könnte das Vertrauen in das Beichtgeheimnis erschüttert werden. Mentalitätsmäßig einflussreicher dürften jedoch Nachwirkungen der jahrhundertelangen Spannungen zwischen Kirche und Staat sein: Auch nach dem Verlust weltlicher Herrschaftsrechte hat die Kirche an Privilegien für ihren Klerus festgehalten, den sie ausschließlich ihrer eigenen Jurisdiktion unterstellen wollte. Bei näherer Prüfung würde man wohl zahlreiche Verstöße gegen staatliche Gesetze auch höherer Schweregrade von Klerikern ausfindig machen können, die nichts mit Kindern zu tun haben und dennoch nicht zur Anzeige gekommen sind. Dies folgt wohl nicht allein aus der bekannten Krähenmoral, sondern aus einem kirchlichen Selbstbewusstsein, das sich als *societas perfecta* neben und nicht unter den Staat stellt. Diese Position wurde zwar implizit mit den Erklärungen des Zweiten Vatikanums aufgegeben, dürfte aber gerade in römischen Kreisen durchaus noch lebendig sein. Umso wichtiger ist die nunmehr ausdrückliche Weisung des Papstes an die Weltkirche, in Fällen von Kindesmissbrauch mit den staatlichen Stellen zusammen zu arbeiten.

Schließlich sind Besorgnisse um das Ansehen der «Heiligen Kirche» keineswegs gering zu schätzen. «Vermeidung von Ärgernis» ist ein alter kirchlicher Grundsatz, der entgegen seinem ursprünglichen Sinn auch zur Legitimation kirchlicher Gesichtswahrung taugt. Dass das Personal der Kirche aus lauter Sündern besteht, so will es jedenfalls die kirchliche Sündenlehre, wird dabei verdrängt. In Reaktion auf die aktuelle Missbrauchsdiskussion machte ein Bonner Pfarrer den bedenkenswerten Vorschlag, an alle Kirchentüren ein Schild «Zutritt nur für Sünder» zu heften. Wenn Mutmaßungen oder – wie im Falle des gegenwärtigen Kardinal-Staatssekretärs – belegbare Behauptungen über die Involvierung hoher kirchlicher Würdenträger in die Vertuschung schwerer Missbrauchsfälle ohne jedes Bedauern über die realen Vorfälle dementiert oder schweigend ausgesessen werden, so ist dies in den Augen der Öffentlichkeit Ärgernis erregend und in denjenigen der Katholiken peinvoll, nicht nur wegen der Renitenz gegenüber der gesteigerten moralischen Sensibilität in der Frage von Kinderrechten. Es geht um Grundsätzlicheres: Naturgemäß ist die Beweislage bei Missbrauchsfällen in der Regel keineswegs einfach, und auch hier muss zunächst der Grundsatz «Im Zweifel für den Angeklagten» gelten. Aber es gibt im kirchlichen Raum keinerlei bewährte Verfahren, um solche Vorwürfe zu prüfen und in allen Fällen zu einer abschließenden Entscheidung zu bringen, wie dies für das strafrechtliche Verfahren des Staates charakteristisch ist. Alles liegt in der Hand des Bischofs bzw. seines Generalvikars auf Grund der bischöflichen Allzuständigkeit. Es gibt weder auf Bistums- noch auf gesamtkirchlicher Ebene jemanden, für den die Abklärung von strafrechtlichen Vorwürfen im Sinne einer Vorprüfung zur Übergabe des Falles an die Staatsanwaltschaft eine genuine Aufgabe darstellt. Der Umstand, dass sich missbrauchte Katholiken zunächst an ihre Kirche und nicht direkt an den Staatsanwalt wenden, stellt einen Vertrauensbeweis dar, dem auf kirchlicher Seite eine institutionalisierte Instanz fehlt. Dafür reichen Beschwerdestellen nicht aus, denn der Umgang mit den Beschwerden ist nicht nachprüfbar, bleibt im Ermessen des Bischofs.

3. Theologische Fragen

Dieses Relikt des innerkirchlichen Absolutismus wirft in einer rechtsstaatlich geprägten Kultur auch theologische Fragen auf: Wie ist die Sündhaftigkeit zu qualifizieren, die sich in bestimmten kirchlichen Strukturen breit macht? Lässt sich, so wäre zu fragen, die herkömmliche Unterscheidung zwischen der Sündhaftigkeit des kirchlichen Personals und der Heiligkeit der Institution noch halten, wenn offensichtlich strukturelle Eigenschaften der Kirche Mentalitäten moralischer Lethargie oder sonstige Missstände prägen?

Die Ergebenheitsadresse an den Papst, welche der Kardinal-Staatsekretär Sodano anlässlich des Ostergottesdienstes 2011 verlas, ist nicht nur auf Grund von dessen persönlicher Involviertheit scheinheilig, sondern verkennt auch völlig die Situation, wie sie in der Öffentlichkeit wahrgenommen wird. Sie bestätigt erneut das Verschweigen und Vertuschen, oder zum mindesten die Lethargie, mit der in der Glaubenskongregation auf die Bemühungen des Erzbischofs von Milwaukee um die Laisierung des pädophilen Leiters eines Taubstummenheimes reagiert wurde. Und wem sollte die Ergebenheitsadresse schließlich helfen? Gewiss nicht dem Papst, dem solche höfische Gesten eher peinlich sein dürften. Ob er den Mut findet, sich von solchen fragwürdigen Freunden zu trennen?

Das gegenwärtige mediale Debakel der katholischen Kirche droht in ein moralisches umzukippen. Nicht der Kindsmissbrauch als solcher, und erst recht nicht die uns heute barbarisch anmutenden und keineswegs typisch kirchlichen Züchtigungsformen sind das moralische Problem der Kirche, sondern ihre Unfähigkeit, die eigenen pathogenen Strukturen und die Folgen ihrer klerikalen Vertuschungen zu erkennen, zu erörtern und daraus praktische Konsequenzen zu ziehen.

Vieles dürfte an veralteten kirchlichen Selbstverständnissen und Strukturen liegen, deren Grundlagen bis ins Hochmittelalter zurückreichen und die den Geist des Absolutismus noch nicht überwunden haben. Die unkontrollierbare päpstliche und bischöfliche Allzuständigkeit hat ihre organisatorische Zweckmäßigkeit längst verloren, und mit wachsender Vernetzung der Weltkirche wird das Fehlen eines geordneten Regierungssystems im Vatikan immer irritierender. Das Fehlen von Einrichtungen wie dem Kabinett und entsprechender Kabinettsdisziplin wird umso gravierender, je komplexer die weltkirchlichen Aufgaben werden. Die gegenwärtige Vertrauenskrise gegenüber der katholischen Kirche betrifft nicht so sehr deren Personal, das wahrscheinlich in der Geschichte noch nie qualifizierter und vielleicht auch moralisch kompetenter war. Sie betrifft die Kirche als soziale Institution, ihren Zentralismus, ihr monokratisches Selbstverständnis, die klerikalen Mentalitäten, die Ineffektivität einer immer noch höfischen Organisation und den Mangel an Rechtssicherheit und Fairness im Bereich konflikthafter Entwicklungen.

Am Anfang der gegenwärtigen Empörung über den Missbrauch von Kindern und Jugendlichen, die fast täglich durch neue Enthüllungen genährt wird, stand ein mutiger Brief des gegenwärtigen Rektors des Berliner Canisius-Kollegs, Pater Klaus Mertes SJ, an die ehemaligen Schüler des Kollegs, in dem «nicht nur vereinzelte, sondern systematische und jahrelange (sexuelle) Übergriffe» zweier als Lehrer dort tätiger Mitbrüder gegenüber Schülern des Kollegs eingestanden wurden. Wenige Tage später veröffentlichte der Provinzial der deutschen Jesuiten einen Überblick über weitere Missbrauchsfälle in von Jesuiten geleiteten Einrichtungen im In- und Ausland. Damit kam ein Stein ins Rollen, der bald weitere katholische, aber auch säkulare und evangelische Einrichtungen zur öffentlichen Auseinandersetzung mit Praktiken sexueller oder sonstiger Formen missbräuchlichen Umgangs mit Kindern zwang. Es war, als ob das Vorpreschen der Jesuiten vielfältige Hemmungen beseitigt hätte, sich zu einschlägigen Erfahrungen zu bekennen und sich mit ihnen auseinander zu setzen. Bekannte Pädagogen gerieten ebenso ins Zwielicht der Mitwisserschaft wie kirchliche Würdenträger. Die deutschen Vorfälle wurden bald in Beziehung gesetzt zu denjenigen in Irland und den Vereinigten Staaten und erhielten nun erneut eine auf die katholische Kirche fokussierte Richtung. Kann diese breite, gelegentlich auch skurrile öffentliche Attacke für die römische Kirche heilsam werden?

4. Die Kraft der Orden

Wer die römisch-katholische Kirchengeschichte auch nur einigermaßen kennt, weiß, dass die Geschichte des Papsttums und insbesondere des römischen Hofes weit eher der Kirche der Sünder als der von ihr beanspruchten Heiligkeit zuzurechnen ist. Der Historiker Leopold von Ranke bezeichnete im 19. Jahrhundert den Vatikanstaat als das rückständigste aller politischen Gemeinwesen, und nicht viel besser stand es um viele geistliche Fürstentümer. Die Kirche sollte Napoleon und Garibaldi dankbar sein, die sie von diesen weltlichen Aufgaben befreit haben. Nach dem Verlust der weltlichen Herrschaft hat die Kirche versucht, die moralische Herrschaft über die Seelen ihrer Gläubigen zu intensivieren, was ihr nur insoweit gelang, als andere weltanschauliche Perspektiven außerhalb des Horizontes der Gläubigen blieben. Zugleich hat die Kirche jedoch durch die stärker geistliche Orientierung ihre moralische Autorität gestärkt, und seit das Zweite Vatikanische Konzil von sich aus die Kirche zur Welt geöffnet hat, ist der Papst zur moralischen Weltautorität geworden.

In historischer Sicht war es nie die kirchliche Hierarchie, welche die moralische Kraft des Christentums repräsentierte, sondern zunächst die Märtyrer, später vor allem die Orden. Trotz aller auch hier vorhandenen Defizite hielten sie am Leitbild christlicher Vollkommenheit in Armut, Keuschheit und Gehorsam fest und wurden für die Laien zur fassbaren, alltäglichen Mahnung. Die katholische Kirche war vor allem seit der Gegenreformation in einer dualen Struktur von Diözesen und von diesen unabhängigen Orden verfasst, die maßgeblich zu ihrer Vitalität beitrug. Das Zweite Vatikanische Konzil hat die Orden stiefmütterlich behandelt, es ist nicht umsonst als «Konzil der Bischöfe» in die Kirchengeschichte eingegangen. Die Orden haben an Autonomie verloren, die Bischöfe sich den Vollkommenheitsansprüchen des Christentums unterworfen. Das ist zwar eine Überforderung, der längst nicht jeder Bischof gewachsen ist, aber daran werden sie in einem Zeitalter gemessen, das die Übereinstimmung von Wort und Tat einfordert.

Nun hat in Deutschland wieder ein Orden, derjenige der Jesuiten, Geschichte geschrieben. Sie waren die ersten und blieben weithin die einzigen, die aus eigenem Antrieb den sexuellen Missbrauch von Kindern in ihren Einrichtungen öffentlich gemacht haben. Man musste sie nicht zum Jagen tragen. Was sie ausgelöst haben, wird hoffentlich das öffentliche wie das kirchliche Bewusstsein für den Respekt aller Kinder dauerhaft sensibilisieren. Öffentliche Skandale – den Medien sei Dank – vermögen das kollektive Gedächtnis zu prägen, wenn sie moralisch Gewicht haben. Man möchte hoffen, dass die Eiterbeule nunmehr geplatzt ist, wenigstens für Deutschland. Und der, welcher den ersten Schritt getan hat, verdient ein Denkmal, selbst wenn er die Trägheit kirchlicher Strukturen allein nicht zu bewegen vermag.

VII. ENTWELTLICHTE KIRCHE?

Seit der Rede von Papst Benedikt XVI. in Freiburg ist die Debatte über das Verhältnis von Staat und Kirche sowie von Glaube und Politik um eine Forderung reicher: Entweltlichung. Doch was hat das Oberhaupt der römisch-katholischen Kirche überhaupt gemeint? Und wie plausibel ist dieses Verlangen?

Während seiner Deutschlandreise im September 2011 hatte Papst Benedikt XVI. seine Äußerungen in Reden und Predigten sorgfältig auf je eine bestimmte Botschaft konzentriert, die seinem Publikum angemessen war. Umso mehr überrascht, dass die von ihm selbst angesetzte Abschlussrede im Freiburger Konzerthaus bis heute eine gewisse Ratlosigkeit hinterlässt. Zurückzuführen ist diese wesentlich auf den Leitbegriff der Freiburger Rede: Entweltlichung.[111]

Die Spanne der Auslegungen dieses Begriffs ist bis heute groß. Die einen verharmlosen den Begriff «Entweltlichung» als geistliches Wort, andere wollen in der Papstrede den Auftakt zu einer radikalen Veränderung des Kirche-Staat-Verhältnisses in Deutschland erkennen. Die Interpretationen deutscher Bischöfe blieben meist devot oder abwiegelnd, mit Ausnahme der differenzierten Stellungnahme von Kardinal Lehmann in dieser Zeitung.[112] Eines aber ist gewiss: Da der Papst sein Publikum als «engagierte deutsche Katholiken» kannte, wird man seine Botschaft als auf diesen Kontext bezogen ernst nehmen müssen.

«Entweltlichung» ist ein wenig gebräuchlicher Begriff. Im Werk des Theologen Ratzinger taucht er allerdings schon früh auf, wenn-

---

111 Die am 25. September 2011 im Konzerthaus Freiburg gehaltene «Freiburger Rede» ist im offiziellen Wortlaut veröffentlicht worden als «Ansprache von Papst Benedikt XVI. an engagierte Katholiken aus Kirche und Gesellschaft», in: Sekretariat der Deutschen Bischofskonferenz (Hg.): Apostolische Reise Seiner Heiligkeit Papst Benedikt XVI. nach Berlin, Erfurt und Freiburg. Predigten, Ansprachen und Grußworte (Verlautbarungen des Apostolischen Stuhls, Nr. 189), Bonn 2011, S. 145–151. Die «Freiburger Rede» ist ebenfalls veröffentlicht in: Jürgen Erbacher (Hg.): Entweltlichung der Kirche? Die Freiburger Rede des Papstes, Freiburg i. Br. 2012, S. 11–17.

112 Karl Kardinal Lehmann: Die Krise der Kirche und die Krise des Glaubens, in: FAZ, Nr. 230, 4. Oktober 2011, S. 7; vgl. auch ders.: Was heißt Weltoffenheit für die Kirche? Zur Freiburger Rede des Papstes, in: Jan-Heiner Tück: Der Theologenpapst. Eine kritische Würdigung Benedikts des XVI., Freiburg i. Br. 2015, S. 170–175.

gleich er zuerst von dem evangelischen Theologen Rudolf Bultmann sowie von dem Philosophen Hans Jonas verwendet wurde. Er steht in einer langen Tradition dualistischer Interpretationen des Gesamtzusammenhangs, in dem sich Menschen zu orientieren suchen. Schon dieser Gesamtzusammenhang wird oft als «Welt» bezeichnet, woraus sich leicht Missverständnisse ergeben: Bezeichnet «Welt» den «Inbegriff aller Gegenstände möglicher Erfahrung», wie es im Lexikon für Theologie und Kirche heißt, dann kann sich niemand und nichts menschlich Erfahrbares dieser Welt entziehen. Oder aber «Welt» bezeichnet den Gegensatz zu einer Vorstellung von Selbstbehauptung, wie auch immer man sie begründen mag. Zwischen diesen beiden Grundvorstellungen «ist der christliche Weltbegriff von Anfang an hin- und hergerissen».

Die Theologie Papst Benedikts steht in der letzteren, dualistischen Denktradition, ebenso wie seine wichtigen Gewährsdenker Platon und Augustinus. Benedikt denkt den Dualismus heilsgeschichtlich, nicht manichäisch. Doch wie das Heil nach seiner Vorstellung in der Welt wirkt oder wirken soll, darüber gibt der Papst nur unklare Auskünfte.

Von der Idee eines transzendenten Schöpfergottes her lässt sich «Welt» sowohl als gute wie auch als entfremdete Schöpfung bestimmen. Die Welt bleibt in beiden Fällen unsere, der alltäglichen menschlichen Erfahrung zugängliche Welt, die sich in einem unterschiedlich ausgedeuteten Verhältnis zum transzendenten Gott vorfindet.

Wesentlich schwieriger wird die Argumentationslage, wenn man den Dualismus nicht mehr als einen solchen zwischen Gott und Welt, sondern als zwischen Kirche und Welt bestimmt, wie dies Papst Benedikt in seiner Freiburger Rede getan hat. Dabei weist seine Argumentation zwei Akzente auf: Ausgehend von einem alten Bild des *commercium*, eines «Tausches zwischen Gott und den Menschen, in dem beide – wenn auch auf ganz verschiedene Weise – Gebende und Nehmende sind», sieht Benedikt die Kirche durchaus auf der Seite der Menschen. Aber ihre Bestimmung ist es, «Werkzeug der Erlösung zu sein, die Welt mit dem Wort Gottes zu durchdringen und die Welt in die Einheit der Liebe mit (!) Gott zu verwandeln». Die Kirche wird hier als Ferment oder Katalysator bestimmt, welche in der Welt die Welt zu Gott hin verwandeln soll. Hier erscheint die

Kirche nicht als von der Welt getrennt, auch wenn offenbleibt, in welchem Sinne sie Element in der Welt ist.

Der zweite Akzent geht von der Diagnose einer fortgesetzten Versuchung der geschichtlichen Kirche aus, sich zu verweltlichen: «Durch die Ansprüche und Sachzwänge der Welt wird aber immer wieder das Zeugnis verdunkelt, werden die Beziehungen entfremdet und wird die Botschaft relativiert.» Man hätte hier auch die Versuchung von Kirchenfürsten erwähnen können, die göttliche Autorität zur Steigerung ihrer weltlichen Macht in Anspruch zu nehmen – einer Versuchung, der seit Papst Gregor VII. (1073–1085) viele Päpste erlegen sind. Verweltlichung bei Benedikt meint hingegen, «dass … die Kirche sich in dieser Welt einrichtet, selbstgenügsam wird und sich den Maßstäben der Welt angleicht. Sie gibt Organisation und Institutionalisierung größeres Gewicht als ihrer Berufung zur Offenheit.»

Mit dem letzten Satz springt Benedikt unvermittelt in die Kirchenproblematik des 20. und 21. Jahrhunderts. Vor allem seit dem II. Vatikanischen Konzil (1962–1965) hat die Zentralisierung der katholischen Kirche stark zugenommen. Auch die Abhängigkeit der Bischöfe und Theologen von der römischen Kurie ist fortwährend gewachsen. Die Offenheit der Kirche, welche auch von Kardinal Lehmann gefordert wird, steht im Gegensatz zu einer dogmatischen und hierarchischen Geschlossenheit, mit der sich die Kirche gegen alle «Versuchungen» größerer Vielfalt und Freiheitlichkeit immunisiert.

Allerdings hatte Benedikt bei seiner Freiburger Rede wohl weniger den Vatikan als die Verhältnisse in Deutschland im Auge. Seit die vielfältigen freien katholischen Vereine und Verbände angesichts der Bedrohung durch den Nationalsozialismus unter den Schutzmantel der Hierarchie gekrochen sind, anstatt sich, wie etwa die Görres-Gesellschaft, aufzulösen, haben sie keine der früheren vergleichbare Unabhängigkeit mehr erreicht oder stehen, wie die Caritas, unter bischöflicher Kontrolle. Eine weitere Stärkung erfuhren die Bischöfe durch die Zentralisierung des Kirchensteuereinzugs, die nach dem Zweiten Weltkrieg die bis dahin in vielen Bistümern übliche Zahlung der Kirchensteuer am Ort ersetzte. Die Diözesankirchensteuer wurde die Grundlage für das enorme Wachstum der bischöflichen Verwaltungen. Der Bochumer Kirchenhistoriker Wilhelm Damberg diagnostiziert scharfsinnig: «Wie stark die Kirchenreform der Mitte des 20. Jahrhunderts auf eine Ausweitung des bischöflichen Amtes und der Diözesen ausgerichtet war, wird noch deutlicher, wenn man auch die relativen ‹Verlierer› des Konzils in den Blick nimmt: Die Ordensgemeinschaften und die (Pfarr)Priester: Bekanntlich hat das Konzil zwar den Bischof und das idealiter um ihn versammelte Volk Gottes aufgewertet, aber kein ähnlich überzeugendes Identitätsangebot für den Priester entwickelt … Es stellt sich also dem Historiker die Frage, ob in der Epoche der Nachkriegs-Reformen eben die Gruppen von einer relativen Degradierung betroffen waren, die im 19. Jahrhundert den Erfolg der ultramontanen Kirche getragen und organisiert hatten.»[113]

Wie Nebenbemerkungen in der Freiburger Rede und auch Interventionen des damaligen Kardinals Ratzinger im Zusammenhang mit der kirchlichen Schwangerschaftsberatung zeigen, ist dem Papst das partnerschaftliche Verhältnis von Kirche und Staat in Deutschland, oft auch «hinkende Trennung» genannt, unheimlich. Mit seiner Forderung nach Entweltlichung dringt der Papst auf eine schärfere Trennung von Kirche und Staat. Dabei leitet ihn die Vorstellung, dass daraus eine größere Reinheit des christlichen Zeugnisses erwachsen könne. «Die geschichtlichen Beispiele zeigen: Das missionarische Zeugnis der entweltlichten Kirche tritt klarer zutage.»

Diese Beispiele betreffen – so der Papst – «die Säkularisierungen – sei es die Enteignung von Kirchengütern, sei es die Streichung von Privilegien oder Ähnliches». Diese gingen in der Tat mit schmerzlichen Verlusten einher, die den Zeitgenossen und manchen Nachgeborenen als «schreiendes Unrecht» (Kardinal Lehmann) erscheinen.

Doch haben solche Enteignungen die missionarische Kraft der Kirche im Regelfall gesteigert? Die politische und ökonomische Entmachtung der Kirche, die von Napoleon ausging, hat in der Tat zu einer starken religiösen Erneuerung geführt. Maßgeblich dafür waren die Verbürgerlichung des bis dahin überwiegend adligen Episkopats sowie die Einführung bürgerlicher Freiheiten, welche auch die Gründung weiblicher Orden oder katholischer Vereine und Parteien ermöglichten. Es ließen sich aber auch gegenteilige Beispiele aus der Geschichte des Christentums anführen: Die Entmachtung der Kirchen bildete den Anfang ihrer zunehmenden Bedeutungslo-

113 Wilhelm Damberg: Reformen in der katholischen Kirche im 19. und 20. Jahrhundert (Ms). In der veröffentlichten Fassung (Evangelische Theologie 73 [2013], S. 134–143 [hier 141 f.]) findet sich eine weniger prägnante, dafür ausführlichere Fassung dieses Gedankens.

sigkeit oder gar Ausrottung, so geschehen mit den asiatischen Kirchen im Mittelalter, deren Mission bis nach China reichte.

Was die Säkularisierung in Europa betrifft, so interpretieren Soziologen die Entmachtung der Kirchen als einen Aspekt der transformierenden, funktionsorientierten Differenzierung, die alle Sozialzusammenhänge der bis dahin primär territorial gegliederten Gesellschaften erfasste. Politische Macht verfasste und begrenzte sich fortan in Formen des positiven Rechts; die Wirtschaft gewann ihre Autonomie dank des Liberalismus; die Wissenschaft und zunehmend auch die Künste bildeten ihre eigenen Sozialformen.

Auch familiäre und religiöse Sozialzusammenhänge bildeten sich erst im 19. Jahrhundert flächendeckend in spezialisierten Formen aus: als bürgerliche, von der Verwandtschaft weitgehend unabhängige Kernfamilie, dazu die nach dem Gemeinde-, Parochial- oder Ordensprinzip verfassten religiösen Gemeinschaften. So betrachtet hat die Säkularisierung der Gesellschaft zu einer Verkirchlichung des Christentums geführt: Explizit christliche Anliegen werden mehr und mehr nur noch im Kontext oder im Einflussbereich der Kirchen zum Thema gemacht.

Die Vitalität der religiösen Bewegungen im 19. Jahrhundert, welche nicht nur im Katholizismus zur Weltmission führten, war keineswegs auf eine besondere Aktivität Roms zurückzuführen. Der Vatikan hatte in der Auseinandersetzung mit den entstehenden Nationalstaaten vielmehr genug eigene Sorgen. Es waren vor allem die Handlungschancen der nach innen freien bürgerlichen Gesellschaften, welche zahlreiche religiöse und soziale Bewegungen der Katholiken hervorbrachten. Diese wiederum aktivierten in einer historisch beispiellosen Symbiose von Priester- und Volksreligiosität die katholische Bevölkerung.

Nicht zu unterschätzen ist in diesem Zusammenhang der sehr profane Faktor des Rückgangs der Sterblichkeit. Die agrarische Gesellschaft hatte für die stark wachsenden Kohorten Jugendlicher keine Verwendung. Die Nachgeborenen von oft acht oder zehn Kindern mussten sich neue Betätigungsfelder suchen – der religiöse Aufbruch bot neben der Industrie verheißungsvolle Perspektiven. Komplementär dazu dürfte für den heutigen Priestermangel der Rückgang der Zahl der Kinder auf meist ein bis zwei ursächlich sein – welche Eltern möchten schon ohne Enkel dastehen?

Auffälligerweise entwickelte sich ein sozialer und politischer Katholizismus vor allem in Ländern mit überwiegend protestantischen oder laizistischen Regierungen. Es spricht einiges dafür, dass ein politisches Minderheitenschicksal die Kräfte religiöser Gemeinschaften zu stimulieren vermag. Aus diesem historischen Beispiel jedoch abzuleiten, dass die Schwächung politischer oder ökonomischer Positionen der Kirchen *per se* zu einer größeren Leuchtkraft des kirchlich verfassten Glaubens führen werde, erscheint aus soziologischer Sicht als eine halsbrecherische Eingebung.

Doch Papst Benedikt denkt weder politisch noch soziologisch, sondern vertraut auf die Kraft des Heiligen Geistes. Darum hätte es nahegelegen, auf das historische Beispiel des Mönchtums und der Orden hinzuweisen, die fast gleichzeitig mit der politischen Aufwertung des Christentums im römischen Reich ihren Anfang nahmen und sich seither in stets erneuten Anläufen im Geiste von Armut, Keuschheit und Gehorsam reformiert oder neu gebildet haben. Die Berufung zum Ordensstand wurde stets in besonderer Weise auf das Wirken des Heiligen Geistes zurückgeführt. Das Beispiel der Orden hätte auch besser zur päpstlichen Erwähnung des Stammes Levi unter den Israeliten gepasst, der als Priesterstand vom Besitz von Erbland ausgeschlossen blieb. Er war nur einer von zwölf Stämmen, und nicht das ganze Volk …

Man mag sich rückblickend über die selbstverständliche Arbeitsteilung wundern, mittels derer adlige Grundherren sich im Mittelalter durch die Gründung von Klöstern und anderen geistlichen Einrichtungen ein gutes Gewissen und die ewige Seligkeit zu verschaffen suchten. Aber dies war eine historisch überzeugende Inkulturation des christlichen Glaubens, wenngleich sie hinter den Forderungen des Evangeliums zurückblieb. An der päpstlichen Forderung nach Entweltlichung der Kirche irritiert die fehlende Vermittlung zwischen dem überzeitlichen Topos einerseits und der konkreten historischen Situation von Kirche und Glauben andererseits. Die mittelalterliche Symbiose von *regnum* und *sacerdotium*, von weltlicher Herrschaft, agrarischer Ökonomie und geistlichem Dienst, war ebenso eine soziale Struktur wie es die bürokratischen Tendenzen in modernen Gesellschaften und auch in der Kirche sind. Hervorgebracht haben diesen Unterschied die inzwischen eingetretene Differenzierung von Politik, Wirtschaft und Religion, aber auch die Verkirchlichung des Christentums und die Säkularisierung der übrigen großen Lebensbereiche.

Gleichzeitig sind im Einflussbereich des abendländischen Christentums wesentliche Elemente des christlichen Ethos Bestandteil der kulturell vorherrschenden Wertüberzeugungen geworden. Das

gilt vor allem für die Menschenrechte und die sozialstaatliche Ver-
antwortung. Auf diese Situation bezogen, wäre eine Wegweisung des
Papstes zu erwarten gewesen, doch lässt sich diese kaum mehr im
Sinne einer Differenz zwischen «Kirche» und «Welt» auslegen.

Das zentrale Anliegen der Papstreise, den Glauben in der Kirche
Deutschlands zu verlebendigen, hat einen überzeugenden, bis heute
nachwirkenden Ausdruck in den liturgischen Schwerpunkten gefunden. Glaube ist mehr als theologischer Diskurs. Aber der Diskurs hat
– zum mindesten in Freiburg – nicht auf die Situation des Glaubens
vor Ort gepasst. Das Gegeneinander-Ausspielen von Glaubens- und
Strukturfragen ist eine falsche Alternative. Man muss sogar vermuten,
dass eine «Entweltlichung» der deutschen Kirche im Sinne des Papstes
nur die Durchgriffsmöglichkeiten der römischen Kurie stärken und
damit die Freiheitsräume des Glaubenslebens weiter einschränken
würde. Das war gewiss nicht die Absicht des Papstes, dem es darum
geht, «die Welt mit dem Wort Gottes zu durchdringen». Aber uner-
löste Welt ist auch in Rom.

Die Forderung nach einer Entweltlichung der Kirche als solcher ist
besonders unplausibel in einer Umwelt, die von zunehmender sozialer
Komplexität und funktionaler Differenzierung geprägt ist. Die Rheto-
rik der Eindeutigkeit, der Reinheit und der Kompromisslosigkeit be-
dient ein verbreitetes Bedürfnis nach klaren, übersichtlichen Verhältnissen. Sie verspricht eine Reduktion der Komplexität sozioreligiöser
Zusammenhänge, wie sie für die Orden, insbesondere die sogenannten
Bettelorden, charakteristisch ist. Aber als Leitbild für die ganze Kirche
überfordert die vom Papst angeregte Schlankheitskur insbesondere die
Bischöfe als verantwortliche Leiter von Diözesen. Die Kirche muss
sich mit der Komplexität der modernen Welt konstruktiv auseinandersetzen.

Tauglicher erscheint beispielsweise die im Raum der Caritas zu
beobachtende Wachheit für die ökonomischen Aspekte des eigenen Tuns, weil der wirtschaftliche Einsatz vorhandener Ressourcen ermöglicht, karitative Ziele effektiver zu erreichen. Unter den
gegebenen Umständen scheint der Klarheit des religiösen Auftrags
nicht die freiwillige Trennung von vorhandenen Ressourcen dienlich
zu sein, sondern die bewusste Unterscheidung von ökonomischen
Mitteln und sozialen oder religiösen Zielen. Diese Ziele sollten den
Einsatz der Mittel bestimmen und nicht gewachsene Pfründe oder
Machtpositionen. Dieses Postulat scheint mir dem wirklichen Anlie-

gen Papst Benedikts näherzukommen als die mit der Metapher der Entweltlichung angesprochenen Vorstellungen.

Tauglicher als die Ermahnung zu Gehorsam und Loyalität gegenüber Rom wäre auch eine Beschränkung des zentralistischen Kontrollanspruchs auf weltkirchlich und biblisch Unabdingbares sowie die Ermutigung zu neuen Formen des Glaubenszeugnisses in den weltkirchlich sehr unterschiedlichen lokalen Kontexten. Ebendiese Freiheit zu eigenen Entscheidungen hat die religiöse und missionarische Renaissance im 19. Jahrhundert beflügelt.

Die Forderung nach dem Vorrang des missionarischen Auftrags der Kirche vor der Verwaltung schwindender Bestände besitzt Gewicht. Aber sie mit dem Begriff der Entweltlichung zu verbrämen, das verweist auf die abstrakte, von einem dualistischen Weltbild inspirierte Sichtweise Benedikts auf die kirchlichen und weltlichen Dinge. Jesus Christus ist jedoch in diese unsere Welt gekommen, und seine Botschaft hat in ihr Geschichte gemacht. Es gibt keine Heilsgeschichte außerhalb der Weltgeschichte. Aber Joseph Ratzinger, der auch als Papst Benedikt auf seine eigene theologische Orientierung vertraut, teilt mit dem von ihm zu Recht kritisierten materialistisch-naturwissenschaftlichen Weltbild die Ausblendung von Geschichtlichkeit, Kultur und Sozialität menschlicher Existenz aus dem System seiner Gedanken.

Weiterführend erschiene mir, auf die biblische Tradition der Menschwerdung Gottes zurückzugreifen, die sich prägnant im Prolog des Johannesevangeliums findet (Joh 1,1–14). «Inkarnation» der biblischen Botschaft bedeutet realistischerweise Inkulturation, d. h. ihre historische Wirkmächtigkeit gewinnt die christliche Botschaft nur, wenn sie sich mit den Plausibilitätsstrukturen einer Kultur verbindet und sie gleichzeitig in ihrem Sinne verändert. Das lehrt uns die Geschichte des Christentums. Auch die Tradierung des Glaubens von Generation zu Generation, ist auf kulturelle Vorgaben der kindlichen Sozialisationsprozesse angewiesen. Die Entwicklung des ‹Selbst›, wo auch die christliche Sinngebung ihren Ort im Individuum haben sollte (und nicht etwa nur in der rituellen Teilhabe), ist auf kulturelle Vorgaben angewiesen. Dieses *officium nobile* der Inkulturation der christlichen Botschaft in der sich als aufgeklärt verstehenden Moderne müsste als zentrale Aufgabe zeitgenössischer Theologie verstanden werden. Einige päpstliche Lehrschreiben, beispielsweise *Pacem in terris* von Johannes XXIII. oder auch *Laudato sì* von Papst Franziskus können durchaus in diesem Sinne verstanden werden.

VIII. KRITIK DES KLERIKALIMUS

Die Missbrauchsdebatte in der katholischen Kirche ist kürzlich ausgerechnet durch Papst Franziskus um zwei wichtige Stichworte erweitert worden – sexueller Missbrauch von Nonnen durch Kleriker und «Klerikalismus». Beides sind Phänomene, die in besonderer Weise durch den kirchlichen Kontext bestimmt werden. Während sexueller Umgang mit Nonnen als ziemlich eindeutige Angelegenheit erscheint, öffnet die Diagnose des Klerikalismus ein weites Bedeutungsfeld, dem im Folgenden nachzugehen ist.

Das Wort «Klerikalismus» ist als polemische Fremdbezeichnung für die Aktivitäten der katholischen Kirche vor allem im Einflussbereich des französischen Laizismus entstanden, findet sich aber auch in protestantischen Diskursen. In der Tat hatte die katholische Kirche im Hochmittelalter den bis dahin erheblichen Einfluss von «Laien», konkret von weltlichen Herrschern, auf ihre internen Verhältnisse erfolgreich eliminiert und die Führung der Kirche auf allen Ebenen – von der Universalkirche bis zur örtlichen Kirchgemeinde – geweihten Klerikern anvertraut. Kirchenrechtlich wurden Kleriker erheblich privilegiert, bis hin zum Recht, sich vor keinem weltlichen Richter verantworten zu müssen. Erst das II. Vatikanische Konzil und die darauffolgenden Reformen des Kirchenrechts haben auch den Laien einen eigenständigen Status in der Kirche zurückgegeben. Insoweit ist die Gleichsetzung von kirchlichen und klerikalen Aktivitäten auch ohne jede Polemik zum mindesten bis zum II. Vatikanum plausibel. Mit ihrer Bezeichnung als Klerikalismus ist allerdings die Bestreitung kirchlicher Ansprüche verbunden: Klerikalismus und Anti-Klerikalismus wurden zu Kampfbegriffen in den Auseinandersetzungen zwischen Kirche und Staat.

Als Selbstbezeichnung gewinnt Klerikalismus erst in jüngerer Zeit Bedeutung. Dabei wird das pejorative Moment beibehalten. Klerikalismus meint dann eine Übergriffigkeit kirchlicher Ansprüche in weltliche Bereiche, was die Anerkennung der Eigenwertigkeit dieser Bereiche voraussetzt, wie sie erst durch das II. Vatikanische Konzil erfolgte. Klerikalismus meint also im Selbstverständnis eine

Überdehnung kirchlicher Ansprüche. Wo deren legitime Grenzen liegen, ergibt sich allerdings nicht schon aus dem Begriff. Immerhin zeugte die Übernahme des Kampfbegriffs in den kirchlichen Sprachgebrauch von einer wachsenden Sensibilität mit Bezug auf die Grenzen kirchlicher Gestaltungsansprüche.

Das jüngste Aufgreifen des Wortes Klerikalismus durch Papst Franziskus hat allerdings eine andere Stoßrichtung. Für Franziskus ist Klerikalismus eine im Klerus verbreitete kritikwürdige Mentalität oder Einstellung gegenüber den Laien innerhalb der Kirche, nicht im Verhältnis von Kirche und anderen gesellschaftlichen Gestaltungsbereichen. Der Papst versteht unter Klerikalismus «jene Haltung, die nicht nur die Persönlichkeit der Christen zunichte [macht], sondern dazu [neigt], die Taufgnade zu mindern und unterzubewerten, die der Heilige Geist in das Herz unseres Volkes eingegossen hat. Der Klerikalismus, sei er nun von den Priestern selbst oder von den Laien gefördert, erzeugt eine Spaltung im Leib der Kirche, die dazu anstiftet und beiträgt, viele der Übel, die wir heute beklagen, weiterlaufen zu lassen.»[114] Diese theologisch fundierte Umschreibung lässt die soziale Dimension nur ahnen, doch wird der Papst an anderer Stelle seines Schreibens deutlicher: «Jedes Mal, wenn wir versucht haben, das Volk Gottes auszustechen, zum Schweigen zu bringen, zu übergehen oder auf kleine Eliten zu reduzieren, haben wir Gemeinschaften, Programme, theologische Entscheidungen, Spiritualitäten und Strukturen ohne Wurzeln, ohne Gedächtnis, ohne Gesicht, ohne Körper und letztendlich ohne Leben geschaffen. Das zeigt sich deutlich in einer anomalen Verständnisweise von Autorität in der Kirche – sehr verbreitet in zahlreichen Gemeinschaften, in denen sich Verhaltensweisen des sexuellen wie des Macht- und Gewissensmissbrauchs ereignet haben –, nämlich als Klerikalismus.» Klerikalismus meint hier erstens elitäre Einstellungen und Verhaltensweisen, in denen sich der Klerus als etwas Herausgehobenes, Besseres versteht als die Laien. Klerikalismus meint zweitens den Gebrauch von Macht, um «das Volk Gottes auszustechen, zum Schweigen zu bringen, zu übergehen». Klerikalismus meint drittens ein fehlgeleitetes Verständnis von Autorität, die sich in «Verhaltensweisen des sexuellen wie des Macht- und Gewissensmissbrauchs» äußern. Letzteres verweist auf den aktuellen Kontext der Klerikalismuskritik: Den öffentlich ge-

114 Schreiben an das Volk Gottes vom 20. August 2018: https://www.vatican.va/content/francesco/de/letters/2018/documents/papa-francesco_20180820_lettera-popolo-didio.html (Zugriff am 28. 8. 2022).

wordenen massenhaften sexuellen Missbrauch von Kindern und Jugendlichen, der geeignet ist, der Autorität und Vertrauenswürdigkeit der katholischen Kirche empfindlich zu schaden.

1. Missbrauchsdebatte und Klerikalismus

Die Empörung über diese Sachverhalte hat zwei Dimensionen, die in der Diskussion oft vermengt werden: erstens sexueller Missbrauch und zweitens die jahrzehntelange wenn nicht Jahrhunderte alte Verschweigung, Vertuschung und öffentliche Unterdrückung derartigen Missbrauchs. Sexueller Missbrauch betrifft keineswegs den gesamten Klerus, sondern nur eine kleine, allerdings erhebliche Minderheit. Auf Grund der zugänglichen sporadischen Daten lässt sich schätzen, dass sexueller Missbrauch von Kindern und Jugendlichen im Klerus eine (möglicherweise auch regional unterschiedliche) Prävalenz zwischen 1,5 und 5 % aufweist, was in etwa auch den Prävalenzraten in westlichen Bevölkerungen zu entsprechen scheint. Die konsequente Unterdrückung aller Informationen über derartige Verbrechen und der meist nachsichtige Umgang mit den Schuldigen ist dagegen ein Problem der gesamten Kleruskirche. Das ist das eigentliche kirchenpolitische Ärgernis, dessen Ursachen bisher wenig aufgearbeitet sind.

Der päpstliche Vorwurf des Klerikalismus richtet sich auf beide Sachverhalte. Es entspricht erstens der kirchlichen Tradition, dass Klerikern besondere Autorität zugesprochen wird, und diese steigert sich, sobald sie mit der Amtsautorität – z. B. als Pfarrer oder Bischof – verbunden ist. Dem entsprechend haben auch unsittliche Forderungen aus Klerikermund eine besondere Qualität, erst recht, wenn die lasterhafte Zumutung als erlaubt oder gar als Gottes Wille entsprechend ausgegeben wird. Die Asymmetrie im Verhältnis Klerus – Laien überwölbt die Asymmetrie zwischen Erwachsenen und Kindern/Jugendlichen und verleiht ihr zusätzliches Gewicht.

Noch weit stärker fällt die Autorität des Klerus mit Bezug auf die Unterdrückung der Informationen über den Missbrauch ins Gewicht: Missbrauchsopfer beklagen sich regelmäßig, dass ihren Aussagen nicht geglaubt worden sei. «Es kann nicht sein, was nicht sein darf» – dies war bis vor kurzem nicht nur die Maxime der Klerikerkirche, sondern auch eine Wahrnehmungs- und Denkblockade für die meisten Laien. Die «Heiligkeit der Kirche» sollte keinen Schaden nahmen, das war das Gebot der «Kirchenraison» (Ernst-Wolfgang Böckenförde). Die Vertuschung betraf dabei meistens das gesamte Feld klerikaler Sexualität, wie denn überhaupt sexuelle Vergehen in der Beicht- und Bußpraxis stets als schwerwiegend und damit potenziell als «Todsünde» eingestuft wurden.

Damit stoßen wir auf eine Schicht von Überzeugungen, welche der Einsicht in die besondere Schwere der Verführung von Kindern und Jugendlichen entgegenstanden. Da in der neuzeitlichen katholischen Moraltheologie jegliche freiwillige Aktualisierung des Sexualtriebs außerhalb der Ehe als *Materia gravis* galt, sind Unterschiede in der Gewichtung von Schuld nicht den Sachverhalten, sondern allenfalls den Eigenschaften der Sünder zu entnehmen. Ältere Bußkataloge unterscheiden zwar hinsichtlich der Höhe der Sündenstrafen, doch spielt dabei der Missbrauch von Kindern und Jugendlichen keine herausgehobene Rolle, wohl aber z. B. der Geschlechtsverkehr mit Nonnen.

Dass sexueller Umgang mit Kindern und Jugendlichen immer ein grundlegender Verstoß gegen die Einwilligungsfreiheit ist und schwerwiegende Entwicklungsstörungen verursachen kann, ist zwar erst eine rezente Einsicht. Sie hat sich aber im öffentlichen Bewusstsein mit großer Wucht durchgesetzt. Deshalb ist die Empörung so groß, und sie trifft die katholische Kirche infolge ihrer hohen sexualmoralischen Ansprüche mit besonderer Härte.

2. Klerikalisierung historisch

Mit Bezug auf die päpstliche Kritik ist die Missbrauchsdebatte zwar Anlass, aber keineswegs der Kern des Klerikalismusproblems. Es geht vielmehr um die Aufarbeitung bzw. Überwindung der klerikalen Herrschaftsformen im gesamten zweiten Jahrtausend der okzidentalen Kirchengeschichte. Im Sinne einer groben Skizze: Gegen Ende des ersten Jahrtausends standen die lokalen Kirchen im Eigentum der jeweiligen Grundherren, die auch über die Besetzung kirchlicher Ämter entschieden. Die Kirche war weitgehend in das herrschende Lehensrecht eingebunden. Es war deshalb eine institutionelle Innovation, als im Jahre 909 das Kloster Cluny gegründet wurde, dem sein Gründer, der Herzog Wilhelm III. von Aquitanien, die Unverletzlichkeit des Klostergutes garantierte, ihm das Recht zur

Selbstverwaltung (Abtwahl) gewährte und es unmittelbar dem Papst unterstellte. Die dadurch ermöglichte Unabhängigkeit (*Libertas*) wurde zum Modell für die Forderung nach der *Libertas Ecclesiae*, welche mit der Wahl des den Cluniazensern nahestehenden Mönches Hildebrand zum Papst Gregor VII. (1073) zum gesamteuropäischen Kirchenprogramm wurde und den Investiturstreit auslöste. Spätestens mit dem Papsttum von Innozenz III. (1198–1216) hatte sich die römisch-katholische Kirche ganz nach klerikalen Grundsätzen konsolidiert, wobei die Einführung des Pflichtzölibats für alle Kleriker eine formgebende Rolle spielte.

Die Transformation des Christentums von einer gemeinschaftlich an der Basis gelebten Bewegung auf der Suche nach Vervollkommnung einerseits zu einer hierarchischen Institution der Gnadenverwaltung mit universalem Gehorsamsanspruch andererseits war ein langwieriger Prozess zwischen Spätantike und Hochmittelalter. Für die in dieser Epoche sich vollziehende Entfremdung zwischen griechischer Ostkirche und lateinischer Westkirche wurde die Erbsündenlehre des Augustinus einflussreich. Ihre Verbreitung im Westen bildete die Grundlage für eine wachsende Abhängigkeit der Laien von der entstehenden Klerikerkirche, die schließlich ihren definitiven Ausdruck in der sakramentalen Individualbeichte fand. In dieser Übergangszeit spielten die zölibatär lebenden Mönchsorden eine große Rolle als gemeinschaftliche Form des Strebens nach christlicher Vollkommenheit. Mönche waren in der Regel keine geweihten Priester, aber auf Grund ihres guten Rufes Seelsorger, an die sich sündige Menschen mit der Bitte um Fürsprache bei Gott wandten. In diesem Kontext entstanden erste Formen des individuellen Sündenbekenntnisses und der Bußpraxis.[115] Ihre Transformation in ein kirchenrechtlich reglementiertes Sakrament, dessen Verwaltung geweihten Klerikern vorbehalten blieb, ist ein Schlüsselprozess in der Klerikalisierung der Kirche. Er vollzog sich im 12. Jahrhundert und gipfelte in den Vorschriften des IV. Laterankonzils (1215), denen zufolge jeder Getaufte mindestens einmal jährlich beichten und kommunizieren müsse. Etwa gleichzeitig wurde die bis dahin nur für das Mönchtum charakteristische Zölibatsverpflichtung auf alle Kleriker ausgedehnt und damit jener aparte Stand des Klerikers geschaffen, der in der Folge die lateinische Kirche geprägt hat. Bemerkenswert ist in unserem Zusammenhang die damals aufkommende Lehre, dass

---

115 Dazu ausführlicher: Zur Soziologie der Sünde (Text XI).

die Spendung der Sakramente unabhängig von der Würdigkeit des Spenders gültig sei. Auch ein selbst in Todsünde lebender Kleriker kann gültig die Eucharistie feiern oder Sünden vergeben. Das ist ein besonders deutliches Zeichen, wie sehr sich die kirchliche Institution von den ursprünglichen Ansprüchen des Christentums gelöst hat. In Auseinandersetzung mit der Einebnung des Unterschieds zwischen Klerus und Laien durch die Reformation verschärfte das Konzil von Trient die Sonderstellung des Klerus und regelte u. a. dessen Ausbildung, wobei die Richtlinien des Konzils zum Teil erst im 19. Jahrhundert umgesetzt wurden.

3. Ambivalenzen der gegenwärtigen Situation

Der Prozess der Klerikalisierung der katholischen Kirche ist somit eng mit ihrer Verselbstständigung als weltweite Korporation verbunden. Insoweit als die katholische Kirche gesellschaftlich prägend wurde, gewann der Klerus eine soziale Ausnahmestellung, die durch viele hierarchieinterne Mechanismen gestärkt wird. Im 19. und bis weit ins 20. Jahrhundert gewann der Klerus auch dank seiner akademischen Ausbildung Sozialprestige, doch entfällt dieser Vorteil heute infolge der allgemeinen Bildungsexpansion und fortschreitenden Akademisierung immer weiterer Tätigkeitsgebiete zunehmend. Dies dürfte eine Ursache für die sinkende Attraktivität des Priesterberufs sein. Eine andere folgt aus dem Pflichtzölibat: Wo nur noch ein bis zwei Kinder die Regel sind, tun sich Familien schwer, auf potenziellen Nachwuchs zu verzichten und einen Sohn «Gott zu schenken». Aus demselben Grund verschwinden übrigens die meist mit dem Priester verwandten Haushälterinnen, welche den Weltgeistlichen bis dahin den Haushalt geführt hatten. So ist der Status des Weltklerikers in unseren Breitengraden prekär geworden. Aber auch die Orden haben Nachwuchsschwierigkeiten. Generell mindert die Erosion der katholischen Milieus die Wertschätzung der Kleriker. Zu diesen profanen kommen für viele potenzielle Priesteramtskandidaten Schwierigkeiten dazu, die sich aus der zölibatären Lebensweise selbst, aber auch aus Anforderungen der kirchlichen Disziplin ergeben, die unter den herrschenden Lebensumständen teilweise ihre Plausibilität verloren haben. Der aktuelle Mangel an Priesternachwuchs hat also komplexe und vermutlich dauerhaft wirksame

Gründe. Er stellt das überkommene Modell der Klerikerkirche in unseren Breitengraden schon aus statistischen Gründen nachhaltig in Frage. In weniger entwickelten Gesellschaften vermag dagegen das kirchliche Angebot (noch!) attraktiv zu wirken.

Nun also scheint Papst Franziskus das klerikale Kirchenmodell selbst in Frage zu stellen, allerdings erst auf der Einstellungsebene und noch ohne erkennbare institutionelle Konsequenzen. Klerikalismus ist nach Papst Franziskus eine verbreitete Haltung oder Einstellung der «Selbstbezogenheit» (so am 12.8.2018), die zu einer Spaltung in der Kirche zwischen Klerus und Laien führt. Der klerikale Kleriker nimmt sich selbst und damit auch die Klerikerkirche wichtig, was zu einer Marginalisierung der Laien in der Kirche führt. Aber: «Es ist unmöglich, sich eine Umkehr des kirchlichen Handelns vorzustellen ohne die aktive Teilnahme aller Glieder des Volks Gottes.» Der Klerikalismus ist also ein Haupthindernis gegenüber jeglicher Kirchenreform. Es erscheint daher schlüssig, dass Papst Franziskus seine Kritik in einem «Schreiben an das Volk Gottes» veröffentlicht, während kirchliche Lehrschreiben in der Regel vor allem an die geweihten Mitbrüder im Amt gerichtet sind.

Dennoch drängen sich skeptische Rückfragen auf. Schon die Aufforderung, Laien sollten nicht durch allzu ehrfurchtsvolles Verhalten dem Klerikalismus Vorschub leisten, kann angesichts der weiterhin kirchenrechtlich geforderten Gehorsams- und Ehrfurchtspflicht gegenüber den «geistlichen Hirten» (can. 212 CIC) als widersprüchlich und als Abwälzung von Verantwortung qualifiziert werden. Aber noch grundlegender gilt: Klerikalismus ist der selbstverständliche Habitus in einem System, in dem alle entscheidenden rechtlichen Kompetenzen in der katholischen Kirche, nämlich die gesamte Gesetzgebung und die höhere Verwaltung und Rechtsprechung, an die Priesterweihe und damit auch an das männliche Geschlecht gebunden sind (can. 129, can. 134 § 1 CIC). Wer die Macht hat, und die wird als legitime Herrschaft in der Kirche primär durch das Kirchenrecht verteilt, wird nach aller menschlichen Erfahrung dazu neigen, sich «als etwas Herausgehobenes, Besseres» zu verstehen; er wird seine Macht auch gegenüber Widerstrebenden einsetzen, um Gehorsam zu erreichen; und er steht in der ständigen Versuchung, seine Macht zu missbrauchen, vor allem, wenn er keine Sanktionen zu fürchten braucht. Der Papst stellt also das übliche menschliche Verhalten in seiner Kirche in Frage. Hat das irgendeine Chance?

Nein – wenn man nach allgemeiner sozialer Erfahrung urteilt. Ja – wenn man die Botschaft Jesu ernst nimmt, wie sie in den Evangelien überliefert ist. Besonders eindrücklich in der «Bergpredigt» des Matthäus und in der «Feldrede» des Lukas, aber auch in den Abschiedsreden Jesu im Johannesevangelium. Dort lesen wir: «Versteht ihr, was ich euch getan habe? Ihr nennt mich ‹Lehrer› und ‹Herr›, und recht sagt ihr, denn ich bin es. Wenn ich euch nun die Füße gewaschen habe als euer Herr und Lehrer, so sollt auch ihr einander die Füße waschen. Denn ich habe euch ein Vorbild gegeben; wie ich euch getan habe, so tut auch ihr. … Ein neues Gebot gebe ich euch, dass ihr einander lieben sollt. Wie ich euch geliebt habe, so sollt ihr einander lieben. Daran sollen alle erkennen, dass ihr meine Jünger seid, wenn ihr euch untereinander liebt.» (Joh 13,12–15.34–35). Die Klerikalismuskritik des Papstes ist nichts anderes als die Einforderung des jesuanischen Liebesgebots.

4. NEUE PERSPEKTIVEN

Verfolgt man die Geschichte des Christentums, so lassen sich immer wieder Gegenbewegungen zum Haupttrend der Klerikalisierung beobachten. Viele von ihnen wurden als häretisch gebrandmarkt, aber auch die immer wieder neu ansetzenden Ordensbewegungen gehen auf biblische Impulse und Kritik an den herrschenden kirchlichen Verhältnissen zurück. Aus jüngerer Zeit ist an den sogenannten Katakombenpakt (1965) zu erinnern, in dem sich kurz vor Ende des II. Vatikanischen Konzils vierzig Bischöfe zu einer «armen und dienenden Kirche» verpflichteten und dem in der Folge mehrere hundert weitere Bischöfe beitraten. Papst Franziskus' bescheidener Lebensstil steht ebenfalls in dieser Tradition.

Die klerikalisierte ist also auch aus soziologischer Perspektive nicht die ganze katholische Kirche. In ihr sind vielmehr unterschiedliche spirituelle, soziale und politische Strömungen wirksam, und deren Einfluss wird auch durch außerkirchliche Entwicklungen mitbestimmt. Die dominierende Gestalt der hierarchischen Klerikerkirche hat ihre Form kulturell im Barockzeitalter und politisch in der Periode des absolutistischen Fürstenstaates gefunden und im Zuge der Unterdrückung aufklärerischer Tendenzen im 19. Jahrhundert ihren absolutistischen, am römischen Zentrum orientierten Charakter theologisch und kirchenrechtlich überhöht. Indem die herrschende Kirchendoktrin ihre strukturellen Eigenschaften als «Wesensmerkmale kraft göttlichen Rechts» immunisiert, versucht sie, die Geschichtlichkeit und damit Wandelbarkeit ihrer eigenen Existenz zu verdrängen und den Immobilismus zur Maxime ihres Fortbestandes zu machen. Das Gewicht des römischen Zentrums ist in der Folge dank der Entwicklung moderner Kommunikationsmittel noch gewachsen, denn es fehlt an allen institutionellen Gegengewichten.

Von daher wird verständlich, warum Papst Franziskus den Klerikalismus als bloßes Einstellungs- und Verhaltensproblem geißelt. Er müsste sonst den klerikalen Charakter kirchlicher Herrschaft in Frage stellen und brächte den gesamten kirchlichen Traditionalismus gegen sich auf, dessen Macht nicht zu unterschätzen ist. Aber moralische Appelle reichen nicht aus.

Immerhin deuten sich Entwicklungen an, die den klerikalen Charakter aller kirchlichen Vollzüge in Frage stellen – zumal in der katholischen Kirche Deutschlands. Auslösend wirkt hier die Frauenfrage. Weil Frauen vom klerikalen Amt grundsätzlich ausgeschlossen sind, ihr Anspruch auf Mitwirkung in der Kirche aber immer unabweisbarer wird, wollen die deutschen Bischöfe die Beteiligung der Frauen an der kirchlichen Aufgabenerfüllung stärken, und zwar auch durch die Zuweisung von Leitungsverantwortung. Das scheint auf dem Wege der Kompetenzdelegation unter der Verantwortung des letztverantwortlich bleibenden Bischofs möglich. Auch die Absicht von Kardinal Reinhard Marx, erneut eine Synode zusammen mit dem Zentralkomitee der Katholiken als führendem Laiengremium zu planen, weist in dieselbe Richtung. In der Schweiz haben sich Modelle der Gemeindeleitung durch nicht-ordinierte Theologen und Theologinnen entwickelt. Gemeindeleiter werden hier durch die Gemeinden gewählt und dann vom Bischof beauftragt. Generell stellt sich die Frage, wie angesichts des zunehmenden Priestermangels mit gewachsenen pastoralen Strukturen umzugehen ist. Wird die Gemeindegröße an die sich reduzierende Zahl der Priester angepasst, entstehen anonyme Mammutpfarreien ohne soziale Bindungskraft. Auch dies scheint Papst Franziskus im Auge zu haben, wenn er von «Spiritualitäten und Strukturen ohne Wurzeln, ohne Gedächtnis, ohne Gesicht, ohne Körper und letztendlich ohne Leben» spricht. Solange die Spendung der meisten Sakramente geweihten Klerikern vorbehalten bleibt und hierfür nur zölibatär lebende Männer in Frage kommen, drängt sich eine Entlastung der wenigen Priester von nicht sakramental definierten Aufgaben und deren Übertragung an Laien auf. Der Import von Klerikern aus anderen Kulturkreisen zur Rettung der herkömmlichen Strukturen mag zwar in Einzelfällen zu vertretbaren Lösungen führen, kann aber als flächendeckendes Prinzip nicht überzeugen.

In weiten Teilen der westlichen Welt drohen der Klerikerkirche die Kleriker auszugehen. Gleichzeitig sieht sich die Kirche mit normativen Ansprüchen konfrontiert, die ursprünglich christlichen Werten entsprechen, heute jedoch als Kriterien guten säkularen Zusammenlebens gelten: Gleichberechtigung der Geschlechter, Gewaltenteilung, Rechtsstaatlichkeit, Menschenrechte. In ihrem antimodernistischen Abwehrkampf hat die Kirche auf die Loyalität klerikaler Hierarchien gesetzt und sich der Moderne entfremdet. Zunehmend droht die Gefahr, dass sie sich auch ihren Gläubigen entfremdet – der sexuelle Missbrauch und vor allem seine langanhaltende systematische Vertuschung wirken wie Brandbeschleuniger. Aber sie sind nicht allein das Problem. Nur eine Kirche, die den ursprünglichen Liebesimpuls der Bewegung erneut zur Maxime ihres Handelns werden lässt, hat hier noch Aussichten, Vertrauen zu erzeugen. Das erfordert auch ein neues institutionelles Verhältnis zwischen Klerus und Laien. Die sakramentalen Kompetenzen und die Leitungskompetenzen ließen sich entkoppeln.

IX. RÖMISCHER ZENTRALISMUS: ENTSTEHUNG –
ERFOLG – GEFAHREN

I. Historischer Rückblick

«Römischer Zentralismus», das ist zunächst ein kirchenpolitisches
Schimpfwort, dessen sich vor allem diejenigen gerne bedienen, die
sich von römischen Entscheidungen oder auch Nicht-Entschei-
dungen (z. B. hinsichtlich der Zulassung von Frauen zu kirchlichen
Ämtern) eingeschränkt oder sonstwie negativ betroffen fühlen. «Römischer Zentralismus» ist aber auch eine sachlich zu rechtfertigende
Bezeichnung für das institutionelle Ergebnis eines tausendjährigen
kirchengeschichtlichen Prozesses: die weitgehende Konzentration
von alltäglichen und grundsätzlichen kirchlichen Entscheidungsbe-
fugnissen im Bereich der römischen Kurie, wie sie sich erst im Laufe
des 19. und 20. Jahrhunderts entwickelt hat.

Die Verdrängung der Geschichtlichkeit

Die grundlegende Voraussetzung und Grenze des römischen Zentralismus ist die unangefochtene und uneingeschränkte dogmatische, rechtliche und disziplinäre Dominanz des Bischofs von Rom
über alle anderen Bischofssitze, also der seit dem Hochmittelalter
beanspruchte und auf dem Ersten Vatikanum durch das Unfehlbar-
keitsdogma überhöhte *Jurisdiktionsprimat des Papstes*. Bekanntlich
hat das Zweite Vatikanische Konzil versucht, die aus der historischen Situation um 1870 verständlichen Einseitigkeiten dieser Lehre durch eine Kirchenvorstellung zu ergänzen, welche die universale
Kirche als Gemeinschaft von Teilkirchen versteht und daher dem
Bischofskollegium – in Analogie zum Verhältnis zwischen dem
Apostelkollegium und Petrus – eine korrelative Funktion zur Lei-
tungsaufgabe des Papstes zuspricht. Wie Hermann Josef Pottmeyer
gezeigt hat, ist dies jedoch nur ansatzweise gelungen. Er führt dies
im Wesentlichen auf zwei Gründe zurück: erstens das Fortwirken

einer «maximalistischen Interpretation des I. Vatikanums» und zweitens «die Befürchtung der Kurie, … ihre bisherige Mitregierung mit dem Papst zu verlieren, wie sie mit dem Zentralismus verbunden ist»[116]. Joseph Ratzinger, damals Konzilstheologe und nicht Papst, sprach plastisch «vom ‹Schreckgespenst des Congubernium› [d. h. der Mitregierung der Bischöfe, FXK], das an der Kurie umgeht». Wir müssen deshalb zunächst die geschichtliche Entwicklung zur Apotheose des Zentralismus auf dem Ersten Vatikanum zu verstehen suchen.

Eine solche *historische* Herangehensweise war der römischen Theologie damals fremd, sie gehört vielmehr in den Horizont jenes «Modernismus», vor dem sich die Kirche nach damaliger Auffassung zu bewahren habe. Dieser ‹Antihistorismus› diente aus heutiger Sicht vor allem einer Immunisierung gegenüber geschichtlichen Tatsachen im Sinne eines zeitlosen, ‹ewigen› Kirchenverständnisses. Deshalb sei betont: Ein Primatsanspruch Roms über die anderen Bischofssitze wurde erst ab dem 5. Jahrhundert unter Berufung auf Petrus als ersten Bischof von Rom und seine besondere jesuanische Berufung erhoben. Diese petrinische Tradition des römischen Stuhles ist zudem historisch ungesichert, zumal sich ein monarchisches Bischofsamt selbst erst im Laufe des zweiten Jahrhunderts herausgebildet hat.[117] Aber sie wurde – wie viele andere, heute als Fälschungen oder Verfälschungen anerkannte Dokumente zur Begründung päpstlicher Ansprüche – geschichtlich auf Dauer wirksam. Es gibt keine andere Autorität auf dieser Erde, die sich durch die Jahrhunderte hindurch so kontinuierlich erhalten und ihren Einfluss ausweiten konnte. Im ersten Jahrtausend blieb allerdings ein *kommuniales Kirchenverständnis* dominant. «Der römischen Kirche und ihrem Bischof kam zwar ein besonderes Ansehen aber kein jurisdiktioneller Vorrang zu.»[118] Erst im zweiten Jahrtausend hat die kirchliche Dynamik eingesetzt, welche zum heutigen römischen Zentralismus geführt hat.

116 Hermann J. Pottmeyer: Die Rolle des Papsttums im Dritten Jahrtausend, Freiburg i. Br. 1999, S. 99 f.

117 Vgl. Bernhard Schimmelpfennig: Das Papsttum von der Antike bis zur Renaissance, Darmstadt, ⁴1996, S. 2 ff. Otto Zwierlein (Petrus in Rom. Die literarischen Zeugnisse, Berlin 2009, S. 333 f.) kommt zum Ergebnis, dass die Tradition, Petrus sei in Rom gewesen und dort zu Tode gekommen, nicht vor dem Jahre 150 entstanden ist und erst ab ca. 170 greifbar wird.

118 Pottmeyer, Papsttum, S. 23.

Was den Jurisdiktionsprimat betrifft, so sind zwei Dimensionen der Frage zu unterscheiden: (1) die universalkirchliche und (2) die patriarchale Funktion des Bischofs von Rom. Die auf dem ersten Konzil von Nizäa (325) unter Nachhilfe des Kaisers Konstantin formulierte universalkirchliche *Patriarchatsverfassung* sprach den Patriarchatssitzen für ihre jeweiligen Gebiete oberste Jurisdiktionsrechte zu. Das war schon eine fortgeschrittene Verfestigung der ursprünglich weit vielfältigeren und meist synodalen Strukturen christlicher Vergemeinschaftung, und zwar auf der Basis des bis heute formgebenden römischen Rechts. Sie beinhaltet bereits die Zentralisierung der rechtlichen Kernkompetenzen, insbesondere eine Überordnung der Patriarchen über die übrigen Bischöfe ihres Gebietes, die einzusetzen oder gegebenenfalls abzuberufen ihnen zustand. Untereinander standen die Patriarchen jedoch im *Verhältnis der Gleichordnung*, unter zunehmender Anerkennung eines Ehrenvorranges des römischen Sitzes.

Sowohl die frühmittelalterlichen Auseinandersetzungen zwischen Rom und Byzanz als auch der Umstand, dass die Kernräume der frühen Christenheit seit dem 7. Jahrhundert zunehmend vom Islam überrannt wurden und damit einflusslos geworden sind, haben dazu geführt, dass dieser Unterschied zwischen der patriarchalen und der universalkirchlichen Gewalt des Bischofs von Rom im Laufe der Geschichte immer weniger gesehen wurde. Die Verfestigung des päpstlichen Führungsanspruchs im 11. Jahrhundert ging mit der endgültigen Kirchentrennung zwischen Rom und Byzanz einher. Die Zuständigkeit und der Einfluss der römischen Kurie beschränkten sich somit faktisch von jeher auf den Einflussbereich der sogenannten abendländischen oder lateinischen Kirche, die jedoch im Zuge der kolonialen Expansion Europas weltweit geworden ist. Erst Papst Johannes Paul II. hat den Unterschied zwischen Universalepiskopat und Patriarchatsrechten wieder ins innerkirchliche Bewusstsein gebracht, indem er in seiner Enzyklika *Ut unum sint* einen Aufruf an alle Christen richtete, nach einer neuen ökumenischeren Interpretation des universalkirchlichen «Petrusamtes» zu suchen. Sein Nachfolger, Benedikt XVI., hat dagegen bereits in seinem ersten Pontifikatsjahr ausdrücklich auf den Titel «Patriarch des Abendlandes» verzichtet. Dies erscheint als eine Art Geschichtspolitik, um den Rückgriff auf die fernere Vergangenheit zu erschweren.

Aus der Unterscheidung von Papsttum und Patriarchat folgt allerdings auch, dass ein ökumenischer Konsens unter den christlichen Kirchen (welche auch immer man dazu zählen mag), hinsichtlich einer Neuformulierung des universalkirchlichen Petrusamtes nicht notwendigerweise Konsequenzen für die Jurisdiktion des römischen Bischofs als Patriarch des Abendlandes haben würde. Allenfalls indirekte Wirkungen dürften erwartet werden, sofern im ökumenischen Dialog bestimmte Entwicklungen in der lateinischen Kirche als mit dem gemeinkirchlichen Verständnis unvereinbar erscheinen sollten. Angesichts der Unbestimmtheit weiterer ökumenischer Entwicklungen sei im Folgenden ausschließlich von den Strukturen der lateinischen Kirche die Rede.

Der Investiturstreit und seine Folgen

Was das Verhältnis Roms zu den Bischofssitzen seines Patriarchats betrifft, so zeigt die Geschichte ein eng mit den politischen Konjunkturen verbundenes Auf und Ab der Machtverhältnisse, das hier nicht zu skizzieren ist. Ab Karl dem Großen bis zum sogenannten Investiturstreit galten der herrschenden Praxis gemäß geistliche Ämter als kaiserliche Lehen. Deshalb waren es auch die deutschen Kaiser, welche sich um die Mitte des 11. Jahrhunderts um die Wiederherstellung der innerkirchlichen Autorität des in römischen Adelsfehden verkommenen Papsttums kümmerten. Dies hatte allerdings unerwartete Konsequenzen, als im Jahre 1075 der der cluniazensischen Bewegung nahestehende Papst Gregor VII. den Spieß umdrehte und behauptete, die Kaiserwürde sei ein Lehen des Papstes, und nicht umgekehrt. Bei der Begründung ihrer Ansprüche beriefen sich Gregor und seine Nachfolger in wesentlichen Punkten auf Dokumente, die *heute* allgemein als Fälschungen (wie die Konstantinische Schenkung) oder als Verfälschungen (wie die pseudo-isidorischen Dekretalen) anerkannt sind. Damals brach ein europaweiter, teils blutig ausgetragener Konflikt zwischen Kaiser und Papst aus – der Investiturstreit, welcher erst 1125 durch das Konkordat von Worms mit einem zukunftsweisenden Kompromiss beendet worden ist: Von nun an sollte die Übertragung der geistlichen Gewalt an Bischöfe und Äbte in der Form der *Weihe* dem Papst, die Übertragung der weltlichen Gewalt in der Form des *Lehens* dagegen dem Kaiser vorbehalten bleiben. Dass damit die Konflikte nicht aus der Welt geschafft waren, sei lediglich erwähnt, aber sie bekamen nun eine neue Struktur: Geistliche und weltliche Gewalten schufen sich ihre eigenen Rechtssysteme und agierten in Konkurrenz zueinander.

Die Theorie einer Differenz und gleichzeitiger Koexistenz von geistlicher und weltlicher Gewalt stellte eine weltgeschichtliche Innovation dar, welche maßgeblich für die allmähliche Trennung von Kirche und Staat und den Gesamtprozess des «abendländischen Sonderweges» (Max Weber) der Rationalisierung und Modernisierung wurde. Denn alle bisherigen Gesellschaftsstrukturen kannten nur eine hierarchische Spitze, nicht deren zwei. Schon im Hochmittelalter wurde somit die Anerkennung päpstlicher Suprematie in geistlichen Angelegenheiten mit dem Verzicht auf weltliche Gewalt ‹erkauft› und damit gleichzeitig eine spirituelle Reform der Kirche eingeleitet. Dennoch war das Konkordat von Worms im Vergleich zu den vorangehenden Verhältnissen «ein Kompromiss, der einen Sieg des Papsttums bedeutete»[119]. Parallel dazu veränderte sich das Kirchenverständnis in einem juridischen Sinne: Zunehmend wurde die Kirche unter Wiederaufnahme römisch-rechtlicher Vorstellungen als *Korporation* verstanden, für die eine monarchische Führung als zweckmäßig angesehen wurde.

In der Folge vermischten sich die Interessen und Gewalten vielfach erneut, denn bis zur Industrialisierung waren die Rechte an Grund und Boden die zentrale Grundlage wirtschaftlichen Reichtums und politischer Macht. Bis zur Französischen Revolution und den napoleonischen Enteignungen des Kirchenguts blieben die höheren kirchlichen Ämter weitestgehend in der Hand des Adels und damit unter dem Einfluss der jeweiligen regionalen Mächte bzw. der entstehenden Nationalstaaten. Dem Papst kam außerhalb seines unmittelbaren Herrschaftsbereichs im Kirchenstaat im Wesentlichen nur eine geistliche Autorität und ein diplomatischer Einfluss zu, und auch diese waren vor allem im 18. Jahrhundert auf einem Tiefpunkt angelangt. Erst der europaweite Verlust der Kirchengüter und die kluge Konkordatspolitik Pius' VII. und Kardinals Consalvi, des Leiters des Staatssekretariats, brachten die modernen, auf religiöse Themen konzentrierten und verselbstständigten Kirchenstrukturen hervor, die nun genauer betrachtet werden sollen.

Mit der europaweiten Enteignung des Kirchengutes durch oder nach Napoleon entfielen die bisherigen wirtschaftlichen Interessen

---

119 Pottmeyer, Papsttum, S. 23.

an der Besetzung kirchlicher Ämter, und die politischen Interessen verschoben sich vom Machtgewinn zur Loyalitätssicherung. Die mittlerweile von ihrer Bindung an Grund und Boden befreite Bevölkerung musste nun mit anderen Mitteln zur politischen Loyalität angehalten werden, und hierzu schien auch die Religion dienlich zu sein. Mehr noch: Angesichts ihrer meist antiliberalen Haltung erhofften sich die meisten Fürsten im Zeitalter der Restauration eine moralische Disziplinierung der Bevölkerung mit Hilfe der Kirche, der deshalb besondere Wertschätzung entgegengebracht wurde. Mit Bezug auf die kirchliche Gliederung und die Besetzung der Bischofssitze reichte nun den meisten Souveränen ein Veto-Recht gegen unliebsame kirchliche Entscheidungen, eine größere innerkirchliche Autonomie widersprach nicht mehr der Staatsräson. So gelang es dem vatikanischen Staatssekretär Consalvi und seinen Nachfolgern, im Laufe des 19. und 20. Jahrhunderts mit den meisten europäischen Staaten staatskirchenrechtliche Verträge, die sogenannten Konkordate, auszuhandeln, welche einen dominierenden Einfluss, wenn nicht gar die ausschließliche Entscheidungsmacht der römischen Kurie hinsichtlich der Bischofswahlen sicherstellen. Ältere Rechte, wie sie beispielsweise gegen die Ernennung von Bischof Haas zum Koadjutor mit Nachfolgerecht in Chur geltend gemacht wurden, werden von Rom – wie nicht nur dieser Fall zeigt – ungern honoriert und am liebsten abgeschafft. Das kuriale Ideal ist hier eindeutig die durch keinerlei lokale Mitspracherechte beeinträchtigte römische Entscheidung, ein klassisches, genauer das *strategisch zentrale Beispiel* dessen, was hier als römischer Zentralismus bezeichnet sei.

Katholizismus

Die nunmehr erreichte und immer nachdrücklicher beanspruchte Suprematie des Papsttums äußerte sich auch in Glaubenssachen. Die Dogmatisierung der Unbefleckten Empfängnis Marias durch Pius IX. war die erste dogmatische Entscheidung, die von einem Papst unabhängig von einem Konzil vorgenommen wurde. Ihren Gipfel erreichte dieses Suprematiestreben mit der Dogmatisierung päpstlicher Unfehlbarkeit durch das Erste Vatikanische Konzil (1870). Die Neuartigkeit dieser Lehre bestätigt das Standardwerk von Hermann Josef Pottmeyer, demzufolge «die Entwicklung der Lehre von der päpstlichen Unfehlbarkeit im 19. Jahrhundert innerhalb von 70 Jahren von fast allgemeiner Ablehnung bis zu ihrer Dogmatisierung führte»[120]. Dies verweist auf politische und soziale Umstände, die im 19. Jahrhundert zu einer grundlegenden Veränderung des Kirchenverständnisses geführt haben. Dabei glaubte das Papsttum, sich gemeinsam mit den konservativen Kräften gegen die nationale, liberale und demokratische Bewegung behaupten zu müssen, was die ohnehin latenten Spannungen im Verhältnis von Kirche und Staat vielerorts explosiv werden ließ. Die Überhöhung päpstlicher Autorität in den konziliaren Erklärungen von 1870 ist aus dieser Situation zu verstehen. Sie wäre aber nicht wirksam geworden ohne die *gleichzeitige religiöse Bewegung*: Das Aufleben der Massenfrömmigkeit, insbesondere auch der Herz-Jesu- und der Marienverehrung, die Gründungswelle religiöser Kongregationen und die Verlebendigung der klassischen Orden bei gleichzeitiger Expansion der Weltmission, die endliche Durchführung der Dekrete des Konzils von Trient über die Residenzpflicht der Bischöfe und die Priesterausbildung, und nicht zuletzt die ‹Verbürgerlichung der Kirche›, welche am deutlichsten in der Verdrängung des Adels von den Bischofssitzen zum Ausdruck kommt; schließlich die zunehmende politische und soziale Formierung der Katholiken mittels des bürgerlichen Vereins- und demokratischen Parteiwesens, all dies deutet auf eine historisch einmalige Mobilisierung der Katholiken hin, welche weitgehend parallel auf den Gebieten der Theologie, der Diakonie und der Seelsorge, im Episkopat, bei Klerus und Laien sich vollzog. Ein wesentliches Moment dieser Bewegung wurde die *Papstfrömmigkeit*, vor allem nach dem Verlust des Kirchenstaates – von ihren Gegnern gerne als Ultramontanismus beschimpft. Und so entstand eine weit mächtigere internationale Bewegung als die etwa gleichzeitige Internationale der Arbeiterbewegung, nämlich der Katholizismus. Der Katholizismus ist also eine typisch moderne und höchst erfolgreiche, komplexe Sozialform gewesen, die wohl zum letzten Mal geistliche und weltliche Elemente menschlichen Lebens zu einer selbstverständlichen Einheit zu verknüpfen wusste, wobei Freiwilligkeit und Fremdbestimmung so sehr Hand in Hand gingen, dass das hierarchische Moment der katholischen Kirche im Normalfall überhaupt nicht als Last, sondern eher als Heil und geistige Sicherheit verheißendes Geschenk

---

120 Hermann J. Pottmeyer: Unfehlbarkeit und Souveränität. Die päpstliche Unfehlbarkeit im System der ultramontanen Ekklesiologie des 19. Jahrhunderts, Mainz 1975, S. 346.

erschienen. Das Kirchenlied «Ein Haus voll Glorie schauet» gibt dieser Einheit verbürgenden Einstellung sprechenden Ausdruck:

Ein Haus voll Glorie schauet weit über alle Land,
auf festem Stein erbauet, von Gottes Meisterhand.
Gott wir loben Dich, Gott wir preisen Dich,
O lass im Hause Dein, uns ganz geborgen sein.

Das katholische Kirchenbewusstsein wurde so eine Konkurrenz zum Nationalismus, und man könnte das zitierte Kirchenlied angesichts seiner mitreißenden Melodie auch als «Katholische Marseillaise» bezeichnen!

Unfehlbarkeit und Jurisdiktionsprimat

Bis zum endgültigen Verlust des Kirchenstaates im Jahre 1870 unterschied sich die päpstliche Kurie nur graduell von anderen europäischen Fürstenhöfen. Leopold von Ranke (1834/36), der als erster die administrativen Verhältnisse des Kirchenstaates seit der Reformation unter die Lupe genommen hat, machte bereits deutlich, wie sehr es von der Einstellung des jeweiligen Papstes abhing, ob sich die kirchlichen Verhältnisse stärker in eine geistliche oder – dies war eher der Normalfall – in eine weltliche Richtung entwickelten. Nach der Niederlage Napoleons wurde die Restauration im Kirchenstaat in administrativer Hinsicht als Rückkehr zu Praktiken des *Ancien Régime* durchgeführt, die ihm den Ruf eintrugen, «einer der korruptesten und am schlechtesten regierten Staaten Europas» zu sein.[121] Erst unter Pius X. wurden mittels einer Kurienreform (1908) und durch die Kodifizierung des in Jahrhunderten wildwüchsig entstandenen Kirchenrechts (in Kraft seit 1918) die Konsequenzen aus dem Verlust weltlicher Herrschaft gezogen und eine strukturelle Modernisierung der katholischen Kirche eingeleitet. Positivierung des Rechts und Professionalisierung bzw. Bürokratisierung der Verwaltung sind auch im politischen Bereich die zentralen Elemente einer Verselbstständigung und Rationalisierung des Staatswesens gewesen, und seit der Gegenreformation verstand sich die Kirche in Analogie und Konkurrenz zum Staate als *societas perfecta*, als eine ‹vollkom-

---

121 Schimmelpfennig, Das Papsttum, S. 297. – Vgl. auch Handbuch der Kirchengeschichte, hg. von Hubert Jedin, Band VI/1, S. 122 ff., 369 ff.

mene Gesellschaft› im Sinne des alten aristotelischen Begriffs der Autarkie bzw. Selbstgenügsamkeit. Im 19. Jahrhundert bildete dann der Souveränitätsbegriff die Klammer, mit der die Kirche sich als dem Staat ebenbürtig und gleichberechtigt erweisen wollte, und zur Legitimierung dieser Souveränität diente auch das Dogma der Unfehlbarkeit: «Die Behauptung der päpstlichen Unfehlbarkeit geschah ... in der Absicht, den päpstlichen Jurisdiktionsprimat zu stärken, auch und gerade auf dem Gebiet der Lehrdisziplin. Es ging darum, ein wirksames Mittel zu haben, um die Einheit und Geschlossenheit der Kirche herzustellen. ... Die Übernahme des Souveränitätsbegriffs geschah im Zusammenhang der Behauptung der Eigenständigkeit der Kirche gegenüber dem absoluten Souveränitätsanspruch des Staates. Die Kirche ist der ‹souveräne› von jeder weltlichen Macht unabhängige ‹Staat Gottes›, weil sie [scil. mittels der Unfehlbarkeit des Papstes] den Zentralpunkt in sich selbst findet.»[122]

So passte nunmehr alles zusammen: Göttliche Legitimation eines zentralen, monokratischen kirchlichen Leitungsamtes, umfassende Gesetzgebungskompetenz für die gesamte Kirche, eine dem römischen Recht entlehnte, für dirigistische Eingriffe geeignete Rechtsauffassung, zentralisiertes Ernennungsrecht der Bischöfe, und eine vergleichsweise effiziente Zentralverwaltung, welche als Gehilfin des Papstes ihm die faktische Leitung der Weltkirche erst ermöglicht. Die katholische Kirche erschien erst jetzt als die gottgewollte, streng hierarchische Institution, in der Glaube Gehorsam und Gehorsam Glaube bedeutet. Und angesichts klarer Weisungen und eines stark verbesserten Zugangs zu den sakramentalen Heilsmitteln ermöglichte dieses System ein Ausmaß an Sicherheit und Geborgenheit, das derjenigen früherer kleinräumiger autarker Gemeinschaften nicht nachsteht. Allerdings unter einer Bedingung, nämlich dem «Glauben an die eine, heilige katholische Kirche», und um diesen Glauben zu erleichtern, schlossen sich die Katholiken eng unter zumeist geistlicher Führung und indirekt unter derjenigen des Papstes zusammen.

2. Vorteile des römischen Zentralismus

Betrachtet man die Entwicklung des europäischen Katholizismus im 19. Jahrhundert, die von ihm ausgehende weltweite Mission und

122 Pottmeyer, Unfehlbarkeit, S. 352, 353.

das wachsende Ansehen des Papsttums seit dem Verlust des Kirchenstaates bis heute, wo rund eine Milliarde Menschen und damit mehr als die Hälfte aller Christen der römisch-katholischen Kirche zugehören, so wird man dies wohl als erfolgreich bezeichnen dürfen. Zwar ist der Anteil der Christen und auch der Katholiken an der Weltbevölkerung im 20. Jahrhundert leicht gesunken; betrachtet man jedoch die unterschiedliche demografische Dynamik der einzelnen Erdteile, also das Stagnieren der Bevölkerung im traditionell christlichen Europa und das Bevölkerungswachstum in den von anderen Weltreligionen dominierten Erdteilen, so ist die Bilanz erstaunlich positiv, übrigens auch für andere christliche Kirchen und für den Islam.

Setzt man diese Milliarde Katholiken in Beziehung zu den 1740 Mitarbeitern der römischen Kurie[123], größenmäßig also etwa der Verwaltungsstab einer deutschen Großstadt, so kann man bei einer pauschalen Betrachtung von der Leistungsfähigkeit dieser Zentralverwaltung nur beeindruckt sein. *Keep the center small*, diese Managementweisheit scheint der älteste und größte *Global Player* seit langem zu beherzigen. Im Vergleich zu gleich qualifizierten italienischen Angestellten scheinen die meisten vatikanischen Angestellten übrigens gut gestellt zu sein, da sie zahlreiche Vergünstigungen genießen und kaum gekündigt werden können. Dem entsprechend ist allerdings die Erneuerungsrate des Personals gering, was sich als ein zusätzlich beharrendes Moment auswirken dürfte.[124]

Derartig pauschale Urteile sind jedoch wenig aussagekräftig. Fragen wir genauer, welche Vorteile die Zentralisierung der Entscheidungsbefugnisse bei der römischen Kurie mit sich bringen, Vorteile natürlich nicht für die Macht der Kurie, sondern für die Erfolgschancen der Kirche.

Zunächst, und dies gehörte auch zu den Standardargumenten für den Jurisdiktionsprimat und die päpstliche Unfehlbarkeit, erleichtert es eine derartige Struktur außerordentlich, die Einheit und Einheitlichkeit der kirchlichen Verhältnisse und des Glaubens aufrechtzuerhalten. Angesichts der Bedrohung, in die die katholische Kirche durch den Verlust ihrer wirtschaftlichen und politischen Machtbasis geraten war, und angesichts der partikularistischen Tendenzen, in die nationalstaatliche Entwicklungen die Kirche zu drängen such-

123 Thomas S. Reese: Im Inneren des Vatikans. Politik und Organisation der katholischen Kirche, Frankfurt a. M. 1998, S. 152.
124 Reese, Vatikan, S. 290 ff.

ten, bot die Aktualisierung und Radikalisierung des hierarchischen Anspruchs einen gangbaren Ausweg, welcher in der abendländischen Kirche schon durch das hierarchische Denken der Römer und erst recht seit dem Hochmittelalter angelegt war. Im Zeitalter der Auseinandersetzungen zwischen der Kirche und dem zumeist noch nicht demokratisierten Staat lag diese Lösung zudem nahe. Im absolutistischen Staat des 18. und weithin auch noch des 19. Jahrhunderts wurde die Souveränität ja im Fürsten, nicht im Volk verankert. Ähnlich wie der Nationalstaat durch die Einheit von Staat und Recht sowie durch Bildungswesen und Militär erst ein gemeinsames Nationalbewusstsein zu schaffen und zu stabilisieren hatte, sah sich auch die katholische Kirche in ihrem staatsanalogen Selbstverständnis gefordert, die innere Einheit organisatorisch und überzeugungsmäßig herzustellen, nachdem die Trägheit der feudalen Strukturen den Zusammenhang nicht mehr trug.

Sodann: Liegen in der Positivierung des Rechts und der Bürokratisierung der Beziehungen zwischen Zentrum und Peripherie stabilisierende und vielfach auch rigidisierende Momente, so bedeutet die völlige ‹Gottunmittelbarkeit› des Papstes, seine rechtliche Freiheit von allen institutionellen Rücksichten grundsätzlich ein dynamisierendes Moment. *Der Papst kann jederzeit Entscheidungen seiner Administration unwirksam machen und dem ‹Schiffchen Petri› eine neue Richtung geben,* wie z. B. durch Johannes XXIII. in besonders eindrücklicher Weise geschehen. Vor allem in Ausnahmesituationen kann die ungehinderte Entscheidungsfähigkeit des Papstes rasche Reaktionen ermöglichen, die im Rahmen synodaler oder gar demokratischer Strukturen unmöglich wären. Innerhalb des römischen Zentralismus gibt es somit ein statisches und ein dynamisches Moment, die wechselseitig aufeinander angewiesen sind, und durch deren Zusammenspiel auch eine gewisse Flexibilität gesichert wird.

Ferner bedeutete die selbstverständliche Einheitlichkeit des katechismusmäßig standardisierten Glaubens, der Amtssprache (Latein), des Ritus, der Moral und der Organisationsstrukturen in der Kirche einen ungeheuren Vorteil im Zusammenhang mit der Mission. Die Missionare hatten nicht nur Überzeugungen, sondern Lebensformen anzubieten, bis hin zur ‹Missionarsstellung› beim Beischlaf! Lebensformen überdies, die auf Grund der ihnen zugrundeliegenden europäischen Zivilisation und des mit ihnen verbundenen caritativen Ethos auch in plausibler Weise demjenigen der Eingeborenen überlegen erschienen. Allerdings ist hier sogleich hinzuzufügen, dass dies offensichtlich nur für diejenigen Weltregionen gilt, die nicht bereits von einer anderen Hochreligion und der mit ihr verbundenen Kultur geprägt waren, wie dies vor allem für Asien charakteristisch ist. Nimmt man es genauer, so haben sich die Erfolge der christlichen Mission fast ausschließlich in Gebieten mit einer traditionell naturreligiösen und meist schriftlosen Kultur ereignet. Weder im islamischen noch im buddhistischen oder hinduistischen Einflussbereich hat das Christentum mehr als Achtungserfolge erringen können.

Doch kehren wir nach Europa zurück. Hier barg die Konkurrenz zwischen zwei sich gleichermaßen als souverän verstehenden Autoritäten auf demselben Territorium natürlich erheblichen Konfliktstoff. Selbst wenn beide Seiten die Prinzipien des erwähnten Wormser Konkordats, mit dem der Investiturstreit beendet wurde, respektiert hätten, so blieben doch genügend Angelegenheiten, die sogenannten *res mixtae* wie etwa Bildung, Ehe und Familie oder Armenfürsorge, bei denen die Unterscheidung zwischen geistlich und weltlich kein klares Kriterium liefert. Tatsächlich gingen die Konflikte noch weit tiefer, vor allem im weltanschaulichen Bereich, weil die katholische Kirche entschieden Front gegen liberale und demokratische Reformen machte. Betrachtet man die teilweise erbitterten Auseinandersetzungen zwischen Kirche und Staat aus soziologischer Perspektive im Rückblick, so war der Widerstand der Kirche gegen staatliche Omnipotenzansprüche eine der wirksamsten Kräfte einer Staatsbegrenzung und damit einer Liberalisierung der ‹bürgerlichen Gesellschaft›. Das lag so zwar nicht in der Absicht päpstlicher Politik. Aber ähnlich, wie das Ende des Investiturstreites – sozusagen hinter dem Rücken der Beteiligten – die Differenzierung von geistlicher und weltlicher Gewalt einleitete, stabilisierte der Widerstand des römischen Zentrums gegen nationale Vereinnahmungen der katholischen Religion die politische Unabhängigkeit von Religion überhaupt. Zu diesem Widerstand wären die evangelischen Landeskirchentümer und wohl auch die episkopalistischen Varianten des Katholizismus kaum imstande gewesen. Gerade heute, im Zeitalter der beginnenden Globalisierung, haben wir vielleicht wieder mehr Verständnis für *eine transnationale Bewegung, die sich dem nationalistischen Druck nicht beugt.* Der heute fast vergessene Papst Benedikt XV., welcher während des Ersten Weltkriegs die Kirche leitete, beeindruckt im Rückblick durch seine vereinsamende Entschiedenheit, mit der er sich trotz des Druckes unterschiedlicher nationaler Katholizismen einer Parteinahme verweigerte und eben dadurch die Autorität der Kirche erhöhte.

Schließlich ist auch nicht zu übersehen, dass der hohe Zentralisierungsgrad kirchlicher Entscheidungen sich vor allem in *Situationen der Kirchenverfolgung* bewährt hat, wie sie im 20. Jahrhundert ja besonders häufig vorgekommen sind: Mitten in Europa, im nationalsozialistischen Deutschland, im kommunistischen Ostblock, in China und anderen asiatischen Staaten und nicht zuletzt in Teilen Afrikas. Nirgends (vielleicht mit Ausnahme Chinas) ist es gelungen, willfährigen kirchlichen Gegenhierarchien Legitimität zu verschaffen. Zudem erschweren die weltweiten Vernetzungen der Kirche die Geheimhaltung von Verfolgungen. Man mag es bedauern, dass sich die römische Kirche nicht mit gleichem Einsatz um die Veröffentlichung der Judenverfolgungen und anderer Grausamkeiten gegenüber Minderheiten bemüht hat, mit dem sie gegen die Verfolgung ihrer eigenen Angehörigen protestierte. Das spricht jedoch nicht gegen die Öffentlichkeitswirksamkeit der Struktur selbst.

Zusammenfassend lässt sich somit festhalten, dass die organisatorische Zentralisierung der katholischen Kirche in weltgeschichtlicher Perspektive als eine durchaus erfolgreiche Anpassungsstrategie an die Modernisierung der politischen und gesellschaftlichen Verhältnisse zu beurteilen ist. Die Romzentrierung der Katholiken erlaubte es ihnen, dem politischen Druck nationaler Vereinnahmungen besser zu widerstehen, was ihnen im Wilhelminischen Deutschland der Kulturkampfzeit ja auch den Verdacht eingetragen hat, sie seien «vaterlandslose Gesellen».

Man vergesse nicht, dass die Aufklärung eine internationale Weltordnung sich zum Ziel gesetzt hatte, wie sie am eindrücklichsten in Immanuel Kants Traktat «Zum ewigen Frieden» formuliert ist. Die Aufklärung stand insoweit im Horizont des christlichen Weltmissionsauftrags, der ja auch zur Legitimierung der kolonialen Expansion Europas hatte herhalten müssen. Die römische Kirche hat als einzige bereits im 19. Jahrhundert den Status eines *Global Player* erreicht, um den sich heute Großunternehmen und Staaten immer noch bemühen. Sie hat sich als transnationale Autorität in zwei Weltkriegen bewährt, und nach dem Zweiten Weltkrieg die Internationalisierung der Kurie einige Jahrzehnte vor der Internationalisierung der Konzernvorstände durchgeführt. Die Transnationalität des Katholizismus hat einen wesentlichen Beitrag zur Verselbstständigung von Religion als gesellschaftlichem Teilsystem geleistet und bietet heute, im Zeitalter faktischer Globalisierung als einzige der Weltreligionen das Modell eines global handlungsfähigen Akteurs, der unter Papst Johannes Paul II. auch vielfältige Initiativen zum ökumenischen Dialog ergriffen hat. Alles in allem eine eindrückliche Bilanz!

3. Versagen des römischen Zentralismus

Im «Haas-geschädigten» schweizerischen oder liechtensteinischen Katholizismus dürfte die Frage nach den *Gefahren* des römischen Zentralismus den populärsten Aspekt unseres Themas ausmachen. In der Tat ist der «Fall Haas» ein Schulbeispiel für das Versagen des römischen Zentralismus, und zwar auf mehreren Ebenen: was die Personenkenntnis, was die Rechtskenntnis und was die Kenntnis der pastoralen Situation betrifft.[125]

Sakrales Selbstbewusstsein

Möglicherweise war die Ernennung des Koadjutors Haas mit dem Recht der Nachfolge allerdings nicht auf ein primäres Versagen der Bischofskongregation, sondern auf einen souveränen Entscheid des Papstes zurückzuführen, falls (wie behauptet wurde) der frühere Bischof von Chur, Vonderach, einen unmittelbaren ‹Draht› zu ihm aufzubauen vermochte. Eine ähnlich souveräne Entscheidung wurde im Übrigen im Falle des ehemaligen Wiener Erzbischofs Groer vermutet, der wegen sexueller Verfehlungen zurücktreten musste. Sollten diese Vermutungen zutreffen so hätten wir es eher mit dem typischerweise vormodernen Fall autokratischer Herrschaftsausübung zu tun, nicht mit der für moderne Verhältnisse charakteristischen bürokratischen Herrschaft. Die außergewöhnlichen Persönlichkeiten, welche im 20. Jahrhundert auf den päpstlichen Stuhl gewählt worden sind, sollten nicht darüber hinwegtäuschen, dass die autokratische Regierungsform der katholischen Kirche, welche nicht einmal

125 Vgl. Walter Gut: Annäherungen an eine Rechtskultur in der katholischen Kirche. Folgerungen aus dem Fall des Bischofs Wolfgang Haas, in: ders.: Fragen zur Rechtskultur in der katholischen Kirche (Freiburger Veröffentlichungen zum Religionsrecht), Freiburg/Schweiz 2000, S. 125–137.

ein Verfahren der Ersetzung eines krank oder altersschwach gewordenen Papstes außer seinem eigenen Amtsverzicht kennt, *auf einem frühneuzeitlichen Entwicklungsstand stehen geblieben* ist. Berücksichtigt man die Ehrentitel «Eure Heiligkeit» oder «Heiliger Vater», obwohl nach biblischem Zeugnis beide Titel Gott vorbehalten bleiben sollen, so wird deutlich, dass sogar das Mittelalter in der Kirche noch nicht vorbei ist: Der von Papst Innozenz III. im 13. Jahrhundert zuerst erhobene und vom Zweiten Vatikanischen Konzil bestätigte Anspruch, der Papst sei Stellvertreter Gottes auf Erden, lässt sich mit der Form bürokratischer Herrschaftsausübung nicht plausibel verbinden, welche das heutige päpstliche Regiment prägt, und erst recht nicht mit der Kirchenwahrnehmung der Gläubigen. Die autokratisch-bürokratische Regierungsform entspricht keineswegs früh- oder gar urchristlichen Verhältnissen, und ihr sollte deshalb entgegen dem römischen Selbstverständnis auch kein Ewigkeitswert zugesprochen werden.[126]

Angesichts der Beschränktheit menschlicher Urteilsfähigkeit ist im säkularen Bereich die dort im absolutistischen Zeitalter ebenfalls verbreitete Autokratie längst durch das Prinzip der Gewaltenteilung bzw. durch ein System wechselseitiger Kontrollen ersetzt worden. Wenn die römische Kirche immer noch auf derartige institutionelle *Checks and Balances* zur Kompensation menschlicher Irrtumsanfälligkeit glaubt verzichten zu können, so kommt darin wohl ein sakrales Selbstbewusstsein zum Ausdruck, das heute immer weniger zu überzeugen vermag und in der Praxis von Fehleinschätzungen und Fehlentscheidungen sich selbst dementiert. Auch die römische Kirche ist mit der wachsenden Komplexität und Undurchschaubarkeit der Welt in ähnlicher Weise konfrontiert wie alle anderen modernen Einrichtungen auch. Als weltweit agierende Institution ist sie mit einer besonders breiten Heterogenität der politischen und sozialen Verhältnisse konfrontiert, sodass sie damit rechnen muss, *dass einheitliche Regeln und Maßnahmen ‹vor Ort› höchst unterschiedliche Wirkungen entfalten können.* Und in dem Maße, als regionale oder lokale Kirchen ein eigenes Selbstbewusstsein und damit verbundene Aktivitäten entfalten, dürfte deren Reglementierung ohne

---

126 Kardinal Kasper erwartet denn auch, dass eine «den gewandelten Zeit- und Kirchenverhältnissen entsprechende ... neue geschichtliche Gestaltwerdung des Petrusamtes» eher derjenigen des ersten als des zweiten nachchristlichen Jahrtausends ähneln werde. Vgl. Walter Kasper: Zur Theologie und Praxis des bischöflichen Amtes, in: ders.: Auf neue Art Kirche sein. Wirklichkeiten – Herausforderung – Wandlungen, München 1999, S. 32–48, hier 42.

nähere Kenntnis der lokalen Umstände zunehmend demotivierend wirken. Derzeit kann man z. B. in Deutschland eine zunehmende «innere Emigration» des Klerus beobachten, und auch die Attraktivität des Priestertums scheint auf einen Tiefpunkt gesunken. Die Auseinandersetzung um die katholische Schwangerschaftsberatung in Deutschland und erst recht die jüngste Diskussion über sexuellen Missbrauch haben zu einem weiteren Legitimitätsverlust der römischen Kirchenleitung in Deutschland geführt.[127]

Die unkontrollierbare Herrschaft der Kurie

«Bürokratie» gilt heute vielfach als Schimpfwort; und doch bildet sie die Grundlage der komplexen modernen Sozialverhältnisse, nicht nur im Staat, sondern auch in allen übrigen hoch organisierten Lebensbereichen, auch in der Kirche. Die Kritik der Bürokratie nährt sich aus der Umständlichkeit ihrer Prozeduren, ihrer Langsamkeit, ihrer Undurchschaubarkeit für Außenstehende und ihrem übrigens eher seltenen Versagen im Einzelfall. Der Soziologe Max Weber hat als wesentliche Merkmale von Bürokratie die Regelgebundenheit des Handelns, die Schriftlichkeit (und damit Nachprüfbarkeit) aller Vorgänge, die Fachlichkeit oder Professionalität des grundsätzlich hauptamtlichen Personals, eine klare Zuständigkeitsordnung sowie die hierarchische Organisationsstruktur hervorgehoben. Diese Bestimmungsmerkmale gelten auch heute noch, allerdings mit der Ergänzung, dass funktionsfähige Bürokratien neben dieser formalen Operationsweise sich auch informeller Koordinationsformen bedienen, die sich der gewünschten Kontrollierbarkeit aller Vorgänge entziehen. Nicht zuletzt deshalb sind externe Kontrollen wichtig, um die Rechtmäßigkeit, Zweckmäßigkeit und Wirksamkeit des Verwaltungshandelns wenigsten im Großen und Ganzen zu gewährleisten.

Seit der Kurienreform von Papst Pius X. gehören zur *päpstlichen Kurie* nur noch diejenigen päpstlichen Büros, die sich auf die Leitung der Universalkirche beziehen, während die Verwaltungen des Vatikanstaates und der römischen Diözese ausgegliedert sind.[128] Heute

---

127 Vgl. Franz-Xaver Kaufmann: Kirchenkrise – Wie überlebt das Christentum?, Freiburg i. Br. 2011, 154 ff.
128 Vgl. zum Folgenden: Reese, Im Inneren des Vatikans, S. 148. Diese aus dem Englischen übersetzte Studie eines politikwissenschaftlich ausgebildeten amerikanischen Jesuiten sei als kompetente Darstellung empfohlen.

besteht die Kurie im Wesentlichen aus dem Staatssekretariat (vergleichbar einer Mischung aus Bundeskanzleramt und Außenministerium), drei Gerichtshöfen, neun Kongregationen mit jurisdiktionellen Befugnissen (in etwa Ministerien vergleichbar) und elf ‹Räten› mit überwiegend programmatisch-interpretierenden Aufgaben.[129] Die Leitung dieser sogenannten Dikasterien ist regelmäßig einem Kardinal vorbehalten; sie umfassen im Übrigen sowohl ein Kollegialorgan als auch Büros, die die Beratungen des Kollegialorgans vorbereiten und dessen Beschlüsse umsetzen. Die Kollegialorgane bestehen aus 21 bis 67 Mitgliedern, die vom Papst persönlich ernannt werden. Sie sind also nominell sehr groß, sodass die Weichen für die Entscheidungen meist schon in den vorbereitenden Büros gestellt werden. Etwa ein Drittel aller Kongregationsmitglieder und ein Viertel der Mitglieder der Räte ist hauptamtlich im Vatikan beschäftigt, der Rest stammt aus der Weltkirche, zumeist handelt es sich um Bischöfe bzw. Kardinäle. Im Folgenden konzentriere ich mich auf die *Kongregationen* als dem neben dem Staatssekretariat wichtigsten Teil der Kurie. Vor allem im Bereich der Kurienkardinäle herrscht eine erhebliche Ämterkumulation, d. h. sie sind gleichzeitig Mitglieder mehrerer Kongregationen, während deren auswärtige Mitglieder meistens aus praktischen Gründen nur sporadisch an den Sitzungen ihrer Kongregation teilnehmen können. Trotz der Öffnung der Kongregationen zur Weltkirche hin *bleibt damit ein Übergewicht der Kurie gewahrt.* Wichtige Beschlüsse der Kongregationen werden dem Papst vorgelegt und von ihm genehmigt. Den direktesten Zugang zum Papst und damit den höchsten Einfluss schienen unter Johannes Paul II. der Leiter des Staatssekretariats (Kardinal Sodano) sowie die Vorsitzenden der Kongregation für Glaubensfragen (Kardinal Ratzinger) und der Kongregation für die Bischöfe zu haben. Dass der Papst in der Lage ist, die Aktivitäten der Kurie tatsächlich zu kontrollieren, erscheint angesichts der Vielfalt und Komplexität aller Aufgaben als nahezu ausgeschlossen.

Trotz der Öffnung der Kongregationen für außerrömische Mitglieder gewinnt man aus dem Buch des US-amerikanischen Jesuiten Thomas J. Reese den Eindruck, dass die Kurie nach wie vor auf ihre inneren Verhältnisse konzentriert ist, zumal die Arbeitsteilung bestenfalls für Insider durchschaubar ist. Es kommt hinzu, dass die

129 Reese, Im Inneren des Vatikans, S. 157 ff. – Aktuell (2022) ist eine weitere Kurienreform durch Papst Franziskus im Gange, welche insbesondere die interne Kooperation zwischen den Dikasterien verbessern soll.

Informationen aus der Weltkirche vornehmlich über die Botschafter des Papstes bei den Staaten, also über die Nuntiaturen laufen; die Nuntiaturen sind dem Staatssekretariat unterstellt. *Die Ortsbischöfe, welche nach kirchlicher Lehre mit dem Papst die Kirche leiten sollen, ja auch ihre nationalen Zusammenschlüsse in der Form der Bischofskonferenzen, haben nur einen peripheren Status mit Bezug auf die Kurie.* Alle innerkirchliche Kontrolle, beispielsweise auch die Genehmigung größerer diözesaner Bauvorhaben, läuft über Rom. Die nationalen Bischofskonferenzen haben recht eingeschränkte Zuständigkeiten, und Rom behält sich ein Prüfungsrecht für alle Beschlüsse vor, das praktischen einem Vetorecht gleichkommt.[130] Es wundert daher nicht, dass Ortsbischöfe ihr Verhältnis zu den Büros der römischen Kurie häufig als dasjenige von Bittstellern erfahren. Zur Illustration seien hier Auszüge aus dem Brief eines außerhalb Europas residierenden Bischofs veröffentlicht, der mich in Reaktion auf mein Buch ‹Kirchenkrise› erreicht hat:

> Ich teile Ihre Ansicht, dass die Zentralisierung der römisch-katholischen Kirche fortschreitet und ihre oft fragwürdigen Blüten treibt. Da ich seit meinem Amtsantritt als Bischof von Amtes wegen ziemlich viel mit dem Vatikan zu tun habe, fällt mir allerdings Folgendes auf: Der römische Kurienapparat ist bei weitem nicht so effizient und koordiniert, wie viele Außenstehende meinen. Manche Entscheidungen werden auf die lange Bank geschoben oder gar nicht erst gefällt. Die Zusammenarbeit und gegenseitige Information zwischen den Dikasterien, Räten und Sekretariaten lässt mehr als nur zu wünschen übrig. Entscheidungen des Papstes zu wichtigen ad-hoc-Fragen «draußen in der Welt» werden manchmal nicht ausgeführt, weil sie im Kompetenzgerangel hängen bleiben.
>
> Aus eigener Erfahrung weiß ich, dass nicht wenige Gläubige (vom normalen Gottesdienstteilnehmer bis zu höheren Chargen) sehr schnell nach «Rom» rekurrieren, das der Versuchung nicht immer widerstehen kann, darauf einzugehen. Das hat einerseits sicher mit der Tendenz zu tun, dass ein Verwaltungszentrum eher positiv reagiert auf das Gefühl, gebraucht zu werden, anstatt sich gegen die Überforderung zu wehren. Anderseits spielt hier die moderne Kommunikationstechnik eine zentralisierende Rolle, die kaum aufzuhalten ist (es sei denn durch die nicht mehr zu bewältigende Fülle von Nachrichten). Ich spüre dies schon in meiner eigenen bischöflichen Tätigkeit. Wie oft muss ich Gläubige an die zuständigen Pfarrer weisen mit der Bemerkung «Bevor Sie an den Bischof rekurrieren, bitte ich Sie, die Frage dem zuständigen Pfarrer vorzulegen».
>
> Schließlich kommt erschwerend hinzu, dass – es sei mit allem Respekt gesagt – nicht alle Kurienämter kompetent besetzt sind. Viele Kurienbeamte

---

130 Reese, Vatikan, S. 50.

leben auch in der irrigen Annahme, schon alles zu wissen, weil sie einen Haufen Berichte gelesen haben. Die Kenntnis aus Erfahrung vor Ort ist oft/meist nicht gegeben. Ich habe das gerade hier … erfahren: Die wenigen Kurialen, die einmal hier gewesen sind und einen, wenn auch nur kurzen Einblick in die Situation gewinnen konnten, gingen – von einer Ausnahme abgesehen – mit einer völlig anderen Meinung wieder zurück.

Bei den Nuntien hängt es sehr stark von der Person ab. Ich habe Nuntien erfahren, die in echter Empathie in die regionale Situation auch eine echte Hilfe waren, während es andere gibt, die von ihrem elfenbeinernen Turm aus beobachten, ohne eine wirkliche Kenntnis der Situation zu erlangen. Die negativen Folgen sind dann jeweils bald spürbar.[131]

Diese Beschreibung eines Bischofs aus der kirchlichen Peripherie, wundert den soziologischen Beobachter nicht. Alle Organisationen und erst recht Organisationsnetzwerke wie die Ministerialorganisation eines Landes oder die römische Kurie tendieren dazu, sich primär um ihre inneren Angelegenheiten zu kümmern, ihre Kompetenzen zu wahren, Aufstiegsgelegenheiten ihrer Mitglieder wahrzunehmen usw. Natürlich kümmern sie sich auch um die ihnen zugewiesenen Aufgaben, und nach Reese wird man den meisten Büros des Vatikans durchaus Kompetenz und Leistungsbereitschaft zuerkennen dürfen, aber *die Art der Aufgabenerledigung orientiert sich stärker an den internen als den externen Verhältnissen*, die als Organisationsumwelt diffus, unbeherrschbar und daher grundsätzlich als Störfaktor erscheinen. Aus einer übergeordneten Perspektive wird die Existenz derartiger Organisationen jedoch mit ihren Leistungen für bestimmte Umwelten legitimiert, *es ist also ihre Aufgabe, sich ‹stören› zu lassen, und ihre Wirksamkeit ist davon abhängig, dass sie nachdrücklich genug gestört und auf die Bedürfnisse derjenigen hingewiesen werden, um derentwillen sie da sind.* Im Bereich der säkularen Staatsentwicklung wurden deshalb vielfältige Methoden und Instanzen zusätzlich zur internen Verwaltungskontrolle geschaffen: Parlamentarische Verwaltungskontrollen, Verwaltungsgerichtsbarkeit, Rechnungshöfe, Ombudsleute, Audits und Evaluationen, und nicht zuletzt die Kontrolle durch die Öffentlichkeit, welche auch von einzelnen Betroffenen mobilisiert werden kann. Wenn der öffentliche Sektor in entwickelten Staaten einigermaßen zufriedenstellend funktioniert, so ist dies auf diese Vielfalt von untereinander kaum systematisch koordinierten Kontrollen zu-

---

131 Der Absender fügte seiner Erlaubnis zur Veröffentlichung noch die Anmerkung bei: «Der im Oktober geäußerte Eindruck hat sich übrigens in der Zwischenzeit sogar noch verstärkt.»

rückzuführen, welche in ihrer Gesamtheit eine Art *Resonanzraum für Verwaltungsfehler* darstellen.[132]

Was nun die römische Kurie betrifft, so scheint man dies alles für überflüssig zu halten, denn es gibt praktisch keine externe Verwaltungskontrollen, und die offiziell wie auch informell eingeforderte Geheimhaltung aller wichtigen Vorgänge lässt auch eine Mobilisierung von Öffentlichkeit nur als oppositionelle, um nicht zu sagen revolutionäre Handlung zu. Die Geheimhaltung ist besonders belastend in disziplinarischen Angelegenheiten wie der Erteilung des *Nihil obstat* bei der Ernennung von Theologieprofessoren – und neuerdings insbesondere bei Theologieprofessorinnen! Man könnte – ironisch gesagt – vermuten, dass die römische Kurie sich verhält, als ob sie an einer Unfehlbarkeit des Papstes partizipiere, die in dieser Form nicht einmal päpstlicherseits je beansprucht worden ist. Wenn aber bürokratisches Handeln typischerweise durch Binnenorientierung, rigide Regelorientierung, mangelnde Bereitschaft zu antworten, und fehlende Offenheit für die Bedürfnisse seiner Adressaten zu charakterisieren ist, *dann ist es sowohl der Effizienz und Wirksamkeit als auch den pastoralen Zielsetzungen der Kirche abträglich, wenn die Hilfsorgane des Papstes sich unter Berufung auf dessen Autorität gegen jede Außenkontrolle immunisieren.*

Der ekklesiologische Status der römischen Kurie ist weitgehend ungeklärt. Ihr Status ist ein rein positiver, kirchenrechtlicher und bürokratischer. Es hängt angesichts des Jurisdiktionsprimats des Papstes allein von ihm ab, inwieweit er willens und angesichts seiner auch vorhandenen Abhängigkeit von der Kurie überhaupt in der Lage ist, die Verteilung der Kompetenzen und die verfahrensmäßigen Widerspruchsmöglichkeiten im Sinne einer stärkeren Beteiligung der «störenden Umwelt», nämlich der Weltkirche, zu ändern. In dem Maße, als die mittelalterliche Aura des Papsttums schwindet und auch die Gläubigen und den Glauben Suchenden die Faszination der Gotteskunde unmittelbarer erkunden, wird der historisch kontingente und instrumentelle Charakter bestehender Kirchenstrukturen immer deutlicher hervortreten. Ein Insistieren auf deren Sakralität dürfte zunehmend die Glaubwürdigkeit der kirchlichen Botschaft selbst in Frage stellen. Nach meinem Eindruck gewinnt das Gottesbewusstsein seine Plausibilität heute weit stärker aus einer ‹negativen

---

132 Dazu zahlreiche Beiträge in: Franz-Xaver Kaufmann (Hg.): The Public Sector. Challenge for Coordination and Learning, Berlin und New York 1991.

Theologie›, welche Gott als den ‹ganz Anderen›, in unseren immanenten Erfahrungen nur bruchstückhaft oder indirekt Zugänglichen
erfährt.[133] Wenn der Christ der Zukunft nach dem Diktum von Karl
Rahner nur noch einer sein wird, der etwas von Gott ‹erfahren› hat,
so gewinnt das Erscheinungsbild der Kirche heute einen vieldeutig
ambivalenten Charakter, im Rahmen dessen die autokratisch-bürokratische Dimension zunehmend als Ärgernis empfunden wird.

Gegengift: Das subsidiäre Denken

Dagegen gibt es keine Patentrezepte, aber immerhin ein bewährtes,
auch von der Kirche anerkanntes und für den weltlichen Bereich seit
langem propagiertes Prinzip, nämlich das *Subsidiaritätsprinzip*. Ihm
zufolge sind Entscheidungskompetenzen zu delegieren, solange auf
niedrigeren Entscheidungsebenen die Fähigkeiten vorhanden sind,
die eigenen Probleme zu lösen. Das schließt ein Eingreifen höherer
Ebenen nicht aus, gestattet es aber nur als Ausnahme und in begründeten Fällen. Das Subsidiaritätsprinzip dreht die Beweislast um,
wie Oswald von Nell-Breuning treffend bemerkt hat.[134] Die höheren
Instanzen haben zu begründen, warum sie in die Kompetenzen der
niedrigeren Instanzen eingreifen, nicht die niedrigeren Instanzen haben die Berechtigung ihrer Wünsche zu begründen. Vieles was heute
in Rom kontrolliert und entschieden wird, könnte bei einer Aufwertung der nationalen Bischofskonferenzen als neue Mittelinstanzen
der Kirche im Regelfalle effektiver und in der Regel sachgerechter
entschieden werden.[135] Das schließt eine Aufhebung derartiger Entscheidungen in *begründeten* Ausnahmefällen durch die römischen
Zentralinstanzen nicht aus (z. B. im Falle politischen Drucks seitens einzelner Regierungen). Eine Selbstbegrenzung der praktischen
Entscheidungsbefugnisse des Papstes und erst recht seiner Kurie
würde den Jurisdiktionsprimat, also die höchste Kompetenz zur
Gesetzgebung, nicht in Frage stellen. Es würde sich vielmehr um
eine den komplexen Verhältnissen der heutigen Welt angemessenere
Form der Ausübung des Jurisdiktionsprimats handeln.

133 Hierzu Thomas Rentsch: Negativität und praktische Vernunft, Frankfurt a. M. 2000.
134 Oswald von Nell-Breuning: Solidarität und Subsidiarität im Raum von Sozialpolitik und Sozialreform, in: Erik Boettcher (Hg.): Sozialpolitik und Sozialreform, Tübingen 1957, S. 225.
135 Vgl. Hubert Müller u. a. (Hg.): Die Bischofskonferenz. Theologischer und juridischer Status,
Düsseldorf 1989.

Alle Großorganisationen haben heute mit dem Problem der wachsenden Heterogenität und Komplexität ihrer Umwelt zu kämpfen. Auch die katholische Kirche bleibt davon nicht ausgenommen. Organisationstheoretiker empfehlen in dieser Situation die interne Differenzierung von Organisationen im Hinblick auf bestimmte Umweltsegmente und die Dezentralisierung der Entscheidungsbefugnisse, um möglichst zweckmäßiges Handeln ‹vor Ort› zu ermöglichen. Eben dies ist auch der Sinn des Subsidiaritätsprinzips, das jedoch darüber hinaus auch einen ontologischen Primat des jeweils kleinsten Lebenskreises postuliert. Warum soll dies allein in der Kirche nicht gelten?

X. ENTWICKLUNG UND DILEMMATA DER PÄPSTLICHEN KURIE

Das hat gerade noch gefehlt: Ein «Kommunikationsstratege» in Diensten des Papstes soll dem in Italien weitverbreiteten Eindruck entgegenwirken, der Papst habe den Vatikan nicht mehr im Griff.[136] Ein Spezialist für die Erhaltung der vatikanischen Geheimniskrämerei also. Dass der Auserwählte dem Opus Dei und nicht den Legionären Christi zugehört, ist immerhin eine erfreuliche Nachricht; die Mitglieder des Opus sind überwiegend seriöse und tüchtige Leute. Beide Bewegungen haben ihre Protektoren im Vatikan und streben nach mehr Einfluss. Manche wünschen sich die früher einflussreichen Jesuiten zurück, deren Generaloberer gelegentlich als «schwarzer Papst» bezeichnet wurde. Der Vatikan ist ein Mikrokosmos, in dem seit jeher nicht nur um den Glauben und das Heil der Menschen gerungen wird, sondern auch um Macht, Einfluss und Geld.

Immerhin ist der Eindruck richtig, dass der Papst den Vatikan nicht im Griff hat. Das gilt aber nicht nur für Benedikt XVI., sondern auch für viele seiner Vorgänger. Der letzte Papst, der es mit den römischen Behörden aufnahm, war Paul VI. (1963–1978). Aber auch ihm gelang nur eine halbherzige Kurienreform. Sein Nachfolger Johannes Paul I. starb wenige Wochen nach seiner Wahl; manche machen Spannungen zwischen ihm und den Spitzen der Kurie für den schnellen Tod mitverantwortlich.

Papst Johannes Paul II. (1978–2005) hat im Jahr 1988 in der Apostolischen Konstitution *Pastor bonus* im Wesentlichen den Status quo der Kurienorganisation sowie die Beziehungen der residierenden Bischöfe zu Rom präzisiert. Ansonsten besetzte er die wichtigsten «Dikasterien», wie die für die Weltkirche verantwortlichen Behörden der römischen Kurie genannt werden, mit Kardinälen seines Vertrauens, um dann den Glauben auf Reisen in die ganze Welt zu verkünden. Benedikt XVI., der im April 2005 zum Papst gewählt wurde, hatte der Kurie als Präfekt der Kongregation für die Glaubenslehre seit

---

136 2012 hatte der Vatikan den US-amerikanischen Journalisten Greg Burke, der zuvor für den Nachrichtensender *Fox News* aus Rom berichtete, zum Kommunikationsberater im vatikanischen Staatssekretariat ernannt.

dem Jahr 1982 angehört. Er übernahm die Kurie in einem Zustand, den man wohlwollend als schlecht koordiniert, weniger wohlwollend als teilweise korrumpiert bezeichnen kann. Es bleibt abzuwarten, inwieweit ihm im Kampf mit der Hydra Erfolg beschieden sein wird. Überblickt man die Reihe der Päpste seit dem I. Vatikanischen Konzil (1869/70), so beeindrucken die persönlichen Qualitäten dieser Kirchenführer, wie auch immer man zu einzelnen ihrer Entscheidungen stehen mag. Jeder hat auf seine Weise das Ansehen der Kirche erhöht. Dieses Ansehen war im 19. Jahrhundert alles andere als unumstritten, galt doch der Kirchenstaat als einer der korruptesten und am schlechtesten regierten Staaten Europas. Heute sind die Verwaltung des Vatikanstaats und diejenige der Universalkirche getrennt. Auch bei letzterer kommt es nicht nur auf die Päpste an, sondern ebenso auf die Besetzung und Leitung der römischen Kurie. Dieser Einfluss wird weithin unterschätzt.

Offenkundig wurde dies anlässlich des II. Vatikanischen Konzils, dessen Vorbereitung ganz in den Händen der Granden der Kurie lag. Als in der ersten Generalkongregation im Herbst 1962 die fast 3000 Konzilsväter aus der ganzen Welt unter Berufung auf eine vom I. Vatikanum übernommene Verfahrensordnung genötigt werden sollten, ohne Aussprache die Mitglieder der Konzilskommissionen zu bestimmen, hielten unter wachsendem Beifall der Konzilsväter führende Kardinäle der Weltkirche entgegen, allen voran der greise Kölner Kardinal Josef Frings. Sie verlangten, dass zunächst Vorschläge der nationalen Bischofskonferenzen eingeholt werden sollten, was zum Abbruch der Sitzung führte. Das war der Anfang einer Emanzipation des Konzils von der Kurie, die nur dank der Unterstützung durch Papst Johannes XXIII. gelingen konnte. Vor allem bei den Beratungen über die Bedeutung des Bischofskollegiums und über das Dekret über die Hirtenaufgabe der Bischöfe (*Christus Dominus*) traten dann die Gegensätze zwischen Kurienepiskopat und Weltepiskopat deutlich zutage.

Auf dem Konzil wurde die Forderung nach einer Bischofssynode laut, wie sie die Verfassung der mit Rom verbundenen («unierten») Ostkirchen kennt. Sie sollte eine Art oberster Exekutivrat der Weltkirche werden und ein Aufsichtsrecht über die Abteilungen der römischen Kurie erhalten.

In einem geschickten Schachzug ordnete Papst Paul VI. vor einer Beschlussfassung des Konzils über diese Frage an, eine römische Bischofssynode mit wesentlich geringeren Kompetenzen einzurichten. In der Praxis haben sich die alle vier Jahre zusammentretenden und wie alle vatikanischen Gremien unter Ausschluss der Öffentlichkeit tagenden Bischofssynoden weniger zu einem kollegialen Beratungsorgan des Papstes entwickelt als zu einem Instrument der Motivation des Weltklerus im Sinne der römischen Vorstellungen.

Größeren Einfluss haben unter Johannes Paul II. wieder die Kardinäle erlangt, für deren Zusammentreten das aktuelle kirchliche Gesetzbuch, der *Codex Iuris Canonici* von 1983 (CIC), drei verschiedene Formen kennt. Für die üblichste Form des «ordentlichen Konsistoriums» brauchen nicht alle Kardinäle eingeladen zu werden, zum mindesten aber die in Rom ansässigen. Daraus ergibt sich hier unschwer ein Übergewicht der Kurienkardinäle.

Folgt man den Lehren des II. Vatikanischen Konzils, so ist das Verhältnis zwischen Papst und Bischöfen dem Verhältnis von Petrus zu den übrigen Aposteln nachgebildet. Gerne wird in diesem Zusammenhang auf die als erstes Konzil verstandene Zusammenkunft der Apostel in Jerusalem verwiesen. Im Hinblick auf diese hat sich der Apostel Paulus gerühmt, dem Petrus «ins Angesicht widerstanden» zu haben. Die heutige Praxis sieht allerdings anders aus: Nicht die Leiter der Diözesen in der ganzen Welt haben in der Kirche das Sagen, sondern die in Rom residierenden Kurienbischöfe als fiktive Leiter längst untergegangener Diözesen der Antike – zwar immer im Schatten und formal im Auftrag des Papstes, aber keineswegs nach allgemeingültigen Regeln.

Maßgeblich ist vielmehr die Verantwortung der einzelnen Dikasterien. An deren Spitze steht das Staatssekretariat, hinzu kommen neun Kongregationen und zwölf Räte, beide in etwa Ministerien unterschiedlicher Wichtigkeit vergleichbar, drei Gerichtshöfe und weitere Sekretariate oder Büros. In der Regel werden die Dikasterien von einem Kardinal geleitet. Ihm steht ein aus kurialen und außerrömischen Kardinälen und Bischöfen zusammengesetzter Rat zur Seite, welcher aber nur selten und unter geringer internationaler Beteiligung tagt. Dem Vorsitzenden stehen ein Sekretär, meist im Bischofsrang, und ein Untersekretär zur Seite, die das ausführende Personal dirigieren. Hier werden die Eingaben aus der Weltkirche bearbeitet und die Entscheidungen des Papstes vorbereitet.

Die Bischöfe der Weltkirche kommen – in der Regel in nationalen Gruppen, aber nicht selten auch einzeln – periodisch nach Rom, legen Rechenschaft ab und tragen ihre Anliegen vor. Sie werden während dieser sogenannten *Ad-limina*-Besuche in der Regel vom Papst empfangen. In der Praxis wichtiger sind aber die Besuche bei den für die jeweils aktuellen Probleme zuständigen Dikasterien. Hier erscheinen sie weit eher als Bittsteller denn als Mitbrüder.

Die Zuständigkeiten sind allerdings nicht selten zwischen verschiedenen Dikasterien umstritten; überlappende Kompetenzen sind häufig. Man sollte sich die Kurie nicht wie eine moderne Ministerialverwaltung vorstellen, deren Minister in der Form eines von der Bundeskanzlerin oder dem Ministerpräsidenten geleiteten Kabinetts zusammenarbeiten. Vieles erinnert immer noch an die Organisation eines Hofstaates, in dem es «Erbhöfe» einzelner Seilschaften gibt und persönliche Beziehungen wichtiger sind als sachbezogene Regeln. Jedes Dikasterium führt ein Eigenleben, und für die Koordination dieser Eigenleben im Sinne eines weltkirchlichen Auftrags fehlt es an Regeln und Institutionen.[137]

Formell läuft alles auf den Papst als einzigen Regenten der Kirche zu, aber dieser wäre mit solcher Koordination im Regelfall überfordert. Seine Position ist eher mit derjenigen eines Bundespräsidenten als mit der eines Bundeskanzlers zu vergleichen; allerdings mit der gewichtigen Ausnahme, dass er jederzeit eine beliebige Angelegenheit an sich ziehen und selbst entscheiden kann – wenn er denn kann! Dieses Können hat vielfältige Grenzen, manchmal auch solche der Information, wie einige unglückliche Bischofsernennungen durch Papst Johannes Paul II. nahelegen.

Wenn es so etwas wie eine faktische Regierung im Vatikan gibt, so ist sie im Staatssekretariat zu suchen. Ursprünglich war diese Behörde eher eine Art Außenministerium, das durch seine Nuntien (Diplomaten) die Kontakte mit den Staaten pflegt. Die Nuntien berichten aber auch über die Verhältnisse in den Kirchen am Ort und üben oft erheblichen Einfluss auf die Ernennungen von Bischöfen aus. Die Stellung der nationalen Bischofskonferenzen ist meist schwächer als diejenige der Nuntien, die dem Vatikan berichten.

Heute ist das Staatssekretariat in zwei Abteilungen gegliedert, wobei die sogenannte Erste Abteilung unter der Leitung des «Sub-

---

137 Anmerkung 2022: Vor kurzem hat Papst Franziskus eine erneute Kurienreform angeordnet, die dieser Problematik zu Leibe rücken will: Praedicate Evangelium. Apostolische Konstitution über die römische Kurie und ihren Dienst für die Kirche in der Welt. Das Dokument ist zugänglich auf: https://www.vatican.va/content/francesco/de/apost_constitutions/documents/20220319-costituzione-ap-praedicate-evangelium.html (Abruf am 30. 8. 2022).

stituten» – nach Papst und Leiter des Staatssekretariats der drittwichtigste Mann im Vatikan – für die internen Belange des Regierens und damit auch für die Koordination der Dikasterien zuständig ist. Der Zweiten Abteilung obliegt die Verantwortung für die äußeren Beziehungen. Der Substitut ist neben dem Privatsekretär des Papstes dessen nächster Mitarbeiter. Beiden kommt auch eine erhebliche Rolle als «Pförtner» zu, wobei nicht selten Rivalitätsverhältnisse entstehen. Man muss sich das plastisch vorstellen: Der einzige Mensch in der katholischen Kirche, dem alle Kompetenzen zustehen und in dessen Namen alles geschieht, was in der Kirche verbindlich ist, wird im Wesentlichen durch zwei Personen von seiner Umwelt abgeschirmt oder mit ihr verbunden. Über einen amerikanischen Substituten unter Johannes Paul II. berichtete der Verfasser des Standardwerks «Im Inneren des Vatikans», der Jesuit Thomas J. Reese, vor Jahren: «Er hatte den Papst mit der Realität beunruhigt. Sie wollten jemanden, der ihn mit Problemen verschone. Deshalb schoben sie ihn nach dreizehn Monaten ab.»

Es bedürfte nahezu übermenschlicher Kräfte sowie sehr loyaler engster Mitarbeiter, dazu eines hohen Maßes an Teamfähigkeit und der Unterstützung aus der Weltkirche, wenn ein Papst eine wirkliche Reform der Kurie in Angriff nehmen wollte, beispielsweise nach den Grundsätzen guter Regierungsführung (*good governance*). Reese schlug als ersten Schritt vor, von der erst in jüngerer Zeit eingerissenen Übung Abstand zu nehmen, alle höheren Funktionsträger in der Kurie zu Bischöfen oder gar Kardinalbischöfen zu machen. Diese Titel sollten den Verantwortlichen in der Weltkirche vorbehalten sein, wodurch der Rang der Kurienbeamten in der kirchlichen Hierarchie reduziert würde. Der Vorschlag hat insofern auch kirchenpolitisches Gewicht, als bei der Wahl eines Papstes eine Sperrminorität von einem Drittel der Kurienkardinäle ausreichte, um Kandidaten auszuschalten, die der Kurie womöglich gefährlich werden könnten.

Die monokratische Regierung des Papstes über die Weltkirche hat sich erst seit der definitiven Kirchentrennung von Rom und Byzanz im II. Jahrhundert und dann sehr allmählich entwickelt. Die Bewegung, welche zu den Dogmen der Unfehlbarkeit in Glaubensfragen und des Jurisdiktionsprimats auf dem I. Vatikanum führte, entstand erst im 19. Jahrhundert, und zwar im Zuge der Entstehung des Katholizismus als einer eigenständigen sozialen Formation.[138]

138 Vgl. hierzu: Römischer Zentralismus: Entstehung – Erfolg – Gefahren (Text IX).

Bis zur Französischen Revolution und zu den napoleonischen Enteignungen des Kirchenguts blieben die höheren kirchlichen Ämter weitestgehend in der Hand des Adels und damit unter dem Einfluss der jeweiligen regionalen Mächte beziehungsweise der entstehenden Nationalstaaten. Dem Papst kam außerhalb seines unmittelbaren Herrschaftsbereichs im Kirchenstaat im Wesentlichen nur eine geistliche Autorität und diplomatischer Einfluss zu. Auch diese waren im 18. Jahrhundert auf einem Tiefpunkt angelangt.

Nach der Enteignung der Kirchengüter und damit auch der weltlichen Herrschaftsbasis der Kirche wurde eine grundlegende Neuorientierung notwendig. Eine größere innerkirchliche Autonomie widersprach nun nicht mehr der Staatsräson, und so gelang es dem Vatikan dank einer klugen Vertragspolitik mit den Staaten, in Konkordaten das Recht der Bischofsauswahl weitgehend an sich zu ziehen. Die Ernennung von Bischöfen wurde zur strategischen Grundlage der kirchlichen Erneuerung. Zugleich förderte der minderheitliche Status der Katholiken in protestantisch oder laizistisch regierten Staaten ein Wiederaufleben der Volksfrömmigkeit. Die Orientierung an der Schultheologie («Scholastik») des Hochmittelalters, die zunehmende Qualifizierung des Klerus, die Nutzung der bürgerlichen Freiheiten zur Selbstorganisation der Katholiken, die Entstehung religiöser Orden und Kongregationen und die Entstehung der Weltmission – all dies wirkte zusammen, um der katholischen Kirche nach einem ziemlich lauen 18. Jahrhundert neue Kraft zu geben. Jetzt erst entstand der Katholizismus als eine im Volk verankerte soziale Konfiguration, der in den Dogmen der Unfehlbarkeit und des Jurisdiktionsprimats des Papstes eine Bestätigung seiner Sonderstellung erfuhr. Eine bis dahin nie dagewesene Sakralisierung und Verehrung des Papstes war die Frucht dieses Prozesses.

Das Papsttum sah sich nun in Konkurrenz zu den entstehenden Nationalstaaten und beanspruchte eine vergleichbare Souveränität über seine Gläubigen wie der Staat über seine Bürger – allerdings auf dem Niveau des absolutistischen Staates, der im 19. Jahrhundert allmählich durch Bewegungen hin zu Rechtsstaatlichkeit, Wirtschaftsfreiheit und Demokratie überwunden wurde.

Im Zeitalter der Ideologien, das von der Französischen Revolution bis zum Zweiten Weltkrieg dauerte, war der ausschließliche Wahrheitsanspruch der katholischen Kirche für die Gläubigen durchaus plausibel: Nationalismus und Weltanschauungskämpfe beherrschten die Politik, und in diesen Auseinandersetzungen machte der Katholizismus keine schlechte Figur. Katholische Parteien wurden in vielen Ländern zu tragenden politischen Akteuren. Nach innen stärkte die Homogenität nicht nur des Ritus und des Glaubens, sondern auch einer weiter ausgreifenden, naturrechtlich begründeten Weltanschauung die Solidarität der Katholiken. Soziale und regionale Unterschiede und Interessen erschienen dagegen als zweitrangig.

Diese Konstellation löste sich nach dem Zweiten Weltkrieg in dem Maße auf, wie die Modernisierung zur prägenden Kraft des gesellschaftlichen Lebens wurde. Die antimodernistische päpstliche Lehre verlor ihre Plausibilität auch für die Katholiken in dem Maße, wie sie mit dem Glauben anderer christlicher Konfessionen und den Errungenschaften von Aufklärung und Liberalismus konfrontiert wurden. Neue theologische Aufbrüche wurden gewagt und stießen auf die doktrinale Rigidität Pius' XII., der sie vor allem in der Enzyklika *Humani generis* (1950) verurteilte. Katholiken sprachen nun selbst vom «katholischen Ghetto», und so wirkte die Ankündigung des II. Vatikanischen Konzils durch Johannes XXIII. im Herbst 1957 für viele als Befreiung.

Der Verlauf des Konzils und seine inhaltlichen Ergebnisse dokumentieren eine beeindruckende Fähigkeit der Kirche, sich im Horizont der Moderne selbst zu reformieren. Das gilt insbesondere für die Öffnung zur Ökumene, für die Anerkennung der Religionsfreiheit, der relativen Autonomie gesellschaftlicher Sachbereiche und der Menschenrechte. Die Rolle der Laien wurde aufgewertet und ihnen ein gemeinsames Priestertum zugesprochen, das elementarer ist als das Amtspriestertum. Besonders gerungen wurde um das Verhältnis von Gemeinschaft und Hierarchie im Selbstverständnis der Kirche, wobei durch päpstliche Interventionen das hierarchische Moment gestärkt wurde.

Unter römischem Zentralismus sei die weitgehende Konzentration alltäglicher und grundsätzlicher kirchlicher Entscheidungsbefugnisse im Bereich der römischen Kurie verstanden.[139] Sie hat sich erst im Lauf des 19. und 20. Jahrhunderts entwickelt, und dagegen wollten viele Bischöfe auf dem Konzil angehen. Aber nach dem Ende des II. Vatikanums und insbesondere seit dem Pontifikat Johannes Pauls II. hat sich der ungebrochene Einfluss der römischen Kurie weiter verstärkt.

139 Ausführlicher dazu: Römischer Zentralismus: Entstehung – Erfolg – Gefahren (Text IX).

So ist beispielsweise das Konzil im CIC von 1983 nicht mehr als eigenständiges Institut neben dem Papst erwähnt, sondern einbezogen in die hierarchische Gemeinschaft (*communio hierarchica*) des Bischofskollegiums. Dem Papst steht nicht nur die Kompetenzkompetenz im Sinne des Jurisdiktionsprimats zu, sondern auch eine allgemeine Kompetenz, der zufolge er sämtliche in der Kirche getroffenen Entscheidungen aufheben kann. Grundsätzlich gilt das auch für Entscheidungen in der Kurie. Doch existiert hier die wechselseitige Abhängigkeit, welche Hegel als das Verhältnis von Herrn und Knecht beschrieben hat. Die Kurie versteht sich als Zentrum der Kirche, die Diözesen der Welt sind die Peripherie. Gegen Entscheidungen des Zentrums gibt es keinerlei Rechtsmittel. Der Gehorsamsanspruch Roms kommt sehr klar in dem Treueid zum Ausdruck, den jeder Bischof vor Antritt seines Amtes schwören muss: «Zu den festgesetzten Zeiten und gelegentlich werde ich dem Apostolischen Stuhl [= Papst und Kurie] über die eigene Amtsführung Rechenschaft ablegen und dessen Aufträge oder Ratschläge gehorsam annehmen und sie eifrigst ausführen.»[140]

Ein weiteres zentralisierendes Moment ergibt sich aus den technischen Fortschritten, welche es gestatten, immer größere Datenmengen zu erzeugen, zu transportieren und zentral zu verwalten. Allerdings führt dies leicht zu einer Überflutung der Zentrale mit Daten und Entscheidungsanforderungen. Dieser Faktor wirkt sich auch in profanen Organisationen in einem zentralisierenden Sinne aus, doch wird dem dort durch Spezialisierung und Delegation von Kompetenzen entgegengearbeitet. Im Vatikan deutet nichts in diese Richtung.

Angesichts der Beschränktheit menschlicher Urteilsfähigkeit ist die im absolutistischen Zeitalter im säkularen Bereich verbreitete Autokratie längst durch das Prinzip der Gewaltenteilung beziehungsweise durch ein System wechselseitiger Kontrollen ersetzt worden. Wenn die römische Kirche immer noch auf derartige institutionelle *Checks and Balances* zur Kompensation menschlicher Irrtumsanfälligkeit glaubt verzichten zu können, so kommt darin wohl ein sakrales Selbstbewusstsein zum Ausdruck.

Der Papst trägt nach wie vor den Titel eines «Stellvertreters Christi», den als erster der mächtige Papst Innozenz III. (1198–1216)

---

140 Gemäß can. 380 CIC müssen die Bischöfe vor ihrem Amtsantritt einen Treueid ablegen. Die seit dem 1. Juli 1987 geltende Formel ist abgedruckt in: Archiv für katholisches Kirchenrecht 137 (1988), S. 378 f.

beansprucht hat. Die Kurie scheint sich des Beistandes des Heiligen Geistes besonders sicher zu sein, doch vermag ein solcher Glaube immer weniger zu überzeugen, und er demontiert in der Praxis von Fehleinschätzungen und Fehlentscheidungen sich selbst. Auch die römische Kirche ist mit der wachsenden Komplexität und Undurchschaubarkeit der Welt in ähnlicher Weise konfrontiert wie alle anderen modernen Einrichtungen auch. Als weltweit agierende Institution ist sie mit einer besonders breiten Heterogenität der politischen und sozialen Verhältnisse konfrontiert, so dass sie damit rechnen muss, dass einheitliche Regeln und Maßnahmen vor Ort höchst unterschiedliche Wirkungen entfalten können. Und in dem Maße, wie regionale oder lokale Kirchen ein eigenes Selbstbewusstsein und damit verbundene Aktivitäten entfalten, dürfte deren Reglementierung ohne nähere Kenntnis der lokalen Umstände zunehmend demotivierend wirken.

Derzeit kann man etwa in Deutschland eine zunehmende «innere Emigration» des Klerus beobachten. Auch die Attraktivität des Priestertums scheint auf einen Tiefpunkt gesunken zu sein. Viele Bischöfe sehen sich in einem Konflikt zwischen plausiblen Anfragen und Forderungen ihrer Gläubigen und den Maßgaben Roms. Manche haben Angst vor Maßregelungen. Das alles fördert nicht die Motivation zur Verkündigung der christlichen Frohbotschaft. Die Auseinandersetzung um die katholische Schwangerschaftsberatung in Deutschland und erst recht die jüngste Diskussion über sexuellen Missbrauch haben zu einem weiteren Legitimitätsverlust der römischen Kirchenleitung in Deutschland geführt.

Solche Beobachtungen überraschen den Soziologen nicht. Das Personal von Organisationen orientiert sich bei der Erledigung von Aufgaben stärker an den internen als den externen Verhältnissen. Letztere erscheinen als Organisationsumwelt diffus, unbeherrschbar und daher grundsätzlich als Störfaktor. Aus einer übergeordneten Perspektive wird die Existenz derartiger Organisationen jedoch mit ihren Leistungen für bestimmte Umwelten legitimiert. Es ist also ihre Aufgabe, sich «stören» zu lassen, und ihre Wirksamkeit ist davon abhängig, dass sie nachdrücklich genug gestört und auf die Bedürfnisse derjenigen hingewiesen werden, um derentwillen sie da sind.

Im Zuge der Entwicklung des säkularen Staates wurden deshalb vielfältige Methoden und Instanzen zusätzlich zu der internen Verwaltungskontrolle geschaffen: parlamentarische Verwaltungskontrollen, Verwaltungsgerichtsbarkeit, Rechnungshöfe, Ombudsleute, Audits und Evaluationen und nicht zuletzt die Kontrolle durch die Öffentlichkeit, welche auch von einzelnen Betroffenen mobilisiert werden kann. Wenn der öffentliche Sektor in entwickelten Staaten einigermaßen zufriedenstellend funktioniert, so ist dies auf diese Vielfalt von untereinander kaum systematisch koordinierten Kontrollen zurückzuführen. In ihrer Gesamtheit stellen sie eine Art Resonanzraum für Verwaltungsfehler dar.

Was nun die römische Kurie betrifft, so scheint man dies alles für überflüssig zu halten. Praktisch gibt es weder verbindliche interne Regeln noch externe Verwaltungskontrollen, und die offiziell wie auch informell eingeforderte Geheimhaltung aller wichtigen Vorgänge lässt auch eine Mobilisierung von Öffentlichkeit nur als subversive, um nicht zu sagen revolutionäre Handlung zu. Es ist aber sowohl der Effizienz und Wirksamkeit als auch den seelsorglichen Zielsetzungen der Kirche abträglich, wenn sich die Hilfsorgane des Papstes unter Berufung auf dessen Autorität gegen jede Außenkontrolle immunisieren.

In dem Maße, wie die sakrale Aura des Papsttums schwindet, tritt der institutionelle Charakter der Kirche stärker ins Bewusstsein, und dieser widerspricht in vielerlei Hinsicht allgemein anerkannten sozialethischen Grundsätzen wie der Rechtsstaatlichkeit, der Subsidiarität und der Verwaltungskontrolle. Die größte Religionsgemeinschaft der Welt wird von einem kleinen Kreis alter Männer regiert, die sich jeder menschlichen Verantwortung im Namen Gottes entziehen und von den Bischöfen, Priestern und Gläubigen der Weltkirche unbedingten Gehorsam für ihre Entscheidungen einfordern, ohne Rücksicht auf deren Plausibilität am Ort. Das stellt die Glaubwürdigkeit der kirchlichen Botschaft selbst mehr und mehr in Frage.

XI. ZUR SOZIOLOGIE DER SÜNDE: VOM UMGANG MIT SCHULD IN DER KIRCHE

Die soziologische Sichtweise auf Sünde fragt nach den sozialen Wirkungen, welche durch das Deutungsmuster ‹Sünde› in konkreten historischen Kontexten ausgelöst werden.[141] Sie betrachtet demzufolge das Deutungsmuster einerseits im Zusammenhang seiner kirchlichen Entstehung und Veränderung, andererseits in seinen Wirkungen auf die Gläubigen und auf ‹außerkirchliche› Zusammenhänge. Der katholische Soziologe begibt sich damit auf ein schwieriges Feld, dessen Abgrenzung bereits umstritten ist: Was heißt ‹Kirche›, und wie ist ihr Gegenüber aufzufassen, von dem her die Soziologie Kirche beobachtet? Was für die Kirche ‹Wahrheit› bedeutet, ist dem Soziologen ‹Selbstbeschreibung›. Die Soziologie steht notwendigerweise im Horizont der Aufklärung und der von ihr ausgelösten Reflexionsschübe. Maßgebliche Kräfte in der katholischen Kirche glauben nach wie vor an die Vermittelbarkeit von Glaube und Vernunft. Die Soziologie lenkt das Augenmerk auf die Spannungen zwischen Selbstverständnissen und Fremdverständnissen als Elementen dieses Vermittlungsprozesses.

‹Sünde› ist ein Wort der Kirchensprache. Hier hat es seine zentrale Bedeutung als Verfehlung gegen göttliche Gebote erhalten. Zwar strahlt seine Bedeutung in säkularisierter Form aus, bis hin zur «süßen Sünde» der Werbesprache, aber es gibt keine ernst zu nehmenden Bedeutungen außerhalb der christlichen Tradition. Der sprachgeschichtliche Befund zeigt, dass erst das Neue Testament mit der Wortgruppe *hamartia* (Verfehlung, Sünde) und *hamartanein* (sündigen) eine vereinheitlichende Terminologie eingeführt hat, so dass der zu verhandelnde Sachverhalt deutlicher hervortritt.[142] Historisch

---

141 Der Text ist eine gekürzte Fassung von Kapitel 7 «Vom Umgang mit Sünde in der Kirche» meines Buches «Kirche in der ambivalenten Moderne», Freiburg 2012. – Für Rat und hilfreiche Unterstützung bei der Beschaffung von Materialien danke ich dem Moraltheologen Stephan Goertz (Mainz) und dem Kanonisten Norbert Lüdecke (Bonn). Die Verantwortung für den Text liegt ausschließlich bei mir.

142 Vgl. Art. «Schuld» und «Sünde» in: Lexikon für Theologie und Kirche, 3. Aufl., hg. von Walter Kasper u. a., Freiburg i. Br., Sonderausgabe 2006, Bd. 9, S. 276–286 (insb. S. 279 f.) bzw. S. 1117–1131 (insb. S. 1119 f.). Nach Karl-Josef Klär: Das kirchliche Bußinstitut von den Anfängen bis

greifbar wird er vor allem im Umgang der christlichen Gemeinden und später der Kirche mit dem als Sünder qualifizierten Menschen, also in den Formen der Buße und ihrer Begründung.

Die Konzeption des uns heute bekannten Bußsakraments beruht auf Voraussetzungen aus älteren Entwicklungen, die selektiv aufgenommen oder zurückgewiesen wurden. Hiervon muss zunächst die Rede sein. Im Zentrum stehen sodann die mit dem 12. Jahrhundert einsetzenden Entwicklungen, welche zu dem bis heute vorherrschenden Konzept von Sünde und Sündenvergebung geführt haben. Die Vorstellungen über die Sünde und insbesondere den Sünder sind von kontextuellen Vorstellungen über das Verhältnis von Gott und Mensch und weiteren, eher pragmatischen Vorstellungen abhängig, auf die ebenfalls verwiesen wird. Abschließend ist auf die spezifischen Konflikte hinzuweisen, in die eine Sündentheorie und Bußpraxis geraten ist, welche ihre frühneuzeitlichen, d. h. in barocken Vorstellungen von Herrschaft und Gehorsam und in rationalistischen Vorstellungen von Kasuistik und Mathematik verwurzelten Elemente nicht wirklich reflektiert und so in Widerspruch zu den moralischen Intuitionen einer freiheitlichen Gesellschaft gerät.

1. Sünde als zwischenmenschliche und öffentliche Angelegenheit in den frühen christlichen Gemeinden

Es fällt uns heute schwer, sich in den hohen Grad an Emotionalität und Leidenschaftlichkeit einzufühlen, welche das zwischenmenschliche Leben in früheren Zeiten prägten, zwar nicht im Alltag, aber in Ausnahmesituationen, die jederzeit aufbrechen konnten. Erst mit der Sozialdisziplinierung im Zuge der Entstehung der Neuzeit wuchs allmählich die Selbstkontrolle, und gleichzeitig haben sich die sozialen Beziehungen versachlicht.[143] Solche Emotionalität hat auch den Umgang der frühen Christen miteinander ausgezeichnet; sie wurde im Lichte der Botschaft Jesu geprägt und oft charismatisch

zum Konzil von Trient, Frankfurt a. M. 1991, S. 25, verwendet bereits die Septuaginta *hamartia* als vereinheitlichende Übersetzung unterschiedlicher hebräischer Begriffe.

143 Norbert Elias war der erste, der in seinen Werken «Der Prozess der Zivilisation» (Frankfurt a. M. ⁹1983) und «Die höfische Gesellschaft» (Neuwied ³1977) der Entstehung dieses «gesellschaftlichen Zwangs zum Selbstzwang» nachgegangen ist. Vgl. auch Albert O. Hirschman: Leidenschaften und Interessen, Begründungen des Kapitalismus vor seinem Sieg, Frankfurt a. M. 1980. Allerdings beginnt die ‹Sozialdisziplinierung› bereits mit der Begründung und Ausgestaltung der Individualbeichte, wie zu zeigen sein wird.

überhöht. Jesu Lehre ging es um eine grundlegende Veränderung der Lebensweise, um eine Abkehr von der Sündhaftigkeit und die Suche nach Vollkommenheit. «Christlich galt für die Lebensführung nur eine einzige und ausschließliche Instanz: der persönlich begegnende Gott, und das begründete den personalen Charakter auch der Ethik. Konkret war es die Nachfolge Jesu, die als sittliche Norm an die Stelle gesetzlicher Einzelvorschriften trat.»[144] Die frühchristlichen Gemeinden betrachteten es deshalb als ihre Aufgabe, die Sündhaftigkeit des einzelnen Menschen (nicht die einzelne Tat) durch wechselseitige Bekenntnisse zu überwinden. «Bei diesem nicht-amtlichen Bußverfahren geht es nicht um einen Richterspruch, sondern um einen Versöhnungsdialog.»[145]

Die erste reichsweite Christenverfolgung unter dem Kaiser Decius (249–251) rückte die Frage des Umgangs der Gemeinden mit den Apostaten ins Zentrum, wobei sich die Auffassungen derer gegenüber standen, die «den Ernst der in der Taufe getroffenen Glaubensentscheidung auch in ethischem Handeln zum Ausdruck gebracht sehen wollten und daher für eine rigorose Verfahrensweise mit Sündern votierten, die anderen an die grenzenlose Vergebungsbereitschaft Gottes erinnerten und sich für eine milde Bußpraxis aussprachen»[146]. Die Erklärung des Christentums zur *religio licita* im Edikt von Mailand des Kaisers Konstantin (313) und der darauffolgende Zustrom der Menschen zur Taufe führte zu einer Veralltäglichung des Christentums im Römerreich. Die von tiefen Überzeugungen und charismatischen Erfahrungen geprägten Impulse der eng durch ihren minderheitlichen Glauben zusammen gehaltenen frühchristlichen Gemeinden und ihre regionalen Netzwerke mutierten zu einer reichsweiten Kirche, für deren Zusammenhalt zunächst vor allem der Kaiser durch die von ihm einberufenen und geleiteten Konzilien sorgte. Die rigorose Forderung einer nur einmal im Leben möglichen öffentlichen Buße und Sündenvergebung verlor in diesem Kontext ihren ursprünglichen Sinn als Wiederversöhnung mit der Gemeinde und wurde zunehmend ins Vorfeld des Lebensendes verschoben, also für die individuelle Erlangung des ‹ewigen Lebens› instrumentalisiert. Noch Augustinus sprach sich für die Einmaligkeit christlicher Buße aus, doch verlor der alte öffentliche Bußritus in der Spätantike zunehmend an Bedeutung.

144 Arnold Angenendt: Geschichte der Religiosität im Mittelalter, Darmstadt ²2000, S. 616.
145 Klär, Das kirchliche Bußinstitut, S. 59.
146 Art. «Bußsakrament», in: LThK, Bd. 2, S. 845–856, Zitat S. 846.

Die alte Christenheit lebte und dachte selbstverständlich in der *koine*, dem in nahezu dem ganzen römischen Reich und darüber hinaus verbreiteten hellenistischen Griechisch, welches als *lingua franca* fungierte. Die bedeutenden Konzilien der alten Christenheit fanden im byzantinischen Teil des Reiches statt. Das Christentum hat seine ursprüngliche Denkform weder im Aramäischen, der mutmaßlichen Sprache Jesu, noch im Lateinischen, der Sprache des Okzidents, gefunden, sondern im Gemeingriechischen, das bis zur Mitte des 6. Jahrhunderts dominierte.

Eine Ausnahme bildete das Christentum in Nordafrika, wo das Lateinische Verkehrssprache war. Von dort stammten Tertullian und Augustinus, welche nachhaltig das westliche Sünden- und Bußverständnis geprägt haben. Tertullian (ca. 160–220) gilt als Hauptvertreter eines rigoristischen Christentums, das verbreitete Praktiken des Umgangs mit Sündern als Laxheit geißelte. Seine bis ins 6. Jahrhundert viel gelesenen, aber dann päpstlicherseits indizierten Schriften hatten maßgeblichen Einfluss auf die lateinische Bußpraxis im Sinne der einmaligen öffentlichen Buße. Bleibend beeinflusst hat Tertullian die lateinische Kirchenentwicklung durch seine stark rechtlich geprägte Argumentationsweise hinsichtlich der Kirchenordnung. Diese rechtsförmige Betrachtungsweise von Glaubenssachverhalten prägte in der Folge auch die abendländische Auffassung von Sünde und Buße.

Kulturell wurden Sündenauffassung und darauf aufbauend die Praxis von Beichte und Buße wesentlich durch die *pessimistische Anthropologie des Augustinus* (354–430) legitimiert. Auf ihn geht die Lehre von der Erbsünde zurück. Das grundlegende Element der Erbsündenlehre, nämlich die Erlösungs- und Heilsbedürftigkeit des Menschen, ist eine gemeinchristliche Vorstellung, welche unmittelbar an den Kreuzestod Jesu Christi und dessen Heilssinn anknüpft. In der Ostkirche wird diese Botschaft jedoch anders, und in ihren Konsequenzen weit Hoffnung spendender ausgelegt: ‹Gott ist Mensch geworden, um den Menschen zu vergöttlichen› kann als Kurzformel eines zentralen Elements der griechischen Vätertheologie gelten. «Die Vergöttlichung des Menschen (*theosis, theopoiesis*) ist der seit dem 3. Jahrhundert in der griechischen Theologie verwendete Schlüsselbegriff zur Beschreibung der göttlichen Heilsökonomie und damit auch der zentrale Begriff der gegenwärtigen orthodoxen Soteriologie.»[147] Dem entsprechend unterscheiden sich auch die Lehren von der Gnade: Die östliche Auffassung liegt zweifellos näher bei den urchristlichen Vorstellungen einer Berufung des Menschen zur Heiligkeit als die Vorstellung eines zur Sünde verdammten Menschen, der nur durch den kirchlich vermittelten Gnadenschatz das Heil erlangen kann, wie sie sich im Gefolge von Augustinus in der mittelalterlichen Kirche ausbildete. «Gnade bezeichnet [scil. im Westen] nicht mehr das Ganze des Heils, sondern Gottes Handeln am einzelnen Menschen in Überwindung von dessen versklavter Freiheit. Gnade ist nicht mehr Heil, sondern Mittel zum Heil.»[148] Dem entsprechend hat sich in der Ostkirche kein kirchliches Beichtwesen ausgebildet; die Sühne für die Sünden wird eher als Heilmittel denn als Strafe verstanden. Das wenig regulierte östliche Mönchtum orientierte sich vor allem an den biblischen Grundsätzen und entwickelte Formen der wechselseitigen Ermunterung und Ermahnung, aber auch der geistlichen Führung, die häufig mit der Forderung nach einem Bekenntnis der Sünden verbunden wurde.[149]

3. Der Siegeszug der Individualbeichte im Westen

Den Anstoß zur Entwicklung der sich unter Ausschluss der Öffentlichkeit vollziehenden Individualbeichte bildete das Interesse am eigenen Seelenheil der sich als Sünder verstehenden Gläubigen. Da die Pastoral der römischen Kirche die Neigung des Menschen zur Sünde betonte, spielte das Sündenbewusstsein im Westen eine weit größere Rolle als in den übrigen Patriarchaten. Im Anschluss an die altchristliche Praxis, Märtyrer und Bekenner um ihre Fürbitte bei Gott zu bitten, wurde im frühen Mittelalter Mönchen eine größere Vollkommenheit und damit die Fähigkeit unterstellt, anderen Menschen die Sündenlast zu erleichtern. Dies geschah meist durch Gebet und die Auferlegung von Bußen aller Art. Im Verhältnis zwischen Mönch/Priester einerseits und Laie andererseits entstand eine asymmetrische und durch ihren individuellen Charakter unkontrollierbare Beziehung, die alle Voraussetzungen zur missbräuchlichen Aus-

147 Art. «Vergöttlichung», in: LThK, Bd. 10, S. 664–667, Zitat S. 665.
148 Art. «Gnadenlehre», in: LThK, Bd. 4, S. 794–796, Zitat S. 794.
149 Vgl. Klär, Bußwesen, S. 101 ff.

übung einer zugesprochenen geistlichen Macht in sich trug. So kann man die damaligen, noch wenig geordneten und uns teilweise skurril anmutenden, oft peinlich genaue Listen von Fragen an verschiedene Pönitentengruppen und kasuistische Bußtarife enthaltenden Beicht-bücher als einen Fortschritt in Richtung auf ein kirchlich geordnetes und moraltheologisch untermauertes Beichtwesen ansehen.[150]

Ab dem 11. Jahrhundert wurde die individuelle Beichtform als Sakrament bezeichnet und um 1150 in die dann aufkommende Sie-benzahl der Sakramente einbezogen. Von da an geriet sie mit ins Zentrum der frühscholastischen Theologie und bekam auch kirchen-rechtliche Potenz, indem auf dem Vierten Laterankonzil (1215) der alljährliche Empfang des Bußsakramentes zusammen mit demjeni-gen der Eucharistie allgemein vorgeschrieben wurde.[151] Mit der Sa-kramentalisierung der Beichte wurde die asymmetrische Beziehung zwischen Pönitenten und Pönitentiar endgültig aus dem Bereich des persönlichen Charismas in denjenigen des Amtscharismas verscho-ben.[152] Es wurde sogar ausdrücklich festgehalten, dass die Absolution auch durch einen unwürdigen Priester wirksam sei, weil ja die Kirche als Ganze hinter dem Sakrament stehe – eine frühe Form der Schaf-fung von ‹Systemvertrauen›[153].

Für unseren Argumentationszusammenhang bemerkenswert ist eine Veränderung der Absolutionsformeln bei der Individualbeichte: Ursprünglich wurde die Absolution von den Gebeten des Mönches oder Priesters erwartet, die diese für den Pönitenten an Gott richteten. Ab dem 11. Jahrhundert finden sich statt dieser «deprekativen» auch «indikativische» Absolutionsformeln, bei denen der Priester selbst im Namen Gottes die Sünden nachlässt: *Ego te absolvo ... .* Diese Form setzte sich ab dem 13. Jahrhundert durch und wurde schließlich im Konzil von Trient «zur alleinigen sakramentalen ‹Form› des Bußsak-raments erklärt»[154]. Diese Entwicklung ist Ausdruck eines gewandel-ten Verständnisses von Kirche und Jenseitsglaube.

150 Vgl. John Mahoney: The Making of Moral Theology, Oxford 1987, Reprint 2006, bes. S. 6 f. und 15.

151 Vgl. Klär, Bußwesen, S. 175 ff.; Martin Ohst: Pflichtbeichte. Untersuchungen zum Bußwesen im Hohen und Späten Mittelalter, Tübingen 1995.

152 Zu den Formen charismatischer Herrschaft vgl. immer noch Max Weber: Wirtschaft und Gesellschaft, Tübingen 1964, S. 179–184.

153 Zum Begriff des Systemvertrauens vgl. Niklas Luhmann: Vertrauen – Ein Mechanismus der Reduktion sozialer Komplexität, Stuttgart 1968, S. 44–57.

154 Herbert Vorgrimler, zit. Klär, Bußwesen, S. 163.

4. Die Beichte als Ausdruck eines kirchlichen Herrschaftsanspruchs

Auch wenn das Sündenbekenntnis, seinem Ursprung und seiner fortdauernden kirchlichen Legitimation nach, vor allem eine Methode der Versöhnung mit Gott darstellt, brachte seine Institutionalisierung als kirchlich verwaltetes Sakrament Nebenwirkungen hervor, die durch weitere Entfaltungen in Anspruch und Selbstbeschreibung der Kirche verstärkt wurden.

Der nachhaltigste Impuls ging von der Emanzipation des Papsttums und genereller der kirchlichen Einrichtungen aus der Oberhoheit ‹weltlicher› Herrscher aus. Genauer gesagt entstand die Unterscheidung zwischen *spiritualia* und *temporalia* erst in der Auseinandersetzung um die Investitur der Bischöfe und Äbte, welche im Konkordat von Worms (1122) ihre Lösung dergestalt fand, dass geistliche Fürsten ihr Lehen vom Kaiser, ihre Weihe aber vom Papst erhalten sollten. In der Folge dieses von Eugen Rosenstock-Huessy als «Erste Abendländische Revolution» bezeichneten Investiturstreits[155] entwickelten sich die päpstlichen Machtansprüche, aber auch die kanonistischen und administrativen Möglichkeiten der Kirche weiter, um im Pontifikat von Innozenz III. (1198–1216) ihren eindrücklichen Höhepunkt zu finden. Indem Innozenz den päpstlichen Titel *Vicarius Christi* einführte, eine Bezeichnung, die ursprünglich allen Priestern und Bischöfen als zur Feier des Messopfers Befugten zukam, sakralisierte er den päpstlichen Herrschaftsanspruch in einer Weise, die an Absolutheit nicht mehr zu überbieten war. Unter ihm wurde die jährliche Beichte zu einer kanonischen Pflicht aller erwachsenen Gläubigen und damit auch zu einem Modus der Unterwerfung unter die Macht der Kirche, an der nun kein Weg mehr vorbei zu Gott führte. «Hier ist echte, durchgreifende Gesetzgebung intendiert, die das Verhalten jedes einzelnen Christen leiten und normieren will.»[156] Und die sozialhistorische Forschung zeigt, dass diese Gesetzgebung auch mit Nachdruck durch den Klerus und gelegentlich auch durch weltliche Autoritäten durchgesetzt wurde.[157] Den historischen Kontext dieser

---

155 Vgl. Eugen Rosenstock-Huessy: Die europäischen Revolutionen und der Charakter der Nationen, Stuttgart 1951.

156 Ohst, Pflichtbeichte, S. 33. Dort auch der Hinweis, dass «dieses Gebot in ganz Europa in die Tat umgesetzt wurde».

157 Vgl. Alois Hahn: Zur Soziologie der Beichte und anderer Formen institutionalisierter Bekenntnisse: Selbstthematisierung und Zivilisationsprozess, in: Kölner Zeitschrift für Soziologie und Sozialpsychologie 34 (1982), S. 407–434, insb. S. 409 ff.; Peter Dinzelbacher: Das

Klerus und Laien gleichermaßen beeinflussenden *Disziplin* bildeten die ‹Ketzerbewegungen› der Katharer, Waldenser u. a. Das juristische Korrelat wurde der Inquisitionsprozess, in dem das Geständnis des Täters an die Stelle älterer ‹Beweisformen› (z. B. durch Eideshelfer oder Gottesurteile) trat. So geriet die Beichte in der frühen Neuzeit auch in den Kontext von Inquisition und Folter.

Unterstützende Motive für die Akzeptanz und Form der Beichte gingen von einer theologischen Neuerung aus, die der Sozialhistoriker Jacques Le Goff als «Die Geburt des *Fegefeuers*» bezeichnet hat. Die Jenseitsvorstellungen der alten Kirche kreisten um die Unterscheidung von Himmel und Hölle, von Rettung und Verdammnis. Zwar gab es schon damals Fragen und Spekulationen über das allgemein geglaubte Leben nach dem Tode, die sich mit dem Bild einer Reinigung durch Feuer verbanden, aber die Vorstellung eines ‹dritten Ortes› zwischen Himmel und Hölle entstand erst im letzten Viertel des zwölften Jahrhunderts, ausgehend von Paris und Cîteaux, dem Stammkloster der Zisterzienser.[158] Erst diese vor allem durch Dante popularisierte Vorstellung, dass die weder verdammten noch gleich seligen Toten an einem Reinigungsort auf das Jüngste Gericht warteten, gab dem *Ablasswesen* jenen Schub, der es zum Herrschafts- und Finanzierungsinstrument der Päpste werden ließ. Denn seit dem 13. Jahrhundert wurde es möglich, Ablassleistungen auch bereits Verstorbenen zuzuwenden. Damit wurde das Ablasswesen völlig von der Beichte getrennt und sozusagen in die Merkantilisierung der entstehenden Geldwirtschaft eingebaut.

Der Umgang der Kirche mit der Sünde hatte damit ihre institutionelle Form gefunden, die sodann auf dem Konzil von Trient unter Ablehnung reformatorischer Infragestellungen im Wesentlichen bestätigt wurde und in dieser Form zum mindesten bis zum Zweiten Vatikanum nicht mehr in Frage gestellt worden ist.[159] Die Kirche definiert, was Sünde ist, und sie tut dies in kasuistischer und legalistischer Weise. Der Erfahrungshorizont des Pönitenten bleibt

---

erzwungene Individuum – Sündenbewusstsein und Pflichtbeichte, in: Richard van Dülmen (Hg.): Entdeckung des Ich. Die Geschichte der Individualisierung vom Mittelalter bis zur Gegenwart, Köln 2001, S.41–60, insb. 46–51.

158 Vgl. Jacques le Goff: La naissance du purgatoire, Paris 1981, S. 227–229. Eine deutsche Ausgabe ist unter dem Titel erschienen: Die Geburt des Fegefeuers, Stuttgart 1984.

159 Die protestantischen Bekenntnisse lehnen das Sakrament der Buße als ‹Menschenwerk› ab, kennen aber durchaus Sündenangst und Formen des Sündenbekenntnisses. Vgl. Hahn, Beichte, S. 416–423.

ausgeklammert. Allenfalls wird sein Nichtwissen und die Unfreiheit seines Willens als sündenmindernd anerkannt.

Diese Position und die ihr entsprechende Beichtpraxis erhielten nach dem eher laxen 18. Jahrhundert im 19. Jahrhundert Auftrieb durch die Neuscholastik und deren päpstlich erklärte Verbindlichkeit für die Theologenausbildung. Diese wachsende Rigorosität hatte ihre Parallele in der zunehmenden Tabuisierung der Sexualität im nicht-katholischen, insbesondere angelsächsischen Bürgertum, was die revolutionäre Wirkung der Sexualtheorie von Sigmund Freud im 20. Jahrhundert erklärt.

5. Komplexität und Freiheit

Ein wichtiges Spannungsfeld der moralischen Reflexion wurde das Verhältnis von Tat und Gesinnung. Während in der frühen Kirche beide Elemente zusammen gesehen wurden, reduzierte sich im Frühmittelalter das Sündenverständnis auf die Tatseite; so sehr, dass auch unbeabsichtigte oder ohne Sündenbewusstsein begangene Taten als Sünde galten. Die dadurch entstehende Unsicherheit war geeignet, das Heilsbedürfnis der Gläubigen noch zu steigern. Gegen diese Einseitigkeit betonte der Frühscholastiker Petrus Abaelardus (1079–1142) die *Intention* des Handelnden als entscheidendes Merkmal eines guten oder bösen Verhaltens, und seither ist die Spannung zwischen subjektiver Moralität und objektiver Moral eine nicht mehr zu eliminierende Herausforderung der moralischen Reflexion.[160]

Korrelativ zur Entstehung erster Organisationen, der Verbreitung der Geldwirtschaft und einer Rezeption des rationaleren römischen Rechts als Grundlage der komplexeren Gesellschaft veränderten sich die Auffassungen vom Menschen. Er wird seither nicht mehr bloß als Teil eines sozialen Ganzen, sondern als Individuum mit einem eigenen Gewissen aufgefasst. Damit gerät die Moral in eine Spannung zwischen ihren durch kirchliche Anleitung verrechtlichten Formen und den moralischen Intuitionen der Individuen, die sich umso mehr auseinanderentwickeln, je vielfältiger die Erfahrungsfelder der Menschen werden.[161]

160 Historisch gesättigte Darstellung bei Mahoney, The Making, S. 175–258.
161 Den Zusammenhang zwischen wachsender Differenzierung der Erfahrungsräume und der Individualisierung hat als erster der Soziologe Georg Simmel formuliert. Vgl. «Die Kreuzung sozialer Kreise», in: Georg Simmel: Soziologie. Untersuchungen über die Formen der Verge-

Diese Spannung brach bei Martin Luther (1483–1546) in einen Gegensatz auf: Der Einzelne wurde zum Sucher eines «gnädigen Gottes», unabhängig von den Sakramenten der Kirche. Umso deutlicher betonte die römisch-katholische Kirche auf ihrem Konzil in Trient die Wirksamkeit der Sakramente aus der Kraft der göttlichen Gnade, *ex opere operato*. Zwar wurde das Mitwirkungserfordernis des Pönitenten in der Form von Bekenntnis und Reue betont, der sich damit jedoch einem allein kirchlich definierten Verfahren zu unterwerfen hatte. Der Pönitent blieb somit Objekt der kirchlichen Heilssorge. Reformbemühungen bezogen sich allein auf die Qualifikation des Klerus, und vor allem die Orden gingen in der Beichtpastoral voran.

Innerhalb und zwischen den Orden wurden denn auch die großen *theologischen Streitigkeiten* ausgetragen: Der Gnadenstreit – vorzugsweise zwischen Dominikanern und Jesuiten, «in dem es um das Verhältnis von göttlicher Gnadenwirksamkeit und menschlicher Freiheit ging»;[162] und der Probabilismusstreit, bei dem es um die Freiheitsgrade menschlicher Entscheidung, näherhin um die Frage ging, wann es in Zweifelsfällen erlaubt sei, sich gegen eine vorherrschende Meinung zu entscheiden.[163] Besonders dieser zweite, für die Entwicklung der moralwissenschaftlichen Reflexion zentrale Streit lässt den Zusammenhang mit der wachsenden Komplexität – der Gesellschaft wie der konkreten Handlungssituationen – deutlich werden. Denn Zweifelsfälle treten vor allem auf, wo unterschiedliche Handlungsmaximen in Konkurrenz treten, weil mehrere Referenznormen und/oder Wirkungsketten in Betracht gezogen werden können.

In beiden Streitfällen hat die Kirche übrigens auf eindeutige Entscheidungen zugunsten einer Partei verzichtet und lediglich extremen Positionen eine Absage erteilt.

6. Moraltheologie: Die Verwaltung der Todsünden

Die Unterscheidung von schwereren und leichteren Vergehen gegen Gottes Gebot ist alt, aber die prägnante Unterscheidung von schwe-

sellschaftung, München u. Leipzig ³1923, S. 305–344. Für eine differenzierte Darstellung in moraltheologischer Absicht vgl. Stephan Goertz: Moraltheologie unter Modernisierungsdruck. Interdisziplinarität und Modernisierung als Provokationen theologischer Ethik – im Dialog mit der Soziologie Franz-Xaver Kaufmanns, Münster 1999, S. 514–526.
162 Art. «Gnadenstreit», in: LThK, Bd. 4, S. 797–798, Zitat S. 797.
163 Vgl. Mahoney, The Making, S. 35–143.

ren oder Todsünden und lässlichen Sünden sowie die Verknüpfung dieser Unterscheidung mit der Gnadenlehre und der Beichtpraxis wurde erst auf dem Tridentinum lehramtlich vollzogen.[164] Von da an galt der mit einer Todsünde Belastete als ausgeschlossen von der göttlichen – und das heißt konkret kirchlichen – Gnadenordnung; sofern er ohne Versöhnung mit der Kirche starb, war ihm die Hölle gewiss.[165]

Ein wesentliches Anliegen des Tridentinischen Konzils war die Verbesserung der Qualifikation der Priester, und in diesem Zusammenhang kam der Qualifikation als ‹Beichtvater› (!) eine zentrale Rolle zu. Im Hinblick darauf entwickelte sich die theologische Disziplin der Moraltheologie seit Ende des 16. Jahrhunderts, und zwar auf zwei Ebenen: als «Zweiheit von ins grundsätzliche gewendeter Spekulation und pragmatischer Aufschlüsselung von das .. Subjekt betreffenden Einzelfragen», wobei für beide Gebiete wichtige Traditionsbestände aufgenommen und verarbeitet wurden.[166] Für die Praxis des Beichtvaters wichtig war vor allem die Frage, wann er es mit einer schweren Sünde zu tun hatte. Hierfür mussten Voraussetzungen beim Pönitenten (Sündenbewusstsein, freier Wille) und als objektive Voraussetzung eine Handlung oder auch nur Einstellung hinsichtlich einer *materia gravis* vorliegen. Die Kirche hielt an der ursprünglichen Auffassung fest, dass jede Sünde primär eine Sünde gegenüber Gott und seinen Geboten sei, wobei sie für die Auslegung dieses Kriteriums allerdings die alleinige Interpretationshoheit beanspruchte.

Inhaltlich weist das Ethos des Christentums eine hohe Kontinuität auf, auch wenn die Verstöße nach Ort und Zeit z. T. unterschiedlich gewichtet wurden. Es bestand stets ein unterschwelliger Austausch mit den wirtschaftlichen und sozialen Umständen sowie den moralischen Urteilen der jeweiligen kulturellen Kontexte, beispielsweise beim Zinsverbot[167] oder der Religionsfreiheit.[168] Dies kann hier

164 Vgl. Helmut Weber: Todsünde – lässliche Sünde. Zur Geschichte der Begriffe, in: Trierer Theologische Zeitschrift 82 (1973), S. 93–119.
165 Die Theologie sah als Alternative noch die «vollkommene Reue», die aber in der Praxis wenig Beachtung fand.
166 Vgl. Art. «Moraltheologie», in: LThK, Bd. 7, S. 462–467, Zitat S. 465.
167 Die Unsittlichkeit des Zinsnehmens übernahm das Christentum aus dem vorchristlichen Ethos und schärfte das Zinsverbot «unter Androhung der Exkommunikation» auf dem Konzil von Nizäa und auf zwei Konzilien des 12. Jahrhunderts ein. Nachdem Adam Smith das Zinsnehmen ökonomisch begründet hatte, hob 1830 Pius VIII. «ohne nähere Begründung das mehr als 2500 Jahre alte Zinsverbot auf». Art. «Zins», in: LThK, Bd. 10, S. 1459–1461, Zitat S. 1460.
168 Vgl. hierzu Ernst-Wolfgang Böckenförde: Über die Autorität päpstlicher Lehrenzykliken – Am Beispiel der Äußerungen zur Religionsfreiheit, in: ders.: Kirche und christlicher Glaube in den Herausforderungen der Zeit, 2. erw. Aufl., Berlin 2007, S. 471–489.

nur an einem aktuellen, kirchlicherseits noch umstrittenen Beispiel verdeutlicht werden, der Haltung zur menschlichen Sexualität.

Ehebruch und Unzucht (*porneia*) gehören zu den schon biblisch klar verurteilten Verhaltensweisen, die von der gesamten Tradition als schwerwiegend angesehen wurden. Das frühe Christentum profilierte sich geradezu durch sein strenges Sexualethos gegenüber seiner heidnischen hellenistischen Umwelt, aus deren Verhalten sich der Inhalt von *porneia* unschwer ergeben haben dürfte. Im lateinischen Christentum wurde auch hier Augustinus einflussreich, welcher das Menschengeschlecht als Folge der Erbsünde durch Lust und Unwissenheit verdorben ansah.[169] *Concupiscentia* wurde in der Folge auf sexuelle Lust hin zugespitzt und diese selbst als ‹Verunreinigung› (*pollutio*) stigmatisiert.[170] Dies wurde zur Prämisse für die rationalistische Moral, welche im Gefolge des Tridentinums in der Form einer juristisch anmutenden Kasuistik entwickelte.[171]

Die Konsequenzen bis in jüngste Zeit seien an zwei Standardwerken der Moraltheologie verdeutlicht, die zum mindesten bis zum Zweiten Vatikanischen Konzil verbreitet waren und, soweit erkennbar, nach wie vor die römische Auffassung wiedergeben.

Nachdem er den Unterschied zwischen lässlichen Sünden und Todsünden (*materia gravis*) entwickelt hat, unterscheidet Gustav Ermecke im Anschluss an Joseph Mausbach «bei dieser objektiven Schwere das *peccatum mortale ex genere* von dem *peccatum mortale ex genere toto*. Bei ersterem ist trotz der Wichtigkeit des Gesamtgutes, etwa der Rechtsordnung oder des guten Namens, eine *parvitas materiae* im Einzelfalle möglich; bei letzterem aber handelt es sich um einheitliche und unteilbare Objekte, bei denen die Verletzung in jedem Falle schwer ist (z. B. Unglaube, Meineid, Gotteshass).»[172] Wenige Seiten später heißt es bei der Behandlung der sogenannten sieben Hauptsünden: «Unkeuschheit (‹Fleischeslust›, *luxuria*) ist das ungeordnete Streben nach sinnlichem Genuss im Bereich des Geschlechtlichen. Unkeuschheit ist ein *peccatum ex toto genere grave.*»

169 Vgl. Mahoney, The Making, S. 44–48.
170 Eine Geschichte der kirchlichen Sexualmoral ist mir nicht bekannt. Zu den Hintergründen vgl. Peter Brown: Die Keuschheit der Engel: Sexuelle Entsagung, Askese und Körperlichkeit im frühen Christentum (übersetzt aus dem Englischen), München 1994; Hubertus Lutterbach: Sexualität im Mittelalter, Köln 1999.
171 Vgl. hierzu Karl Heinz Kleber: Historia docet. Zur Geschichte der Moraltheologie, Münster 2005, bes. S. 82–86.
172 Joseph Mausbach/Gustav Ermecke: Katholische Moraltheologie. Erster Band: Die allgemeine Moral, Münster ⁹1959, S. 340, Hervorhebung im Original.

Bemerkenswert ist, dass nur bei dieser Hauptsünde eine Bejahung schwerer Sündhaftigkeit ohne jede Ausnahme und ohne nähere Begründung behauptet wird.[173] Sie wird auch auf den Bereich des «Nichthindern oder Nichtentfernen verbotener sinnlicher Lust» ausgedehnt: «… ein solches Verhalten [ist] im Allgemeinen als lässlich sündhaft anzusehen. Eine Ausnahme bilden jedoch die Regungen der Wollust (*delectatio venerea*), weil sie in besonderer Weise in das Leben des leiblichen Organismus übergreifen und dann auch leicht die Gefahr der Willenszustimmung nach sich ziehen. Daher ist die … *Zulassung* starker sexueller Versuchungen ohne vernünftigen Grund schwer sündhaft.»[174]

Praxisnäher formuliert das weit (auch international) verbreitete Handbuch von Heribert Jone: «Jede direkt gewollte geschlechtliche Lust ist außerhalb der Ehe immer eine schwere Sünde. Das gilt auch, wenn die Lust noch so unbedeutend und kurz ist.»[175] Die Pollution (hier verengt auf Masturbation) ist als direkt gewollte «immer schwer sündhaft» und gilt als Sünde *contra naturam*; die ungewollte nächtliche Pollution dagegen «ist keine Sünde».[176] Man fragt sich, was hier für ein Naturbegriff vorliegt. Aber soweit sie nicht direkt auf göttliches Recht rekurriert, beruft sich die katholische Kirche in ihrer Morallehre in Auseinandersetzung mit ihren Kritikern auf ein von ihr allein authentisch ausgelegtes Naturrecht.[177]

Diese Fixierung auf eine kasuistische Sexualmoral, aber auch genereller die Tradition einer juridisch angehauchten Moralkasuistik hat in neuerer Zeit den Widerspruch von zahlreichen Moraltheologen auf sich gezogen.[178] So hält Karl-Wilhelm Merks fest: «Anders als in den meisten anderen Bereichen vertritt die Morallehre der Kirche in der Sexualmoral eine deontologisch-absolut argumentierende Auffassung vor Normen. … Das kann aber nicht gut gehen, weil es unserem Grundverständnis von Moralität allgemein, und von verant-

173 Vgl. Mausbach/Ermecke, Moraltheologie, 353 f., Zitat S. 354.
174 Mausbach/Ermecke, Moraltheologie, S. 350, Hervorhebung im Original.
175 Heribert Jone: Katholische Moraltheologie – auf das Leben angewandt, Paderborn ¹⁸1961, S. 181.
176 Jone, Moraltheologie, S. 185 f.
177 Vgl. Franz-Xaver Kaufmann: Wissenssoziologische Überlegungen zu Renaissance und Niedergang des katholischen Naturrechtsdenkens im 19. und 20. Jahrhundert, in: Franz Böckle und Ernst-Wolfgang Böckenförde (Hg.): Naturrecht in der Kritik, Mainz 1973, S. 126–164, sowie weitere Beiträge in diesem Band.
178 Wegweisend Franz Böckle: Fundamentalmoral, München 1977; Alfons Auer: Autonome Moral und christlicher Glaube, Düsseldorf ²1984.

wortlich gestalteter Sexualität im Besonderen entgegensteht.»[179] Indem die herkömmliche Sexualmoral den Focus auf den Samenerguss und darauf hinführende Handlungen bzw. Umstände legt,[180] nicht jedoch auf die Kontexte – z. B. von Liebe, Abhängigkeit oder Gewalt – verpasst sie das Humanisierende, das der christlichen Moral doch in vielen Zusammenhängen, nicht zuletzt der Ehe, auch zukommt. Hubertus Lutterbach unterscheidet zwischen einem «neutestamentlichen ethisch-intentionsorientierten» und einem «religionsgeschichtlich ursprünglicheren und in der Christentumsgeschichte seit mittelalterlicher Zeit dominanten kultischen Reinheitsverständnis». Er plädiert dafür, die Sexualmoral wiederum auf die ethische Reinheit zu gründen, welche auf die Person und nicht das Verhalten im Einzelfall abhebt.[181]

Besonders spitzt sich der Konflikt bei der Frage der Geburtenregulierung zu, wo die kirchliche Ehelehre einerseits von der Fixierung auf die Zeugung abgerückt ist, aber gleichzeitig an einer kasuistischen Behandlung der Methoden der Empfängnisverhütung (*materia gravis!*) festhält; dies hat tiefgreifend zur Entfremdung vieler katholischer Paare von den Lehren ihrer Kirche und zum Zusammenbruch der Beichtpastoral beigetragen.[182]

Ansätze zu einer Neuorientierung beziehen sich vor allem auf die Anerkennung der Personenwürde eines jeden Menschen: Es «gilt damit … keine andere Norm als die Grundnorm der unbedingt zu achtenden Würde eines jeden Menschen. Sexualität ist nicht jenseits von Autonomie zu normieren. … Ein solche Sexualmoral erfüllt Ansprüche an eine konsistente Begründung auf der Basis der Personenwürde und gilt für alle sexuellen Beziehungen.»[183] Soll die Sexualität allerdings nicht der Beliebigkeit subjektiver Urteile anheimgegeben werden, muss der Begriff der Personenwürde und damit derjenige

179 Karl-Wilhelm Merks: Von der Sexual- zur Beziehungsethik, in: Konrad Hilpert (Hg.): Zukunftshorizonte katholischer Sexualethik. (Quaestiones disputatae 241), Freiburg i. Br. 2011, S. 14–35, Zitat S. 15.
180 Die weibliche Sexualität kommt nur in Analogie zur männlichen in den Blick.
181 Hubertus Lutterbach; Sexualität zwischen kultischer und ethischer Reinheit, in: Thomas Hoppe (Hg.): Körperlichkeit – Identität. Begegnung in Leiblichkeit, Fribourg und Freiburg i. Br. 2008, S. 107–124, Zitat S. 108.
182 An ihre Stelle tritt vielerorts die Bußandacht, der jedoch die sakramentale Sündenvergebung nicht zugesprochen wird. Vgl. zur aktuellen Doktrin Rudolf Weigand: Das Bußsakrament, in: Josef Listl und Heribert Schmitz: Handbuch des katholischen Kirchenrechts, Regensburg 1999, S. 841–856.
183 Stephan Goertz: Sexuelle Gewalt als individuelle Sünde gegen das sechste Gebot!?, in: ders. und Herbert Ulonska (Hg.): Sexuelle Gewalt – Fragen an Kirche und Theologie, Berlin 2010, S. 127–146, Zitat S. 138.

der Verantwortung qualifiziert werden. In diesem Sinne argumentiert Merks für eine «Beziehungsethik»: Das ‹Wesen› der Sexualität besteht nicht allein in ihrem organischen Substrat, sondern «wird im umfassenden Sinn erst verstanden, wo es in seiner relationalen Qualität menschlicher Existenz gesehen wird»[184].

Deutlich wird hier die Tendenz, Moral als christliche Vollkommenheitsethik und Lehre vom gelingenden Leben klar von der juridischen Betrachtungsweise abzukoppeln. Die Verselbstständigung der Moral gegenüber dem Recht wurde schon durch Kant begründet, konnte sich katholischerseits aber im Zeitalter des Antimodernismus nicht durchsetzen. Offensichtlich sind die Versuche einer Neubegründung der Moraltheologie wiederum von den Normen und Idealen in den außerkirchlichen Kontexten mit beeinflusst; sie streben eine Inkulturation des Christentums im Horizont der aufklärerischen Moderne an.

7. Soziale Folgen

Im Vorangehenden wurde die soziologische Perspektive eher implizit eingesetzt: Die Entwicklung der Auffassungen über ‹Sünde› wurde aus ihren sozialen Kontexten rekonstruiert. Abschließend ist nun expliziter nach den sozialen Folgen der kirchlichen Sündenlehre und Bußpraxis zu fragen.[185]

Für die ursprüngliche Praxis der öffentlichen Buße ist anzunehmen, dass sie ein wirksames Instrument der Abgrenzung *und* Integration der frühen Christengemeinden war. Es handelte sich hier um eine mehr oder weniger formalisierte Form sozialer Kontrolle, deren religiöse Begründung weitgehend evident war. Nach der Konstantinischen Wende wurden die kirchlichen Verhältnisse unübersichtlicher, sodass auch die soziale Kontrolle nicht mehr in gleichem Maße greifen konnte. Die Buße dürfte sich nunmehr nur noch auf öffentlich bekannt werdende Abweichungen bezogen haben. In der Spätantike verlor sich dem entsprechend ihr sozial integrativer Charakter, und sie wurde zum Heilsinstrument am Lebensende. Insoweit das christliche Ethos herrschte, dürfte der Bußpraxis dennoch weiterhin eine individuell disziplinierende Wirkung eigen gewesen sein.

184 Merks, Beziehungsethik, S. 30.
185 Zusammenfassende Studien zu dieser Frage sind mir nicht bekannt, doch finden sich auch in der theologischen Literatur immer wieder Hinweise.

Die öffentliche Bußform wurde von den germanischen ‹Barbaren› nicht akzeptiert. Dagegen entwickelten sich Formen der privaten und interaktiven Sündenbewältigung, welche allmählich die Form der sakramentalen Beichte annahmen, mit den Elementen: Gewissenserforschung, Sündenbekenntnis, Reue, Absolution und nachträgliche Buße. Sozialhistoriker und Soziologen sehen in diesem Zwang zur Selbstthematisierung in der Beichte ein zentrales Element der «deutlich im 12. Jahrhundert zu verortenden ‹Entdeckung des Individuums›»[186]. «Die im 12. Jh. ablaufenden Neuformulierungen des Schuldbegriffs verändern die Auffassung von der Tatverantwortung fundamental und schärfen diese neuen Auffassungen über die Beichte ein.»[187] Die Einführung der Pflichtbeichte durch das Vierte Laterankonzil ist ein «Vorgang, der in seiner Wirkung nicht hoch genug eingeschätzt werden (kann). ... Zu Armut, Keuschheit und Gehorsam, zu Fasten, Beten und Wallfahren wurde der reuige Sünder im Beichtstuhl angehalten; von einer Spiritualität für Laien, die bei Sonnenaufgang aufs Feld gingen und bei Sonnenuntergang todmüde ins Bett fielen, konnte keine Rede sein.»[188]

Inwieweit die Auferlegung der Beichtprozeduren und ihre Begründung zur Erleichterung der Menschen beitrug oder ob sie die Menschen eher in der Angst hielten, bleibt umstritten; sie dürfte je nach Umständen und Frömmigkeitstypus unterschiedlich gewirkt haben. Dass vor allem die frühe Neuzeit ein Zeitalter der Angst gewesen ist, hat Jean Delumeau eindrücklich dargestellt.[189] Die kollektiven Ängste hatten viele Ursachen, von der Umklammerung durch den Islam bis zu Pest, Krieg und Hunger. Aber sie wurden auch durch den Glauben an böse Mächte und nicht zuletzt durch eine Schuldkultur mitbestimmt, die ursprünglich durch die Erbsündenlehre des Augustinus, näherhin jedoch durch die Spannung zwischen Sündigkeit des Menschen und göttlichem Heilsversprechen virulent wurde, und dies nicht nur im Katholizismus.[190]

186 Dinzelbacher, Individuum, S. 41.
187 Hahn, Beichte, S. 409.
188 Peter Blickle: Das Alte Europa, München 2008, S. 115 f.
189 Jean Delumeau: Angst im Abendland: Die Geschichte kollektiver Ängste in Europa des 14. bis 18. Jahrhunderts. 2 Halbbände, Reinbek bei Hamburg 1985 (Französisch 1978).
190 Jean Delumeau: Le péché et la peur. La culpabilisation en Occident (XIIIe-XVIIIe siècles), Paris 1983. – Max Weber hat die Kraft dieser Spannung im Calvinismus sogar als Katalysator für die kapitalistische Entwicklung dargestellt. Vgl. ders.: Gesammelte Aufsätze zur Religionssoziologie, Bd. 1, Tübingen ³1934.

«Unbestreitbar dürfte es nach dem vorgelegten Material sein, dass der allen Katholiken seit dem 13. Jahrhundert auferlegte Zwang zur jährlichen Beichte eine bedeutende Komponente für die Genese der typisch europäischen Mentalität gewesen ist, deren charakteristischstes Merkmal wohl jener Zug zum Individuellen darstellt, der die abendländische Kultur von den sonstigen traditionellen Hochkulturen unterschieden hat.»[191] Doch diese mit Angst und Seelenqualen erreichte *Individualisierung* vollzog sich in einem theologischen und philosophischen Kontext, der den Menschen gleichzeitig Personqualitäten und Freiheitsperspektiven eröffnete. Das von Anfang an auf den Mitmenschen bezogene Personverständnis entwickelte sich aus der Theologie der Trinität.[192] Die «Metaphysik der Freiheit» nimmt ihren Anfang bei der Unterscheidung des Alexander von Hales (1185–1245) zwischen drei Arten des Seins: *Ens naturale, ens rationale* und *ens morale.* «Das personale Sein wird also zwar durch die besonderen Merkmale des Naturhaften und Vernunfthaften mitkonstituiert, seine eigentliche Bestimmung aber erhält es durch die ‹Würde›, die im ‹moralischen Sein› begründet liegt, und das heißt nach der scholastischen Begrifflichkeit: in der Freiheit selbst.»[193]

Das europäische Zeitalter der Angst endete in der zweiten Hälfte des 17. Jahrhunderts. Die Staatenordnung des Westfälischen Friedens und die Niederlage der Türken vor Wien (1683) bildeten den politischen Kontext für ein optimistischeres Menschen- und Weltbild, das im ‹Zeitalter des Fortschritts› des 19. Jahrhunderts kulminierte. Die Metaphysik der Freiheit beseelte auch die europäische Aufklärung, welche nur in Frankreich atheistisch, sonst aber durchaus von einer evangelischen Christlichkeit inspiriert wurde. Die katholische Kirche hielt sich abseits bis feindselig. Erst das II. Vatikanische Konzil hat dem Freiheitsgedanken auch in der Kirche Geltung verschafft.

Dies hat sich allerdings bis heute auf das kirchliche Sündenverständnis bestenfalls indirekt ausgewirkt. Symptom der andauernden Inkongruenz zwischen einer im Barockzeitalter entstandenen Morallehre und der ‹brüderlichen› Moralität der Person als Mensch unter grundsätzlich freien und gleichen Menschen war in den letzten

---

191 Dinzelbacher, Individuum, S. 60.

192 Vgl. Ludger Oeing-Hanhoff: Trinitarische Ontologie und Metaphysik der Person, in: ders., Metaphysik und Freiheit. Ausgewählte Abhandlungen, hg. von Theo Kobusch und Walter Jaeschke. München 1988, S. 133–165.

193 Theo Kobusch: Die Entdeckung der Person. Metaphysik der Freiheit und modernes Menschenbild, Freiburg i.Br. 1993, S. 25.

Jahrzehnten der Zusammenbruch der Beichtpastoral. Das Öffentlich-Werden von auch unter Klerikern verbreitetem Missbrauch von Kindern und Jugendlichen[194] und seine langjährige kirchliche Vertuschung[195] hat zudem das Vertrauen der Katholiken in die überlegene Moralität ihres Klerus nachhaltig erschüttert. Die Koordinaten des traditionellen Sündendiskurses sind verschwunden. Das kirchliche Ethos des Gehorsams hat bisher keine überzeugende Synthese mit dem modernen Ethos der Freiheit gefunden.

8. Zusammenfassung

‹Sünde› ist der Name für alle Arten von kirchlich definierten Verfehlungen gegen Gott, gegen das Kirchenrecht, gegen die Moral oder gegen den Nächsten. Auch wenn es ein gemeinchristliches Ethos im Anschluss an biblische Vorgaben gibt, so haben die kirchlichen Definitionen von ‹Sünde› eine zentrale Rolle nur in der lateinischen Kirche gespielt, auf die sich diese Darstellung konzentriert hat. Die Motive für derartige Definitionen waren unterschiedlich und ließen sich teilweise durch die sozialen Kontexte erklären. Damit sei nicht in Frage gestellt, dass das zentrale Motiv des Gehorsams gegen göttliche Gebote eine Richtschnur abgab, die in den Morallehren der Kirche, wenn nicht immer wegweisend, so zum mindesten legitimierend wirkte. Aber es bleibt die Frage, warum die Sündenperspektive auf das menschliche Leben und mit ihr verbunden die Verfaren der Buße in der lateinischen Kirche eine derartige Prominenz gewonnen haben, dass sie eine geradezu kulturrevolutionäre Potenz entwickelten. Zu ihrer Beantwortung wurden einige Argumente genannt. Das lateinische Christentum hat in der Verbindung mit dem römischen Recht und einer wachsenden Autorität des Papsttums Energien entwickelt und Spannungen zwischen Gott und Welt aufgebaut, welche die Menschen über ihre bisherige *condition humaine* hinaustrieben, und durch die eine Entwicklungsdynamik hin zur Moderne und durch diese hindurch in Gang gesetzt wurde. Das Interesse am

194 Ein in der Moraltheologie von Heribert Jone trotz breiter Kasuistik nicht einmal erwähnter Tatbestand!
195 Näheres hierzu vom Verfasser in: Kirchenkrise – Wie überlebt das Christentum?, Freiburg i. Br. 2011, S. 154–166, sowie für Irland Eamonn Conway: Die irische Kirche und sexuelle Gewalt gegen Minderjährige, in: Goertz und Ulonska (Hg.), Sexualität, S. 176–191.

Heil oder einem ‹gnädigen Gott› erwies sich als stärkerer Katalysator grundlegender Wandlungen als alle politischen oder ökonomischen Interessen.

Im Zuge der Modernisierung ist das christliche Ethos keineswegs verblasst, aber es hat andere Virulenzen entwickelt als die im Schema von Befehl und Gehorsam verharrende römisch-katholische Moral. Zwar ist es der katholischen Moraltheologie gelungen, in vielen Bereichen (z. B. in der Sozial-und Wirtschaftsethik) Anschluss an die neuzeitlichen Veränderungen zu gewinnen, doch präsentiert sie im Bereich der Sexualethik Rigiditäten, die ihre Glaubwürdigkeit nachhaltig in Frage stellen. Gerade weil es sich um die Körperlichkeit des Menschen unmittelbar betreffende Sachverhalte handelt, geht die kasuistische Betrachtungsweise am existenziellen Erfahrungshorizont der Menschen vorbei. Dieser ist weit eher anschlussfähig an eine ebenfalls auf christlichem Grund gewachsene Metaphysik der Freiheit, der in der Morallehre das Bemühen um eine an der Personalität des Menschen orientierte Moral entspricht. Damit werden biblische Ideen von wechselseitiger Hilfe zur moralischen Entwicklung sowie von Freiheit und Selbstbestimmung wieder aufgenommen.[196]

---

196 Vgl. Magnus Striet: Wie heute über Sünde reden?, in: Herder Korrespondenz 65 (2011), S. 568–572.

XII. IST DAS CHRISTENTUM IN DEUTSCHLAND ZUKUNFTSFÄHIG?

1. Zukunft und Zukunftsfähigkeit

Wir möchten alle gerne etwas über die Zukunft des Christentums in unseren Breitengraden wissen.[197] Doch darüber zu sprechen wäre hoch spekulativ. Denn gerade unter den modernen Umständen, in denen wir leben, ist die Zukunft immer für Überraschungen gut. Wer hat vorausgesehen, dass das Durchschneiden eines Stacheldrahtzauns an der österreichisch-ungarischen Grenze im Sommer 1989 das Ende des Sowjetimperiums einleitete und nach gut einem Jahr die Wiedervereinigung Deutschlands ermöglichte? Oder wer hat im Sommer 2008 die Weltfinanzkrise vorausgesehen? Natürlich kann man aktuelle Trends extrapolieren, aber der Erkenntnisgewinn bleibt bescheiden. Interessanter scheint mir die Frage, wie die Kirchen in ihrer gegenwärtigen Verfassung gewappnet sind, mit noch unbekannten zukünftigen Ereignissen umzugehen. Das meint die Frage nach der Zukunftsfähigkeit.

Die wenig bekannte, aber meines Erachtens besonders scharfsinnige Entscheidungstheorie des britischen Ökonomen George L. S. Shackle (1903–1992) betont, dass das einzige, was ein Akteur in einer Situation mit hohen Ungewissheitspotenzialen sicher wissen kann, sich auf seine eigenen Ressourcen und auf seine Handlungsstrategien bezieht. Bei Entscheidungen unter Ungewissheit geht es nicht um das Abwägen von Wahrscheinlichkeiten, wie beispielsweise im Versicherungswesen, sondern um den Umstand, dass der Entscheider tatsächlich mit unbekannten und nicht erkennbaren Ereignissen rechnen muss. Und das gilt für alle komplexen Zustände, wie sie für unser modernes Leben jenseits der alltäglichen Routinen charakteristisch sind. Wir können nur *Vorstellungen* über mögliche Entscheidungsfolgen imaginieren, und Shackle empfiehlt, uns lediglich mit der günstigsten und der ungünstigsten Variante gründlich

---

197 Dieser Text entstand auf der Grundlage eines Vortrags auf Einladung der Eugen Biser-Stiftung in München am 26. November 2013.

auseinanderzusetzen.[198] Auf unser Thema bezogen, ginge es um ‹Kirchenträume› und ‹Kirchenängste› als Heuristiken für günstige oder ungünstige Zukunftsvarianten.

Die Zukunft ist also nichts, was unserer Erkenntnis gegeben wäre, sondern der zentrale Gegenstand unserer *Erwartungen* als Subjekte, die entscheiden und handeln müssen. Das ist nicht die Perspektive des Wissenschaftlers, der sich auf das Erkenntnisfähige konzentriert. Zudem ist der Verfasser nicht Theologe, sondern Soziologe, und den Soziologen sagt man gelegentlich einen bösen, das heißt desillusionierenden Blick auf die sozialen Tatsachen nach. Deshalb sei hier von der Zukunfts*fähigkeit* des Christentums und nicht seiner *Zukunft* die Rede.

2. Gesellschaftliche Entkoppelung von ‹Christentum› und ‹Kirche›

Als zweites wäre der Begriff des Christentums zu präzisieren, aber auch das bietet Schwierigkeiten. Noch vor fünfzig Jahren ging man ohne Zweifel davon aus, Christentum sei das, was die christlichen Kirchen repräsentieren, und darunter verstand man in Deutschland mit einer gewissen Selbstverständlichkeit die römisch-katholische Kirche und die in der EKD zusammengeschlossenen evangelischen Kirchen. Weder von den Freikirchen noch den Christkatholiken war die Rede, geschweige denn von den Orthodoxen. Die beiden großen Konfessionskirchen hatten ein Interpretationsmonopol der religiösen Wirklichkeit, und auch die Öffentlichkeit orientierte sich an den staatskirchenrechtlichen Verhältnissen, welche sich eben mit diesen beiden Großkirchen befassten. Mehr noch: Was diese Kirchen repräsentierten, galt auch als *Religion* unter den deutschen Verhältnissen. Weder vom Judentum noch vom Islam oder gar vom Buddhismus oder Hinduismus war die Rede, und sie spielten damals auch noch keine Rolle hierzulande.

In den 1960er Jahren endete eine Epoche, in der Deutschland als bikonfessionelles christliches Land bezeichnet und Religion mit den christlichen Kirchen ineins gesetzt werden konnte. Der britische Kirchenhistoriker Hugh McLeod sieht nicht nur für Deutschland, sondern für Westeuropa und Nordamerika in dieser Zeit einen Bruch,

---

198 George L. S. Shackle: Decision, Order, and Time in Human Affairs, Cambridge 1961.

dessen Bedeutung er mit den Kirchenspaltungen im 16. Jahrhundert vergleicht.[199] Das erinnert an Eugen Bisers Forderung nach einer anstehenden glaubensgeschichtlichen Wende. Eine ähnliche Einschätzung legt die erste Studie eines Historikers über die Entwicklung der beiden großen Kirchen in Deutschland seit 1945 nahe. Thomas Großbölting stellt seine sorgfältige und detailreiche Studie unter den Titel «Der verlorene Himmel – Glaube in Deutschland seit 1945»[200].

Seit den 1970er Jahren beginnt sich die Einheit von Christentum, Kirchen und Religion im öffentlichen Bewusstsein aufzulösen: Zum einen wurden andere Weltreligionen nun aktuell, ich erinnere an die umstrittene Äußerung des ehemaligen Bundespräsidenten Wulff, auch der Islam gehöre nun zu Deutschland. Zum anderen ebneten sich die konfessionellen Unterschiede im Bewusstsein der Bevölkerung ein; die beiden Großkirchen werden heute meist in einem Zug genannt. So lösten die jüngsten Ereignisse um den Bischof von Limburg, Franz-Peter Tebartz-van Elst nicht nur bei den Katholiken, sondern auch bei den Evangelischen eine Kirchenaustrittswelle aus.

Aber der Religionsbegriff löste sich noch in einer anderen Weise von den Kirchen, indem er sich mit der *individuellen Religiosität* verband, welche sich immer häufiger in Distanz zu dem von den Kirchen Vertretenen versteht; «Gott (oder Religion) ja – Kirche nein». Als Ort von Religion wird zunehmend das Individuum verstanden, und nicht mehr die Kirchen. Das hängt mit umfassenden gesellschaftlichen Veränderungen zusammen, die meist unter dem Begriff der ‹Individualisierung› abgehandelt werden und hier nicht näher erläutert werden können.[201] Viele Menschen gehen nicht nur mit Bezug auf die Kirchen, sondern generell gegenüber Institutionen auf Distanz, weil sie deren Ansprüche mit ihrer individuellen Lebensführung nicht mehr glauben vereinbaren zu können. Die Relevanz des Institutionellen für die persönliche Identifikation schwindet, und zwar nicht nur im Bereich der Religion. Auch z. B. die Arbeiterbewegung hat ihre Kraft verloren. Soweit der Religion noch Kredit eingeräumt wird, wird auf ihren spirituellen Charakter verwiesen.[202]

199 Hugh McLeod: The Religious Crisis of the 1960s, Oxford 2009, S. 1.
200 Thomas Großbölting: Der verlorene Himmel – Glaube in Deutschland seit 1945, Göttingen 2013.
201 Vgl. hierzu Franz-Xaver Kaufmann: Kirche in der ambivalenten Moderne, Freiburg 2012, S. 56 ff., 81 ff.
202 Vgl. die große Studie von Charles Taylor: Ein säkulares Zeitalter, Frankfurt a. M. 2009.

Dagegen wird mit dem Begriff ‹Christentum› nunmehr eine von der kirchlichen Realität teilweise abgekoppelte, ideale kulturelle Wirklichkeit verstanden. Sie manifestiert sich in der Bach'schen Matthäuspassion oder dem Brahms'schen ‹Deutschen Requiem›, aber auch in moderner geistlicher Musik, etwa von Krzysztof Penderecki, Arvo Pärt oder Sofia Gubaidulina. Und natürlich in der Literatur, wo Autoren wie Hans Küng, Margot Kässmann, Anselm Grün oder Paolo Coelho Bestsellerstatus erreichen. Christliche Kunstmanifestationen bilden ein wesentliches Element unserer ästhetisierten Event-Kultur.

Auch im säkularen Raum finden sich Elemente eines ursprünglich christlichen Ethos: etwa in der individualistischen Menschenrechtsdoktrin, deren Grundgedanke, die fundamentale Gleichheit aller Menschen auf die christliche Lehre der Gottebenbildlichkeit aller Menschen zurückgeht. Oder in staatlichen und gesellschaftlichen Vorkehrungen zum Schutze der Armen und Schwachen, was ebenfalls in der jüdisch-christlichen Tradition grundgelegt ist. Schließlich die Mahnung zur Friedfertigkeit und die Verurteilung von Gewalt, auch wenn die Erinnerung an deren Grundlagen im Neuen Testament mit dem Gebaren mancher mittelalterlicher Päpste kollidiert. Der Münchner evangelische Theologe Trutz Rendtorff hat in diesem Zusammenhang schon früh von einem «Christentum außerhalb der Kirchen» gesprochen.[203] Es ist also viel ursprünglich christliches Ethos in die europäische Kultur eingelassen, das sich aber in Distanz zu den Kirchen entfaltet und nicht selten sogar in Kirchenkritik umschlägt, besonders deutlich im Zusammenhang mit dem Missbrauchsskandal. Der Philosoph Otfried Höffe betont die «Macht der Moral» in unseren öffentlichen Debatten.[204] Und wenn man deren implizite Normen prüft, so ergibt sich eine große Schnittmenge mit der von den Kirchen vertretenen Moral der Zehn Gebote und der Evangelien. Deshalb ist die Zukunftsfähigkeit des Christentums nicht allein an den Kirchen festzumachen. Wir sollten seine kulturellen wie auch seine individuellen Manifestationen nicht übersehen.[205]

203 Trutz Rendtorff: Christentum außerhalb der Kirche. Konkretionen der Aufklärung, Hamburg 1969.
204 Otfried Höffe: Über die Macht der Moral, in: Merkur – Deutsche Zeitschrift für europäisches Denken 50 (1996), S. 747–760.
205 Zu diesem Ansatz vgl. Franz-Xaver Kaufmann: Kirchenkrise – Wie überlebt das Christentum?, Freiburg i. Br. 2011, S. 116 ff.

Nicht nur das Verhältnis von Kirche und Religion sowie das Verhältnis der Bevölkerung zu den Kirchen haben sich erheblich verändert, sondern auch das *Selbstverständnis der Kirchen*. Das wird am deutlichsten in der römisch-katholischen Kirche, welche auf dem Zweiten Vatikanischen Konzil (1962–65) ein weitgehend neues Bild von sich selbst entworfen hat. Zwar wurde das streng hierarchische und papstzentrierte Bild der Kirche, wie es auf dem Ersten Vatikanum (1870) formuliert worden war und in der Folge auch ins Bewusstsein der Katholiken drang, in seinen dogmatischen Grundlagen nicht aufgehoben. Aber die theologischen und sozialen Akzente verschoben sich erheblich: Die theologische Bedeutung des Bischofsamtes wurde herausgearbeitet und die Rolle der Bischöfe für die Kirche neben dem Papst betont. Dies ging allerdings mit einer eklatanten Vernachlässigung der Orden und der einfachen Weltpriester durch das Konzil einher. Den Laien wurde erstmals eine ausdrückliche Stellung in der Kirche zugesprochen, und neue Formen der Laienbeteiligung wurden empfohlen. In ökumenischer Hinsicht wurde das Vorhandensein von Wahrheitserkenntnis auch in anderen Konfessionen, ja anderen Religionen anerkannt. Geradezu eine kopernikanische Wende bildete die erstmalige Anerkennung des Grundsatzes der Religionsfreiheit anstelle des Grundsatzes «Kein Recht für den Irrtum»[206]. Die Liturgiereform zeigte eine deutliche Wendung von dem abgehobenen Bild des Priesters, der das Altarssakrament als Arkanum verwaltet, zur Gemeinschaft der Abendmahlsfeier von Priester und Gläubigen im Sinne der biblischen Tradition. Auch wenn die Folgeprobleme des Konzils bis heute nicht voll aufgearbeitet sind, ist doch eine deutliche Wendung unübersehbar: Von einem den Menschen als Sünder betrachtenden und im Falle des Ungehorsams mit Höllenstrafen bedrohenden Kirchenverständnis hin zu einem Selbstverständnis der Kirche, das dem Dienst am zur freiwilligen Gottesliebe berufenen Menschen verpflichtet ist.

Auf der evangelischen Seite ist die Umorientierung nicht so deutlich. Das hängt mit der größeren Vielfalt der Orientierungen

---

206 Hierzu Ernst-Wolfgang Böckenförde: Über die Autorität päpstlicher Lehrenzyklien am Beispiel der Äußerungen zur Religionsfreiheit, S. 471–489, in: ders., Kirche und christlicher Glaube in den Herausforderungen der Zeit, Berlin ²2007. Vgl. auch Karl Gabriel u. a. (Hg.): Die Anerkennung der Religionsfreiheit auf dem Zweiten Vatikanischen Konzil. Texte zur Interpretation eines Lernprozesses, Paderborn 2013.

und Kirchenverständnisse zusammen, die bereits in die Zeit vor der Gründung der EKD zurückreichen. Die Spannung zwischen den Anhängern der ‹Bekennenden Kirche› und dem bürgerlichen Protestantismus, zu dem nicht wenige dem Nationalsozialismus nahestehende ‹Deutsche Christen› zählten, bestimmte die Nachkriegszeit. Auch sind die Unterschiede zwischen dem lutherischen Bekenntnis und den aus der Preußischen Union hervorgegangenen Kirchen trotz der ‹Leuenberger Konkordie›, also der wechselseitigen Anerkennung in Glaubens- und Kultfragen, noch nicht eingeebnet. Dennoch ist auch im Protestantismus eine Umorientierung vor allem seit den 1970er Jahren zu beobachten. Sie lässt sich als eine deutlichere Zuwendung zu gesellschaftspolitischen Problemen und als eine wachsende Abkehr von transzendenten Aspekten des Gottesglaubens charakterisieren. Auf diese Wendung zur Immanenz hatte die «Gott ist tot»-Theologie, am prominentesten vertreten durch Dorothee Sölle, großen Einfluss.[207] Genereller liegt die Feststellung nahe, dass große Teile der evangelischen Theologie «nach Auschwitz» vor der Theodizee-Frage kapituliert haben; der Frage also, wie die Existenz Gottes mit der Fülle menschlichen Leidens versöhnt werden könne.

Auch auf der katholischen Seite veränderten sich die Transzendenzvorstellungen: Hölle und Fegefeuer verloren ihren Realitätsstatus, und gelegentlich noch vorkommende Exorzismen wurden zur Schlagzeile für die Boulevard-Presse. Aus dem richtenden Gott wurde der ‹liebe Gott›.[208] Und mit dem Verschwinden der Hölle verlor auch der Himmel seine realitätsbestimmende Kraft. In der katholischen Theologie wird zunehmend erkannt, dass die herkömmliche, kirchenzentrierte Gottesrede keine Resonanz mehr findet, und nach neuen Formen der Gottesrede Ausschau gehalten. Das machte beispielsweise die Tagung der Europäischen Gesellschaft für Katholische Theologie in Brixen Ende August 2013 sehr deutlich.[209] «In der Regel werde viel zu wenig danach gefragt, wie die Botschaft ankomme, wer eigentlich die Adressaten seien und ob diese überhaupt erreicht würden. ‹Viel zu viele Texte werden gesprochen und geschrieben, weil es schlicht gleichgültig ist, ob jemand zuhört oder liest. Hauptsache, die Mittel wurden dafür bewilligt›», so Christiane

---

207 Großbölting, Der verlorene Himmel, S. 172 ff.
208 Eindrücklich Michael N. Ebertz: Die Zivilisierung Gottes. Der Wandel von Jenseitsvorstellungen in Theologie und Verkündigung, Ostfildern 2004.
209 Stephan Orth: Tücken der Gottesrede. Der Kongress der Europäischen Gesellschaft für Theologie in Brixen, in: Herder Korrespondenz 67 (2013), S. 569–573.

Florin bei diesem Anlass.[210] Und sie muss es wissen, ist sie doch die Redaktionsleiterin der Zeit-Beilage *Christ und Welt*, einem der wenigen verbliebenen Medien in Deutschland, die den Brückenschlag zwischen den Anliegen der Kirchen und einer breiten Öffentlichkeit versuchen. Gott wird nicht mehr als feststehende, von der katholischen Kirche präsentierte Wahrheit verstanden, sondern als stets im Zweifel stehende unsichtbare Wirklichkeit, um die «jeder Gläubige und ... auch jeder Bischof Tag um Tag ... kämpfen [muss, um] ‹erneut› zu glauben», so der Erzbischof von Chieti-Vasto, Bruno Forte, ebenfalls auf dieser Tagung. Von Gott können wir weit eher sagen, was er nicht ist, als was er ist, so die Vertreter der sogenannten ‹Negativen Theologie›.

In der Öffentlichkeit werden vor allem die moralbezogenen Äußerungen der Kirchen beachtet, und gerade in Deutschland äußern sich beide große Kirchen recht häufig zu moralischen Fragen. Auch in dieser Hinsicht ist eine Wendung zu beobachten, die man vielleicht mit der von Max Weber herkommenden Unterscheidung von ‹Gesinnungsethik› und ‹Verantwortungsethik› fassen kann: Auch moralische Fragen werden zunehmend unter dem Gesichtspunkt ihrer Folgen diskutiert, und nicht mehr demjenigen der zugrundeliegenden Prinzipien. Damit schwindet jedoch die spezifische Kompetenz, welche die katholische Kirche in Sachen der Moral bisher für sich in Anspruch genommen hat. Über die Folgen bestimmter Normen wissen die säkularen Wissenschaften meist mehr als die Theologie.

4. Erosion der Kirchlichkeit

Diese kulturellen Umorientierungen scheinen mir für unsere Fragestellung nach der Zukunftsfähigkeit des Christentums in Deutschland noch wichtiger als die nun kurz darzustellenden Erosionserscheinungen der Kirchen auf der statistischen Ebene. Ich kann mich hierfür auf eine Langfriststudie von Antonius Liedhegener beziehen, welcher erreichbare Daten zur Gottesdienstbeteiligung, zum Sakramentenempfang und den Kirchenaustritten für beide Konfessionen ab Mitte des 19. Jahrhunderts gesammelt hat. Ihm zufolge sank die Häufigkeit des Abendmahlsempfangs (als Ersatzgröße für den nicht erhobenen Gottesdienstbesuch) bei den Evangelischen von 60 %

210 Ebd. S. 572.

(um 1860) ziemlich kontinuierlich bis auf einen Wert von ca. 17 % der Gemeindemitglieder um 1940. Seit 1980 liegen regelmäßige Daten zum sonntäglichen Gottesdienstbesuch vor, der in etwa auf einem Niveau von 5 % der Konfessionsangehörigen verharrt. Bei den Katholiken liegen Daten zur Osterkommunion seit 1915 vor und zeigen bis 1934 einen Anstieg, fallen dann unter der Herrschaft des Nationalsozialismus aber brüsk ab. Einem kurzen Wiederanstieg nach Kriegsende bis 1950 folgte ein kontinuierlicher Rückgang. Er wird noch deutlicher bei den Kirchenbesucherzahlen, die von 50 % im Jahre 1950 auf 12 % im Jahre 2010 zurückgegangen sind, bei weiter fallender Tendenz.[211] Liedhegener schließt, dass die katholische Kirchlichkeit «mit einer Verzögerung von zwei bis drei Generationen … jene Säkularisierung als Entkirchlichung nach[vollzog], die für die evangelische Kirchlichkeit des 19. und 20. Jahrhunderts bestimmend war»[212].

Der Rückgang der Kirchenbindung ist in beiden Konfessionen offenkundig, aber noch bleiben wenigstens in den westlichen Bundesländern die meisten Getauften in ihrer Kirche. *Belonging without Believing* wird dieses Phänomen in der angelsächsischen Religionssoziologie benannt. Allerdings nimmt auch die Kirchenaustrittshäufigkeit zu. Sie war schon in der Zeit der nationalsozialistischen Herrschaft hoch, sank dann von Kriegsende bis ca. 1970 auf zu vernachlässigende Werte und steigt seither zunächst bei den Protestanten, ab Mitte der 1980er Jahre aber auch bei den Katholiken mit hohen jährlichen Schwankungen trendmäßig an. Im Jahre 2010, als der Skandal der Verschleierung klerikaler Missbrauchsfälle seinen Höhepunkt erreichte, überholten die Katholiken die Protestanten erstmals hinsichtlich der Zahl der Kirchenaustritte.[213]

Für den Anstieg der Konfessionslosigkeit in Deutschland ist neben den Kirchenaustritten und der Wiedervereinigung mit den weitgehend entkirchlichten Gebieten der ehemaligen DDR vor allem der Rückgang der Kindertaufen ursächlich. Dementsprechend altert das Kirchenvolk in beiden Konfessionen noch weit stärker als die Gesamtbevölkerung. Um 2010 war der Anteil der Konfessionslosen

---

211 Nach Antonius Liedhegener: Säkularisierung als Entkirchlichung. Trends und Konjunkturen in Deutschland von der Mitte des 19. Jahrhunderts bis zur Gegenwart, in: Karl Gabriel, Christel Gärtner, Detlef Pollack (Hg.), Umstrittene Säkularisierung. Soziologische und historische Analysen zur Differenzierung von Religion und Politik, Berlin 2012, S. 481–531, hier S. 508, Abb. 1.
212 Ebd. S. 512.
213 Ebd. S. 515, Abb. 2.

an der Bevölkerung etwa gleich groß wie derjenige der Angehörigen der beiden großen Kirchen, nämlich je etwa 30 %. Der Anteil der beiden großen Kirchen nimmt tendenziell weiter ab, jener der Konfessionslosen nimmt zu. Der Zeitpunkt ist absehbar, zu dem die Christen in Deutschland nicht mehr die Mehrheit der Bevölkerung bilden. Infolge der fortgesetzten Zuwanderung aus der Türkei und außereuropäischen Gebieten wachsen auch die Zahl und der Anteil der Muslime in Deutschland, bis 2010 auf etwa 5 %, mit weiter steigender Tendenz. Auch andere nichtchristliche Religionsgemeinschaften bilden mittlerweile religiöse Gemeinden und Netzwerke in Deutschland.[214]

Noch gravierender für die schwindende Zukunftsfähigkeit der Kirchen in Deutschland ist das Problem des geistlichen Nachwuchses, und dies trifft die katholische Kirche stärker als die evangelische, wo vor allem finanzielle Engpässe den Pfarrernachwuchs abschrecken. Auf der katholischen Seite sinkt die Zahl der Seminaristen und Priesterweihen von Jahr zu Jahr. Im Jahr 2012 wurden in den deutschen Diözesen 79 Neupriester geweiht, ein Jahr vorher waren es noch 86, 2009 waren es 99. Bezogen auf das Stichjahr 2011 machten die Neupriester 0,7 % des Bestands an Weltpriestern (12 472) aus. Nicht ganz so deutlich sank die Zahl der Seminaristen von 842 (2009) auf 726 (2012), aber immerhin um jährlich gut 3 %.[215] Die Gesamtzahl der Priester geht jährlich um ca. 1 % zurück, wobei die steigende Lebenserwartung in Rechnung zu stellen ist. Der Klerus altert von Jahr zu Jahr stärker, am stärksten in den Orden. Von den insgesamt 14 636 Priestern in Deutschland sind nur noch 9 414 (64 %) im aktiven pastoralen Dienst; bei den Ordenspriestern sind nur 45% unter 65 Jahre alt.[216] Zwar nimmt die Zahl der Laien im pastoralen Dienst zu, doch vermag dies angesichts des Umstandes, dass fast alle kirchenrechtlich relevanten Handlungen dem Klerus vorbehalten sind, die entstehenden Lücken nicht zu füllen. Auch der Import ausländischer Priester, vorzugsweise aus Polen und Indien, mag zwar in Einzelfällen eine überzeugende Lösung bieten, dürfte aber als strukturelle Maßnahme auf Dauer verheerend wirken.

214 Die Zahlenangaben für die nicht den großen Kirchen Zugehörigen sind sehr unsicher. Ein Überblick anhand verschiedener Schätzungen findet sich unter www. wikipedia: Religionen in Deutschland (Zugriff am 26. 10. 2013).
215 Katholische Kirche in Deutschland: Zahlen und Fakten 2010/11 und 2012/13. Arbeitshilfen Nr. 249 und 263, hg. vom Sekretariat der Deutschen Bischofskonferenz in Bonn, jeweils S. 12.
216 Zahlen über Priesterbestände nach www.wikipedia: Römisch-Katholische Kirche in Deutschland (Abruf am 19. 11. 2013).

Halten wir die religionskulturellen Veränderungen und die statistisch feststellbare Erosion der Volkskirchlichkeit nebeneinander, so liegt die Erklärung nahe, dass es den christlichen Kirchen in Deutschland nicht gelungen ist, den Herausforderungen der Aufklärung gerecht zu werden, die doch gerade im deutschen Protestantismus ihren stärksten Nährboden hatte. Die katholische Kirche vermochte zwar mit Hilfe ihres Antimodernismus, die Katholiken fast ein Jahrhundert länger an sich zu binden, doch umso fragwürdiger wird ihre Tradition, nachdem dieser ideologische Schutzwall zusammengebrochen ist. Aus soziologischer Sicht waren es vor allem die in die allgemeine Sozialstruktur eingelassenen sozialen Milieus der Katholiken, welche unter ihnen einen engen Kommunikationszusammenhang und eine Abschottung nach außen ermöglichten. Bis zum Zweiten Weltkrieg förderte auch die konfessionelle Homogenität der Regionen als Folge landesherrlicher Festlegungen im 16. und 17. Jahrhundert die konfessionelle Segregation. Flucht und Vertreibung führten in der Nachkriegszeit zu einer konfessionellen Mischung der Bevölkerung; zudem förderte auch die wirtschaftliche Entwicklung die individuelle Mobilität. Hinzu kam die wachsende Wirkung von Radio und Fernsehen, wodurch säkulare Weltinterpretationen auch in noch einigermaßen homogene Milieus Eingang fanden. Die Beschleunigung des sozialen Wandels, insbesondere die sich wandelnde Stellung der Frauen in der Gesellschaft, tat ein Übriges, um die traditionsbestimmten Bastionen des Katholizismus einzuebnen.

Vielfach wird das Zweite Vatikanische Konzil für diese Einbrüche mit verantwortlich gemacht. Die bereits erwähnte Studie von Großbölting macht nun deutlich, dass die religiöse Erosion bereits in den 1950er Jahren begann, und nicht etwa 1968.[217] Es spricht mehr dafür, dass das Zweite Vatikanische Konzil mit seinem eindrücklichen Arbeitsergebnis einen nachhaltigen Versuch der katholischen Kirche darstellt, mit den Herausforderungen der Aufklärung und den sich wandelnden Selbstverständlichkeiten der Moderne umzugehen. Allerdings hat insbesondere die Enzyklika *Humanae vitae* von Papst Paul VI. (1968) mit ihrer definitiven Ablehnung der meisten Möglichkeiten der Geburtenregelung nachhaltig dazu beigetragen, katholische Ehepaare in Distanz zu ihrer Kirche zu bringen. Der weit-

217 Großbölting, Der verlorene Himmel, S. 91, 260.

gehende Zusammenbruch der Beichtpastoral dürfte in erheblichem Umfang dadurch angestoßen worden sein, hat aber tiefer liegende Ursachen.[218] Denn der häufige Empfang des Buß- und Altarsakraments wurde erst von Papst Pius X. zu Beginn des 20. Jahrhunderts gefordert, und beides meist im Zusammenhang geschen. Vor allem unter dem Einfluss einer sich liberalisierenden Umwelt wurde die Beichte von vielen Gläubigen als Disziplinierungsinstrument verstanden und daher vom häufigen Kommunionempfang nach der Liturgiereform abgekoppelt.[219] Nun wurde die Lehre der Kirche ernst genommen, dass nur im Falle schwerer Sünden eine Beichtpflicht bestehe. Wie der seit der Liturgiereform nahezu selbstverständlich gewordene Brauch, beim Messebesuch auch die heilige Kommunion zu empfangen, zeigt, fühlen sich allerdings zum mindesten die meisten Kirchgänger unter den Katholiken ohne schwere Sünde, auch wenn zu vermuten ist, dass viele von ihnen hinsichtlich der Empfängnisverhütung wie auch hinsichtlich mancher Kirchengebote sich nicht an die Vorschriften ihrer Kirche halten. Nach der herkömmlichen Morallehre wurden derartige Verstöße als potenziell schwere Sünden qualifiziert. Die Widersprüche zwischen Kirchenlehre und Kirchenpraxis nehmen offensichtlich zu.

Diese Beobachtungen legen eine Interpretation der neueren religiösen Entwicklungen nahe, welche nicht ganz so pessimistisch ist, wie es die bisherigen Darlegungen erwarten lassen. Wer längere kirchengeschichtliche Zeiträume ins Auge fasst, wird insbesondere hinsichtlich des Katholizismus früherer Zeiten immer wieder auf eine weitreichende Laxheit der Laien hinsichtlich der kirchlichen Gebote (etwa dem Verbot von Zauberei und Aberglauben) und auf verbreitete Herrschaftsgelüste und Disziplinlosigkeiten des Klerus stoßen. Das gilt beispielsweise für das 18. Jahrhundert – grob gesagt. Die Enteignung der meisten Kirchengüter unter dem Diktat Napoleons löste eine heilsame Bedrohung der katholischen Kirchenordnung aus, die sich innert zwei Generationen aus einem feudalen System adliger Fürstbischöfe zu einem auf Konkordaten beruhenden, romzentrierten System mit meist frommen bürgerlichen Bischöfen wandelte. Das war keineswegs nur eine innerkirchliche Reform. Vielmehr lag den meisten europäischen Staaten daran, die Kirchen

218 Eindrückliche Zeugnisse bei Rupert M. Scheule: Beichte und Selbstreflexion. Eine Sozialgeschichte katholischer Bußpraxis im 20. Jahrhundert, Frankfurt a. M. 2000.
219 Vgl. Peter Innhofen: Schuld und Sühne. Geschichtliche Etappen der Bußpraxis in theologischer, juridischer und soziologischer Betrachtung, in: ders.: Moraltheologie zwischen Recht und Ethik, Berlin 2012, S. 83–109.

aller Konfessionen in ihrem Herrschaftsbereich als moralische Ordnungsfaktoren ihrer bürgerlichen Gesellschaft zu inkorporieren und am liebsten zu Nationalkirchen zu vereinheitlichen.

Die nunmehr mit mehr Recht als je zuvor als römisch-katholische zu bezeichnende Kirche ließ sich allerdings auf dieses Ansinnen nicht ein, wie in Deutschland besonders eindrücklich der Konflikt des Kölner Erzbischofs mit dem preußischen Staat zeigte, der als ‹Kölner Ereignis› (1832) in die Gründungsgeschichte des deutschen Katholizismus als selbstständiger gesellschaftlicher Größe eingegangen ist. Die zunehmende Abwehrhaltung gegen liberale, laizistische und protestantische Einflüsse brachte es vielmehr mit sich, dass die Kirche im Innenverhältnis nicht nur eine bessere Ausbildung und größere Disziplin des Klerus erreichte, sondern auch eine gesteigerte Loyalität der Laien gegenüber dem Papst und dem von Rom autorisierten Klerus. Wir können für die Zeit zwischen dem I. und II. Vatikanischen Konzil eine in der Christentumsgeschichte seit der Konstantinischen Wende wahrscheinlich einmalige Kongruenz zwischen Priesterreligion und Volksreligion beobachten. Und eben diese Kongruenz scheint sich in den letzten Jahrzehnten wieder aufzulösen.

Vielleicht wird man die Zeit der Pius-Päpste – von Pius IX. (gewählt 1846) bis Pius XII. (gestorben 1958) – rückblickend als eine Zeit der religiösen Überanstrengung der Gläubigen charakterisieren. Die Kirche stabilisierte sich angesichts der neuen geistigen und politischen Bewegungen nach rückwärts und orientierte sich an den Ansprüchen der hoch- und spätmittelalterlichen Päpste. Sie entfaltete ihr Kirchenverständnis als absolute Herrschaft im Namen Gottes in einer Zeit, in der der Absolutismus in der säkularen Gesellschaft eben überwunden war, und hieran hat sich kirchenrechtlich bis heute nichts Grundsätzliches geändert.[220] Nach dem Verlust des Kirchenstaates verschob sich der absolutistische Gehorsamsanspruch ins Geistige. Die Kirche suchte die Kontrolle der Gewissen, nicht nur der kirchlichen Praxis, und moralisierte vor allem das Privatleben in einer Zeit, wo dieses sich allmählich von den politischen und sozialen Kontrollen emanzipierte. Bereits die große «Umfrage unter allen Katholiken» im Vorfeld der Gemeinsamen Synode der deutschen Bistümer (1970) ließ erkennen, dass die Katholiken der öffentlichen Funktion der Kirche weit größere Bedeutung zumessen als ihrer

220 Vgl. Tine Stein: «Complexio oppositorum» – Die Verfassungsstruktur der römisch-katholischen Kirche aus politikwissenschaftlicher Perspektive, in: Zeitschrift für Politik 60 (2013), S. 263–293.

Bedeutung für das persönliche Leben, und zwar auch bei den stark Kirchenverbundenen.[221] Das Zweite Vatikanische Konzil hat dagegen die Freiwilligkeit des Glaubens und eine größere Offenheit der christlichen Botschaft betont, aber zum mindesten in Deutschland spielt das Kirchenrecht eine größere Rolle als der charismatische Aufbruch des Konzils.

6. Zukunftsfähigkeit – nicht aus eigener Kraft

Wenden wir uns nun abschließend der Frage nach der Zukunftsfähigkeit des Christentums in Deutschland direkt zu. Dabei ist ein bisher nicht erwähnter Sachverhalt ins Auge zu fassen, nämlich das Staatskirchenrecht. Die Weimarer Reichsverfassung hatte hier Grundsätze formuliert, die vom Grundgesetz übernommen wurden.[222] Sie privilegierten bisher *de facto* die konfessionellen Großkirchen, die als Körperschaften des öffentlichen Rechts anerkannt sind und denen das Recht zugesprochen wird, «auf Grund der bürgerlichen Steuerlisten … Steuern zu erheben»[223]. Das stellt diese Kirchen in Deutschland auf eine im internationalen Vergleich einmalig sichere und auskömmliche rechtliche und finanzielle Grundlage, deren Änderung mit verfassungsändernder Mehrheit politisch sehr unwahrscheinlich bleibt; allenfalls könnten landesrechtliche Änderungen der Besteuerungspraxis die für beide Seiten günstige Erhebungsform zum Nachteil der Kirchen modifizieren. Alle bisherigen Versuche, die als ‹hinkend› bezeichnete Trennung von Kirche und Staat zu vollenden, sind an der starken verfassungsrechtlichen Stellung der Kirchen, aber auch an dem öffentlichen Interesse gescheitert, das den Kirchen als moralsichernden Einrichtungen nach wie vor entgegengebracht wird.

Bezogen auf die Zukunftsfähigkeit der Kirchen in Deutschland ist somit die einigermaßen paradoxe Situation zu konstatieren, dass deren institutionelle Integrität staatskirchenrechtlich hochgradig abgesichert ist, dass aber gerade die massive, vor allem durch Recht und Geld gesteuerte Institutionalität den religiösen Bedürfnissen ihrer Ange-

---

221 Vgl. Franz-Xaver Kaufmann: Kirchliche und außerkirchliche Religiosität, in: ders., Theologie in soziologischer Sicht, Freiburg i. Br. 1973, S. 93–126.

222 Artikel 140 des Grundgesetzes lautet: «Die Bestimmungen der Artikel 136, 137, 138, 139 und 141 der Deutschen Verfassung vom 11. August 1919 sind Bestandteil dieses Grundgesetzes.»

223 Art. 137, Absatz 4 der Verfassung von 1919.

hörigen zunehmend zuwiderläuft. Selbst die Forderung von Papst Benedikt XVI. in seiner Freiburger Rede nach einer Entweltlichung der Kirche wurde als Kritik am deutschen Kirchensteuersystem verstanden. Dass ein katholisch getaufter Gläubiger, der seinen Glauben bekennt, sich selbst aus der Kirche ausschließen muss, wenn er mit deren Finanzgebaren nicht einverstanden ist, erscheint auch theologisch kaum haltbar. Aber die Kirchenjuristen werden dafür sorgen, dass sich daran nichts ändert.

Eine weitere Stütze für die deutschen Kirchentümer ist von der internationalen Vernetzung insbesondere der katholischen Kirche zu erwarten. Das klang hier schon beim Hinweis auf die «Priester der Weltkirche» an, an die sich nun die deutschen Gläubigen zu gewöhnen haben. Selbst massive politische Eingriffe in die Kirchenhoheit, wie sie unter postkommunistischen Regimen noch heute zu beobachten sind, haben es nicht vermocht, die römisch-katholische Kirche auszurotten. Die EKD ist zwar ebenfalls über den Weltkirchenrat international vernetzt, doch hat dieser keine der katholischen Kirche vergleichbaren Unterstützungsmöglichkeiten. In der Regel wird aber die EKD nicht unabhängig von der katholischen Kirche Repressalien ausgesetzt werden, sodass sie von deren tiefgreifenden internationalen Vernetzung profitiert.

So sind die Kirchen in institutioneller Hinsicht in Deutschland für eine absehbare Zukunft gesichert, allerdings wohl nicht aus eigener Kraft. Wenn wir das Christentum allein mit dem von den Kirchen Vertretenen identifizieren und die Tendenzen der letzten Jahrzehnte fortschreiben, sind die Perspektiven eher düster. Allerdings fällt auf, dass der Protestantismus sich seit etwa drei Jahrzehnten auf einen nicht mehr weiter schwindenden Sockel von Kirchentreuen stützen kann, der etwa 5 % ihrer Mitglieder ausmacht, und dass diese häufig auf einflussreichen Positionen zu finden sind. Ich vermute, dass auch die Katholiken in absehbarer Zeit einen solchen Sockel der Kirchenverbundenheit erreichen, der allerdings nicht wesentlich höher liegen dürfte. Das heißt aber auch: Das aktive Moment der Kirchenverbundenheit wird noch stärker als bisher zu einem Minderheitenphänomen, und wahrscheinlich wird sich das auch in der öffentlichen Einschätzung der Kirchen ausdrücken. Wie die Kirchen selbst damit umgehen werden, ist eine andere, weithin offene Frage.

Es sei an die einleitend erwähnte Entscheidungstheorie des britischen Ökonomen George L. S. Shackle erinnert, der zufolge ein

Handelnder bei seinen Entscheidungen nicht so sehr auf Entwicklungen in seiner Umwelt, sondern auf seine Handlungsmöglichkeiten im Verhältnis zu seinen Ressourcen achten soll. Betrachten wir die Kirche für einen Augenblick als einheitlichen Akteur, als der sich die römische Papstkirche ja auch versteht, so scheint diese den Rat Shackles durchaus zu beachten. Unabhängig von äußeren Entwicklungen wird auf einen Beistand des Heiligen Geistes vertraut, der sozusagen die zentrale Ressource darzustellen scheint. Nun ist solcher Glaube durchaus im Sinne der biblischen Offenbarung, aber er verbindet sich spätestens seit dem Frühmittelalter mit einem geistlichen, ja häufig auch politischen Herrschaftsanspruch des Papstes, und dass die Frohe Botschaft so gemeint sei, glauben heute nur noch besonders an die römische Tradition gebundene Katholiken. Hier steht in der Tat eine glaubensgeschichtliche Wende an, welche den Heiligen Geist nicht mehr allein, ja vielleicht nicht einmal primär in Rom beheimatet sieht. Aber eine ‹Neue Theologie› reicht nicht aus.

Das dominierende Phänomen scheint mir heute die wachsende Gleichgültigkeit gegenüber den Kirchen und weithin auch den Botschaften des Christentums zu sein, nicht jedoch der Atheismus, der von den Kirchen gerne als Gegner ausgemacht wird. Wer hierzulande den Ton angibt, lebt in saturierten und einigermaßen moralischen Verhältnissen. Der Tod ist aus dem Alltag weitgehend verschwunden; Krankheit findet in Krankenhäusern und meist erst gegen das Lebensende hin statt. Zwar gibt es viele Ungewissheiten und potenzielle Gefahren, aber sie sind nicht von der Art, dass ein religiöser Glaube hier Hilfe verspricht. Wir haben uns in unserer Welt so gut eingerichtet, dass wir der Gnade Gottes nicht mehr zu bedürfen glauben. Überhaupt scheint die gegenwärtige Kirchenkrise durch eine in der Öffentlichkeit selten thematisierte Krise des Gottesglaubens mit bedingt. Wir leben alltäglich in einer völlig immanenten Welt, und was unseren Alltag transzendiert gehört, so wissen wir zu Recht, ebenfalls in den Bereich unserer immanenten Welt. Die Chiffrierungen von Transzendenz, die in den Sakramenten der katholischen Kirche und in vielerlei Formen des Gebets immerhin noch vorhanden sind, lassen sich in den Lebenshorizont derjenigen, die nicht glauben, kaum mehr vermitteln, weil das kollektive Wissen um Selbstverständnis und Praxis des Christentums im kollektiven Gedächtnis immer mehr verblasst.

Es sind also die erfolgreichen säkularen Umstände, welche die Plausibilität oder Notwendigkeit des Christentums verblassen lassen. Eine Veränderung dieser Umstände könnte vielleicht zu einer Renaissance des Interesses am Christentum führen. Beispielsweise könnte die Bedrohung durch das Bevölkerungswachstum in den islamischen Ländern bei gleichzeitigem Schrumpfen der genuin europäischen Bevölkerungen zu einem Meinungsumschwung führen. Aber wie werden die Kirchen darauf vorbereitet sein?

Was wir in Deutschland und einigen anderen Ländern Europas beobachten, entspricht allerdings nicht dem allgemeinen, weltweiten Trend. Hier ist das Christentum – etwa parallel zum Islam – nach wie vor auf dem Vormarsch. Im Bereich des Protestantismus haben allerdings nicht die traditionellen protestantischen Kirchen, sondern neue, oft enthusiastisch geprägte religiöse Bewegungen den größten Erfolg, zum Teil übrigens auch bei Katholiken. Die von Europa geprägte Religionssoziologie glaubte im 20. Jahrhundert einen notwendigen Zusammenhang zwischen Modernisierung und Säkularisierung feststellen zu können. Inzwischen haben der Machtgewinn des Islam und die Intensität religiöser Auseinandersetzungen in weiten Teilen der Welt – das Christentum ist dabei die am stärksten verfolgte Weltreligion – die internationale Religionssoziologie dazu gebracht, die zunehmende Religionslosigkeit Westeuropas als Sonderfall und nicht mehr als Modellfall der Modernisierung anzusehen. Mittlerweile hat sich auch auf weltgesellschaftlicher Ebene ein ‹religiöses Feld› etabliert, wie nicht zuletzt die päpstlichen Initiativen zu einem Weltgebet der Religionen in Assisi zeigen. ‹Religion› ist nicht am Absterben als Folge der Modernisierung. Aber sie unterliegt in ihren diversen kulturellen Ausprägungen spezifischen Veränderungen, bedingt durch die Auseinandersetzung der einzelnen Traditionen mit ihrer sich modernisierenden Umwelt.

Was das für den deutschen Fall zu bedeuten hat, habe ich im Vorangehenden zu skizzieren versucht. Ein implizites Christentum ist im öffentlichen, insbesondere dem politischen und juristischen Ethos nach wie vor präsent, während sich im Bereich von Wirtschaft und Wissenschaft andere, häufig von den Vereinigten Staaten inspirierte Maßstäbe durchzusetzen scheinen, die teilweise in Konflikt mit dem christlichen Ethos geraten. Der Einfluss der Kirchen auf die Politik und auf die Lebenswirklichkeit ihrer Mitglieder ist deutlich zurückgegangen. Während im Protestantismus eine offenkundige Verweltlichung zu beobachten ist, scheint die katholische Kirche weiterhin in einer Spannung zwischen den autokratischen Traditionen des Ersten und den vom Glauben an das Wirken des Heiligen Geistes in der Gesamtkirche getragenen Perspektiven des Zweiten Vatikanums zu leben. Lebensweltlich äußert sich dieser Kontext vor allem als Spannung zwischen Kirchenrecht und pastoraler Praxis vor Ort.

Geschützt durch ein im Grundgesetz verankertes Staatskirchenrecht, droht den Kirchen in Deutschland politisch wenig Gefahr. Doch dieser starke rechtliche Status verbindet sich mit einer besonderen Loyalität des Episkopats gegenüber Rom auch in kirchenrechtlichen Fragen, welche von den Gläubigen oft als Belastung empfunden wird. Die sich ausbreitende Zusammenlegung von Pfarreien zu Großgemeinden in der katholischen Kirche leistet der weiteren Erosion der Volkskirchlichkeit in dieser Konfession zweifellos Vorschub.

Man kann diese Entwicklungen theologisch sehr unterschiedlich deuten. Ich selbst habe wiederholt die Frage nach den Bedingungen eines modernitätsresistenten Christentums gestellt und dabei an das Wort von Karl Rahner erinnert: «Der Fromme von morgen wird ein ‹Mystiker› sein, einer, der etwas ‹erfahren› hat, oder er wird nicht mehr sein, weil die Frömmigkeit von morgen nicht mehr durch die im voraus zu einer personalen Erfahrung und Entscheidung einstimmige, selbstverständliche öffentliche Überzeugung und religiöse Sitte aller mitgetragen wird.»[224] Das weist in eine ähnliche Richtung wie die These von Charles Taylor, der den Fortgang der Religionsentwicklung in deren Spiritualisierung sieht.[225]

Eine ähnliche, aber offensivere Haltung gegenüber der Moderne nimmt die Theologie Eugen Bisers ein. Wenn ich den Grundgedanken seiner ‹Neuen Theologie› richtig verstehe, so geht es ihr darum, die Gottesbotschaft Jesu im Rückgriff auf die Zeugnisse der Bibel in ihrer Bildhaftigkeit, in ihrem therapeutischen Charakter und in ihrer sozialen Dimension der Nächstenliebe und des Gewaltverbots den Menschen von heute wieder nahe zu bringen.[226] Es geht ihr darum, den immanenten Reduktionismus der Moderne auf die Wahrheit des naturwissenschaftlich Erfassbaren und Erklärbaren aufzubrechen und moderne Menschen zur Frage nach ihrer Personalität und dem Sinn ihres Lebens zurückzuführen. In seiner Kritik der ‹Alten

224 Karl Rahner: Frömmigkeit früher und heute, in: ders., Schriften zur Theologie, Bd. 7, Einsiedeln und Zürich ³1971, S. 11–31, Zitat S. 22.
225 Vgl. Taylor, Ein säkulares Zeitalter, S. 11–48.
226 Vgl. Theologie der Zukunft. Eugen Biser im Gespräch mit Richard Heinzmann, Darmstadt 2005, S. 27.

Theologie›, die das Historische des Christentums in den Bereich der Kontingenz verweist und Gott in einer ahistorischen Seins-Metaphysik zu lokalisieren und in gewisser Weise zu immunisieren sucht, trifft sich Biser durchaus mit der impliziten Kritik, die den meisten vorangehenden Texten zugrunde liegt.

XIII. KANN ES HEUTE KATHOLISCHE INTELLEKTUALITÄT GEBEN?

Es müsste zunächst viel Schutt weggeräumt werden: Schutt der eigenen Kirchengeschichte wie auch Schutt vergehender Selbstdeutungen der Moderne. Keine Entsorgung, sondern kritische Erinnerung von Vergangenheit. Das ist ein typisches Geschäft von Intellektuellen, doch würde dies das Format dieses Beitrags sprengen. Wir fragen nach Möglichkeiten und Hindernissen für eine katholische Intellektualität im Horizont von beidem, der Ernüchterung von einem transhistorischen und die Totalität der Lebensführung für sich in Anspruch nehmenden, kirchlichen Triumphalismus einerseits, und andererseits der Ernüchterung von den Hoffnungen der Aufklärung, im Horizont völliger Säkularität den menschlichen Fortschritt allein auf Wissenschaft und sich selbst regulierende Freiheit zu gründen.

1. Was ist das – ein Intellektueller?

Intellektuelle, so belehren uns einschlägige Lexika, sind im Sinne ihrer Kultur gebildete Leute, die ihr Wissen zur umfassenden Deutung von Wirklichkeit in praktischer Absicht einsetzen. In diesem Sinne wird man schon auf der magischen Stufe der Weltdeutung von Zauberern oder Schamanen als Intellektuellen sprechen können. Im Horizont der Neuzeit, und insbesondere der bürgerlichen Gesellschaft, wird dem Intellektuellen eine gewisse institutionelle Unabhängigkeit zugesprochen, darin dem Künstler vergleichbar. Im Zuge der Verwissenschaftlichung der westlichen Kultur ist Intellektualität als Habitus des Intellektuellen nur noch unter Bezugnahme auf prüfbares Wissen und künstlerisch stilisierte Metaphorik plausibel. Im Regelfalle beruht die Autorität des Intellektuellen auf seiner Expertise. Allerdings will der Intellektuelle nicht, wie der forschende Wissenschaftler, immer mehr von immer weniger wissen, sondern er strebt synthetische und daseinsdeutende, häufig zeitdiagnostische Erkenntnis an, die er – meist auch bildhaft, in metaphorischen

Formulierungen, und unter wenigstens impliziter Bezugnahme auf werthafte Überzeugungen oder moralische Normen – in praktischer Absicht öffentlich verbreitet.[227] Vom modernen Intellektuellen wird erwartet, dass er das Risiko des eigenen Denkens und Urteilens auf sich nimmt; das Risiko des Handelns bleibt ihm allerdings in der Regel erspart.

Als Intellektueller gilt nur, wer im Rahmen einer bestimmten Öffentlichkeit mit seinen Deutungen ernst genommen wird, darin unterscheidet er sich vom Demagogen. Das schließt Streit über seine Deutungen nicht aus, sondern typischerweise ein. Der Streit über Wirklichkeitsdiagnosen, die auch die Form von Pamphleten, Denkschriften oder Kunstwerken annehmen können, bewirkt vielmehr häufig erst das öffentliche Ansehen bestimmter Intellektueller. Émile Zolas *J'accuse* (1898) oder der «Athanasius» von Josef von Görres (1838) sind klassische Beispiele historisch nachhaltig wirksamer Streitschriften: Görres brachte die katholische Bewegung in Deutschland ins Rollen, Zola die Dreyfus-Affäre, und trug damit zum Sieg des Laizismus in Frankreich bei.

Die Moderne, d. h. die kulturell mit der Aufklärung beginnende Epoche, war das Zeitalter der Ideologien. Liberalismus, Konservatismus und Sozialismus bildeten sich schon um 1830 als konkurrierende Wirklichkeitsdeutungen und politische Programme heraus und prägten die weltanschaulichen Fronten im 19. Jahrhundert. Damit fanden auch Intellektuelle eine meist umgrenzte Öffentlichkeit und die Resonanz eines geistesverwandten Publikums.

2. Katholischer Integralismus

Mit Pius IX. und erst recht Leo XIII. gewann auch der Katholizismus ideologische Züge: Eine «katholische Weltanschauung», die sich vor allem auf kirchliche Traditionen und das scholastische Naturrecht berief, sollte die Katholiken von den Versuchungen der Moderne fernhalten und ihnen Orientierung in politischen Auseinandersetzungen vermitteln. Diese ideologische Formierung wurde

---

227 Überblicke über Diskurse zur Intellektualität geben zwei aus Tagungen des Zentrums für interdisziplinäre Forschung der Universität Bielefeld hervorgegangene Bände: Ingrid Gilcher-Holtey (Hg.): Zwischen den Fronten. Positionskämpfe europäischer Intellektueller im 20. Jahrhundert, Berlin 2006; Martin Carrier/Johannes Roggenhofer (Hg.): Wandel oder Niedergang? Die Rolle des Intellektuellen in der Wissensgesellschaft, Bielefeld 2007.

zum Überbau der katholischen Bewegung, zu der sich die Katholiken vor allem im protestantischen oder laizistischen Umfeld im Horizont von Aufklärung und Säkularisierung während des 19. Jahrhunderts zusammengeschlossen hatten. Der Katholizismus entwickelte sich zu einer «antimodernistischen» Sonderkultur, und es gelang ihm unter der geistigen und meist auch organisatorischen Führung durch eine hierarchisch organisierte Klerikerkirche eine milieumäßige Verdichtung und mancherorts auch eine politische Selbstorganisation.[228] Der kirchliche Triumphalismus, kulminierend in einer die kirchenpolitischen Implikationen des römischen Zentralismus verdrängenden Papstfrömmigkeit, gab den Katholiken Selbstbewusstsein in ihrem Anderssein. Und die Ausgrenzung der Katholiken aus den herrschenden Diskursen und kulturellen Organisationen stabilisierte die Grenze zur dominanten Kultur erst recht.

Die Dominanz des klerikalen und hierarchischen Prinzips war der Entwicklung einer eigenständigen katholischen Intellektualität nicht förderlich. Dennoch wird man z. B. die Gründerväter der katholischen Soziallehre wie Wilhelm Emmanuel von Ketteler, Franz Hitze oder Georg von Hertling ebenso als katholische Intellektuelle bezeichnen dürfen wie einflussreiche spätere Vertreter, etwa Götz Briefs, Joseph Höffner oder Oswald von Nell-Breuning. Im Unterschied zur zeitdiagnostisch sterilen Neuscholastik fand hier durchaus eine Auseinandersetzung mit den Problemen der Zeit statt. Als «katholische Intellektuelle» ins Auge stechen jedoch vor allem Denker und Publizisten, die, wenngleich fest in ihrer Kirche verankert, sich vorsichtig den «Zeichen der Zeit» öffneten und durch ihre geistige Offenheit die gebildeten Katholiken für neue Perspektiven sensibilisierten. Erinnert sei an die Publizisten Friedrich Muckermann («Der Gral»), Carl Muth («Hochland») sowie an Romano Guardini für die Weimarer Zeit.[229]

---

228 Zur begrifflichen Rekonstruktion des Katholizismus vgl. Franz-Xaver Kaufmann: Zur Einführung: Probleme und Wege einer historischen Einschätzung des II. Vatikanischen Konzils, in: ders./Arnold Zingerle (Hg.): Vatikanum II und Modernisierung – Historische, theologische und soziologische Perspektiven, Paderborn 1996, S. 9–34, bes. S. 11–18.

229 In Frankreich entstand in unmittelbarer Reaktion auf die Marginalisierung des katholischen Einflusses im Zuge der Trennung von Kirche und Staat eine antilaizistische Bewegung katholischer (und häufig zum Katholizismus konvertierter!) Literaten, deren Zugehörige sich nur teilweise und sehr allmählich von einem klerikal-römischen Kontrollanspruch zu emanzipieren vermochten. Vgl. Hervé Serry: Die Regeln des Glaubens. Formen und Logiken des Engagements katholischer Intellektueller in Frankreich (1880–1935), in: Gilcher-Holtey, Zwischen den Fronten, S. 63–86.

Erst nach dem Ersten und verstärkt nach dem Zweiten Weltkrieg wurde allmählich das Beengende dieser Beschränkung auf sich selbst bewusst: Von einer «Ghettoisierung» des Katholizismus war nun die Rede, und von einer selbst gewählten Isolation vor den Herausforderungen der Zeit. Flucht und Vertreibung, aber auch die von wirtschaftlichen Chancen geförderte Mobilität steigerten die räumliche Nähe der Katholiken zu Andersdenkenden; und Rundfunk und Fernsehen etablierten eine die weltanschaulichen Orientierungen übergreifende Öffentlichkeit, die bis in die primären Beziehungsräume von Familie und Nachbarschaft hineinreichte. Die katholischen Plausibilitätsstrukturen verloren ihr Interpretationsmonopol der Wirklichkeit. Sie wurden nun in ihrer Andersartigkeit auch vielen Katholiken bewusst. In Deutschland hatte zudem der Widerstand gegen den Nationalsozialismus später einflussreiche Katholiken und Protestanten einander näher gebracht. Während die Gründung überkonfessioneller «Christlicher Gewerkschaften» um die Wende zum 20. Jahrhundert noch zu erbitterten innerkatholischen Auseinandersetzungen geführt hatte, die nur durch Rom geschlichtet werden konnten, warf die Gründung der überkonfessionellen CDU, ja selbst der Übergang von Bekenntnisschulen zu Gemeinschaftsschulen, keine größeren kirchenpolitischen Wellen mehr. Die ökumenische Bewegung gewann an Gewicht, je mehr sich die katholische Weltanschauung auflöste.

Seinen Todesstoß erhielt der katholische Integralismus durch das Zweite Vatikanische Konzil, dem Papst Johannes XXIII. die Aufgabe einer «Öffnung der Kirche zur Welt» gestellt hatte. Kirche wurde nun nicht mehr als staatsanaloge *societas perfecta*, als autarker Sozialkörper verstanden, sondern als das pilgernde Volk Gottes in der Geschichte der Menschheit, das in einem ständigen *Austausch* mit seiner Umwelt steht und auf diese einwirkt. Was daraus allerdings für die Identität des Katholischen und deren Bedingungen folgt, blieb unreflektiert. In der Praxis setzte sich weithin der mit der *nota praevia* zur Kirchenkonstitution eingebrachte Rekurs auf die juridischen Kirchenstrukturen durch, sodass das Kirchenverständnis seither in einer merkwürdigen Ambivalenz zwischen rechtlich formalisierter episkopaler Institution, ritueller Zugehörigkeit und spiritueller Vergemeinschaftung oszilliert, dem aber eine eindeutige kulturelle Identität abhanden gekommen scheint. Der Bedeutungsverlust der Orden ist das wohl bedenklichste Symptom des nachkonziliaren Episkopalismus.

Nicht nur der Katholizismus, auch die übrigen Großideologien haben nach einer gewissen Renaissance im Anschluss an den Zweiten Weltkrieg an Milieubindung und damit Plausibilität verloren. Hieran orientierte sich die Theorie der Postmoderne von Jean-François Lyotard: War die Moderne das Zeitalter der Ideologien, der «Großen Erzählungen», so soll mit deren Plausibilitätsverlust und dem Einflussgewinn neuer Medien ein neues «postmodernes» Zeitalter begonnen haben.

3. Der Verlust der Zentralperspektive

Die vielfältigen zeitgenössischen Diagnosen, die sich des Präfixes «Post» bedienen – postindustriell, postmodern, postsozialistisch, postreligiös, postsäkular – sind allerdings nicht sonderlich problemaufschließend, da sie ihre Bestimmtheit ausschließlich aus dem vergangenen Zustand beziehen, von dem sie sich absetzen. Was sich in unserem kulturellen Haushalt verändert hat, was den Plausibilitätsverlust der «Großen Erzählungen» bewirkt, wird nicht deutlich. Ich möchte die Differenz auf eine andere Metapher bringen: den Verlust der Zentralperspektive.[230]

Die Grunderfahrung der Postmoderne besteht im Gegensatz zur Aufklärung darin, dass sie den Glauben verloren hat, man könne die Welt aus einer Zentralperspektive begreifen. Die Zentralperspektive entwickelte sich in der bildenden Kunst mit der Renaissance und dominierte bis zum Historismus, und sie verschwand in der Kunst des 20. Jahrhunderts. Dieses Verschwinden ist ein Zeichen für die fortschreitende Differenzierung und wachsende Komplexität unserer Weltbezüge, welche zwar schon die Modernisierung begleiteten, aber erst in den letzten Jahrzehnten bewusstseinsfähig wurden. Die Schwelle zwischen Moderne und Postmoderne ist deshalb kein Epochenbruch, sondern ein zweiter Reflexionsschub *innerhalb* der Aufklärung.

Die Betrachtung der Welt von einem zentralen Punkt aus, das erscheint uns *heute* bestenfalls als die *göttliche* Perspektive, wie sie uns am anschaulichsten in der zweiten biblischen Schöpfungsgeschichte überliefert ist. In ihrem Glauben an die Kraft einer vereinheitlichen-

---

230 Ich resümiere hier bereits veröffentlichte Ausführungen. Vgl. Franz-Xaver Kaufmann: Zwischenräume und Wechselwirkungen. Der Verlust der Zentralperspektive und das Christentum, in: Theologie und Glaube 96 (2006), S. 309–323.

den Vernunft, in ihrer Überzeugung von der Möglichkeit eines unmittelbaren Verhältnisses ‹des Menschen› zu ‹der Welt› als Verhältnis von Subjekt und Objekt übernahm die Aufklärung diese theozentrische Perspektive in säkularisierter Form. Sie setzte die vernünftige menschliche Subjektivität an die Stelle Gottes. Die ‹Entzauberung der Welt›, wie Max Weber den neuzeitlichen Rationalisierungsprozess genannt hat, vertreibt das Numinose aus der Welterfahrung, das war die Leistung der Aufklärung. Das postmoderne Denken dagegen entzaubert die menschliche Vernunft, es entkleidet sie ihres nur einem Gott zukommenden zentralperspektivischen Anspruchs. Indem die modernen Wissenschaften die physiologische, kulturelle und psychologische Bedingtheit all unseres Denkens und unserer Erkenntnis verdeutlichen, kränken sie einerseits das aufklärerische Selbstbewusstsein, ermöglichen jedoch gleichzeitig ein weit komplexeres und vielschichtigeres Verständnis der Wirklichkeiten, in denen wir leben. Sie ermöglichen – genauer gesagt – ein *multiperspektivisches Verständnis* dessen, was uns angeht, und das wir so gerne zur vereinfachenden Vorstellung einer eindeutigen Wirklichkeit zusammenziehen.

Eine ähnliche Kränkung erfährt auch das triumphalistische Kirchenverständnis: Autoritative Verkündigung von Glaube und Moral aus dem erst im zweiten Jahrtausend nach Christus beanspruchten Titel eines *Vicarius Christi* erscheint zu Beginn des dritten Jahrtausends als Anmaßung, ohne Chance, auch nur von den Gläubigen angenommen und innerlich verstanden zu werden.

Denn aus heutiger Sicht ist festzuhalten: Eindeutig ist nicht die Wirklichkeit, sondern sind bestenfalls bestimmte Perspektiven auf das, was wir Wirklichkeit nennen. Innerhalb unserer westlichen Kultur hat vor allem die Ausdifferenzierung der Einzelwissenschaften zu relativ eindeutigen, aber auch einseitigen Perspektiven auf die überkomplexe Wirklichkeit geführt, in der wir uns vorfinden. Die Pluralität der uns heute möglichen Erkenntnisformen und Rationalitätsstile lässt sich am ehesten durch eine «transversale» Form der Vernunft aufeinander vermitteln, durch eine Art des Denkens also, das zwischen unterschiedlichen Wirklichkeitsbestimmungen und Rationalitätsansprüchen hin und her geht und sie in dieser Weise auf Gemeinsamkeiten, Überschneidungen und Konvergenzen oder Divergenzen befragt. *Transversale Vernunft* ist ein Vermögen, das Differenzen wahrnimmt und erträgt, ohne daraus unvermittelbare

Verschiedenheiten zu machen, wie dies für heute als «fundamenta-listisch» bezeichnete Denkweisen charakteristisch ist.[231]

Der Verlust der Zentralperspektive, die Desillusionierung der nach harmonischer Einheit strebenden Vernunft, ermöglicht auch eine Rehabilitierung der religiösen Perspektive vor dem Forum der säkularen Vernunft. Wenn Wirklichkeiten nur einseitig, aus ver-schiedenen Perspektiven, verallgemeinernd gedeutet und verstanden werden können, gibt es keinen vernünftigen Grund mehr, der reli-giösen Perspektive ihre eigenständige Existenzberechtigung a priori abzusprechen. Die Entzauberung der Welt ist durchaus im Sinne des monotheistisch-transzendenten Gottesverständnisses. Der tran-szendente Gott wird von der Entzauberung der zentralperspektivi-schen Vernunft nicht in Mitleidenschaft gezogen. Die «Abklärung der Aufklärung» wie man das postmoderne Programm mit dem Ge-sellschaftstheoretiker Niklas Luhmann bezeichnen könnte, lässt sich heilsgeschichtlich als ein neuer Schritt in der Geschichte Gottes mit den Menschen verstehen, welche die Möglichkeit einer vertieften Gotteserkenntnis ebenso in sich birgt wie die Möglichkeiten eines freiheitlicheren und auf wechselseitiger Anerkennung von Differen-zen beruhenden Zusammenlebens unter den Menschen.

Allerdings folgt aus der Ratlosigkeit, in die die menschliche Ver-nunft angesichts der Komplexität der Welt und ihrer wieder ent-deckten Vielfalt fallen könnte, nicht automatisch eine Rückwendung zum Gottesglauben. Der Glaube an einen einzigen Gott wird viel-mehr durch die Einsicht in die unvermeidliche Multiperspektivität unserer Erkenntnis sozusagen verstellt und für viele unplausibel. Eine polytheistisches oder gar von einem anonymen Kosmismus durchwaltete Vorstellung von Transzendenz erscheint dem pluralis-tischen postmodernen Bewusstsein zunächst kongenialer. Nicht von ungefähr bemerkte bereits Friedrich Nietzsche: «Es scheint mir, dass zwar der religiöse Instinkt mächtig im Wachsen ist, – dass er aber ge-rade die theistische Befriedigung mit tiefem Misstrauen ablehnt.»[232] So können wir seit Anfang der achtziger Jahre in der westlichen Welt zwar ein erneutes Interesse an ‹Religion› beobachten, das sich jedoch weitgehend ohne Beziehung auf die christlichen Kirchen und ihre Traditionen entfaltet.

---

231 Vgl. Wolfgang Welsch: Vernunft. Die zeitgenössische Vernunftkritik und das Konzept der transversalen Vernunft, Frankfurt a. M. 1995.

232 Friedrich Nietzsche: Jenseits von Gut und Böse. Zur Genealogie der Moral, Stuttgart 1976, S. 65.

Kann sich unter diesen Umständen noch eine *katholische* Intellektualität entwickeln? Es fällt auf, dass in Deutschland trotz einer nach wie vor vielfältigen katholischen Medienlandschaft, trotz zahlreicher theologischer Fakultäten und katholischer Akademien und trotz zahlreicher Katholiken unter den einflussreichen Intellektuellen unserer Zeit der Referenzrahmen des Katholischen in der Öffentlichkeit sehr blass geworden ist. Ohne Namen von noch Lebenden zu nennen: Als explizit katholische Intellektuelle kommen einem vor allem Kardinäle, darunter Papst Benedikt XVI., und einige wenige durch das *Nihil obstat* kirchlich autorisierte Professoren der katholischen Theologie in den Sinn. Hier ist der Referenzrahmen des Katholischen sozusagen «amtlich» stabilisiert. Das gilt auch für die zahlreichen «Erklärungen» und Denkschriften, die von Kommissionen der Deutschen Bischofskonferenz oder dem Zentralkomitee der Deutschen Katholiken herausgegeben werden, darunter manche bedenkenswerte Stellungnahme zu Fragen der Zeit. Sie beanspruchen eine ähnliche Funktion wie die Stellungnahmen von Intellektuellen, aber es fehlt ihnen die persönliche Verantwortung und der Stil eines bestimmten Autors. Ihre Anonymität – und natürlich auch eine gewisse Biederkeit der Formulierungen, die häufig dem Gruppenprozess geschuldet ist – machen sie unattraktiv für intellektuelle Auseinandersetzungen.[233]

Vier wesentliche Umstände lassen sich aus dem Vorangehenden für diese Blässe des Katholischen in der Öffentlichkeit ausmachen: Erstens erwartet die Öffentlichkeit keine konfessionelle Profilierung der Kirchen mehr, sondern nach Möglichkeit ein gemeinsames «ökumenisches» Auftreten. Zweitens wird Konfessionalität allein noch den Kirchen zugeschrieben. Für das öffentliche Auftreten von Individuen gilt die Erwartung, dass sie Religion als Privatsache behandeln. Das Zeigen eines religiösen und erst recht eines konfessionellen Profils sprengt die Erwartungen «normaler» Kommunikation, wirkt also entweder störend oder zum mindes-

---

233 Immerhin hat das Gemeinsame Wort der Kirchen «Für eine Zukunft in Solidarität und Gerechtigkeit» (1997) eine breite öffentliche Diskussion ausgelöst. Allerdings: «Erfolg scheinen die Kirchen nur dann zu haben, wenn sie sich auf eine lebendige innerkirchliche Öffentlichkeit stützen können und in der gesellschaftlichen Öffentlichkeit schon eine gewisse Aufnahmebereitschaft für ihre Themen vorhanden ist.» (Karl Gabriel: Caritas und Sozialstaat unter Veränderungsdruck – Analysen und Perspektiven, Berlin 2007, S. 123.)

ten die Kommunikationssituation hin zum «Außergewöhnlichen» verändernd. Drittens folgt aus der Multiperspektivität unserer Erkenntnis- und Diskursprobleme, dass eine katholische, ja selbst eine christlich-religiöse Perspektive, heute nicht mehr unvermittelt mit anderen Perspektiven in der Verhandlung von Zeitfragen zur Geltung gebracht werden kann. Schließlich sind viertens die vorherrschenden Probleme oft komplex und moralisch ambivalent, sodass der Rekurs auf eine konfessionelle Identität wenig instruktiv ist. Und dort, wo eindeutig moralische Positionen problemstrukturierend wirken – etwa bei Fragen der Verelendung ganzer Menschengruppen, des Missbrauchs von Macht oder der Missachtung der Menschenwürde – ist die moralische Grundlage kein katholisches Sondergut, sondern erfreulicherweise nahezu Allgemeingut der tonangebenden Gruppen «westlicher» Gesellschaften geworden. Das in Europa herrschende Ethos beruht auch dort, wo es sich auf laizistische Quellen stützt, auf einem historischen Amalgam, dessen christliche Elemente im Vergleich mit anderen Kulturen besonders deutlich hervortreten.[234] Aber alltagspraktisch lässt sich das ziemlich folgenlos vergessen.

Allerdings ist dieses gemeinsame Ethos wirksam meist nur im Sinne einer *Minimalmoral*, und nicht selten vermag sich selbst diese gegen mächtige Interessen und abweichende Problembestimmungen nicht durchzusetzen. Es ist im Übrigen noch keineswegs ausgemacht, inwieweit das bis vor einer Generation im Wesentlichen von gläubigen Protestanten und Katholiken geprägte und getragene Ethos dem Vergessen seiner religiösen Ursprünge Stand hält. Der Wertepluralismus unserer Zeit ermöglicht einerseits eine komplexere Wahrnehmung unserer Wirklichkeiten und vielschichtigere Urteile. Aber der fehlende Konsens über Wertprioritäten lässt andererseits Werte zunehmend als gleich gültig und damit tendenziell auch als gleichgültig erscheinen. Nicht nur Religion, auch moralische Positionen werden zur Privatsache. Die öffentliche Meinung schwankt zwischen Indifferentismus und skandalisierender Empörung. Kluge abwägende Urteile haben es in der medialisierten Öffentlichkeit schwer.

---

234 Vgl. Elmar Rieger/Stephan Leibfried: Kultur versus Globalisierung. Sozialpolitische Theologie im Konfuzianismus und Christentum, Frankfurt a. M. 2004.

5. Intellektualität zwischen sozialer Nähe und Welthorizont

Könnte dagegen eine christlich imprägnierte oder gar katholische Intellektualität helfen? Wenn wir unter Intellektualität einen Habitus des Wahrnehmens und Urteilens verstehen, so ist zunächst nach den Bedingungen für das Entstehen eines Habitus zu fragen. Habitus entsteht durch Einüben bestimmter Orientierungs- und Handlungsmuster, er kann nur im Horizont bestimmter kultureller und praktischer Umstände entstehen. Die Entstehung von Habitus braucht einen einigermaßen stabilen sozialen Kontext. Auch wenn Intellektuelle sich meist als Einzelkämpfer verstehen, kann sich Intellektualität als Habitus doch nur im Kontext eines intellektuellen Milieus entwickeln, das in der Regel an bestimmte Kommunikationssituationen gebunden ist: an Orte wie Kaffeehäuser oder Hör- und Lesesäle, nicht zu vergessen die weltanschaulich geprägten Akademien[235]; an Medien wie Flugblätter, Bücher, Zeitschriften und Zeitungen oder neuerdings die Möglichkeiten digitaler Kommunikation. Im Vergleich zu den Intellektuellen des 19. und frühen 20. Jahrhunderts sind die Kommunikationssituationen heute lockerer und offener geworden.

Für den Habitus der Intellektualität ist der diskursive Austausch stilbildend, auch die streitbare Auseinandersetzung. Die Vielfalt und Komplexität öffentlich verhandelbarer Materien und die allgemeine Überflutung mit Informationsangeboten bringt es jedoch mit sich, dass wirklicher geistiger Austausch als ein bald affirmatives, bald kritisches Aufeinander-Eingehen zwischen Intellektuellen selten geworden ist. Zwar sind durch das Internet die infrastrukturellen Voraussetzungen für geistigen Austausch außerordentlich erweitert und erleichtert worden. Aber es bleibt das Problem, wie diejenigen zueinander finden, die sich etwas zu sagen haben. Und woher sie angesichts der Zeitnot infolge des Übermaßes an Möglichkeiten die Konzentration für einen solchen Austausch nehmen.

Damit Austausch zustande kommt, bedarf es gemeinsamer Horizonte, oder zum mindesten wird er dadurch enorm erleichtert. Gemeinsame Horizonte bilden mehr oder weniger tief gestaffelte Hintergründe jeglicher Kommunikation, vom Nahhorizont einer aktuellen Umgebung bis zu den in Sozialisationsprozessen erworbenen,

---

235 Vgl. hierzu Kaufmann, Zwischenräume und Wechselwirkungen, S. 318 ff.

relativ dauerhaften Strukturen kulturell codierter Perspektiven, die auch nach dem Plausibilitätsverlust der «Großen Erzählungen» eine die Wahrnehmung orientierende und Kommunikationsbereitschaft selektiv fördernde Wirkung in den Individuen entfalten. Dass zu solchen Strukturen auch konfessionell geprägte Perspektiven gehören, dürfte zum mindesten unter denjenigen, die sie teilen, auch heute noch unstrittig sein.

Dass kulturelle Ähnlichkeit sozialer Nähe förderlich ist, gehört nicht nur zum Elementarwissen der Soziologie, sondern auch zur Alltagserfahrung. Und weil im Umkehrschluss kulturelle Fremdheit irritiert, ja vielfach distanziert oder gar Aggressionen fördert, sind wir im Horizont des christlichen wie des aufklärerischen Universalismus und angesichts der im Zuge von Mobilisierung und Globalisierung zunehmenden Vermischung der Menschen unterschiedlicher Herkunft mit der Forderung konfrontiert, uns dem Fremden zu öffnen, Differenzen zu akzeptieren, ja geradezu den Austausch mit Anders-Gesinnten zu suchen.

Es gilt deshalb als «politisch unkorrekt», die Intensivierung des Austausches unter Seinesgleichen zu empfehlen. Dieser scheint sich ja spontan einzustellen, während die Akzeptanz des Fremden der spontanen Neigung widerspricht, also besonderer Anstrengung bedarf, die eine kulturelle Legitimation benötigt. Wenn aber unsere vorangehende Diagnose der postmodernen Situation im Kern richtig ist, so bewirkt die Vervielfältigung der Solidaritäten und ihrer Horizonte auch einen Relevanzverlust jedes einzelnen Horizonts. Das mag für alltagspraktische Probleme wenig Gewicht haben: Wir orientieren uns hier an konkreten Situationen von Fall zu Fall, und vermögen, wo sie auftreten, in der Regel auch die für ihre Bewältigung notwendigen Ressourcen zu mobilisieren. Problematischer wird dieser Umstand, wo es um grundsätzlichere Fragen geht, etwa um die Aktualisierung und Fortentwicklung kultureller Perspektiven selbst. Denn auch wenn solche Perspektiven heute keinen Exklusivitätsanspruch mehr erheben können und um ihrer eigenen Kulturbedeutung willen auf öffentlichen Austausch angewiesen sind, versteht sich ihr Inhalt nicht von selbst, sie bedürfen vielmehr in einer geschichtlichen Situation von bislang nie da gewesener, ja sich wahrscheinlich noch beschleunigender Dynamik einer fortgesetzten Vergewisserung und Aktualisierung. Die Außenwirksamkeit setzt eine entsprechende Binnenkommunikation voraus.

6. Warum ‹katholische› und nicht ‹christliche› Intellektualität?

Katholische Intellektualität heute ließe sich demzufolge als erworbener Habitus charakterisieren, welcher einerseits von katholischen Traditionen des Glaubens, Wissens, Handelns und Streitens geprägt ist, andererseits über wissenschaftliche oder künstlerische Kompetenzen verfügt, um beides aufeinander zu beziehen und im Hinblick auf konkrete Probleme zu aktualisieren. Während die vorkonziliaren katholischen Intellektuellen sich in der Regel innerkirchlicher Kritik enthielten, also lediglich *ad extra* argumentierten, hat die konziliare Anerkennung der relativen Autonomie der Sachbereiche auch zu einer wachsenden Anerkennung nicht-theologischer Perspektiven auf den kirchlichen Handlungszusammenhang geführt. Katholische Intellektualität kann sich heute auf den Handlungsraum kirchlicher Kommunikation *ad intra* ebenso beziehen wie *ad extra* auf «säkulare» Öffentlichkeiten oder Einrichtungen.

Das Moment des Katholischen dürfte allerdings in den beiden Kontexten unterschiedlich wirksam werden. Für innerkirchliche Interventionen bewirkt die aktive Zugehörigkeit zu oder zum mindesten eine sympathisierende Vertrautheit mit katholischen bzw. kirchlichen Traditionen häufig einen generellen Vertrauensvorschuss, der der Akzeptanz auch kritischer Äußerungen förderlich ist. Die Sachkompetenz ist zwar nicht zweitrangig, aber sie wird dann unterstellt, solange ihr nicht widersprochen wird. Im übrigen sind im innerkirchlichen Raum ganz ähnliche Modi der Reputationszuweisung wirksam wie in anderen sozialen Feldern.

Wesentlich diffiziler sind heute «katholische» Äußerungen im säkularen Raum, wie oben dargestellt. Zwar schlägt katholischen Intellektuellen nicht mehr – wie in der antimodernistischen Phase – ein Misstrauen allein auf Grund ihrer Kirchenzugehörigkeit entgegen. Aber Kredit gewinnen sie hier allein auf Grund ihrer sachlichen und rhetorischen Fähigkeiten, unabhängig von ihrem Bekenntnis. So urteilt wenigstens die öffentlich herrschende Meinung. Sind die Kontexte des Urteilens etwas persönlicher gefärbt, so mag allerdings das Zeigen eigener Überzeugungen durchaus zur Vertrauens- (oder manchmal auch Misstrauens-) bildung beizutragen.

Was derzeit als «Wiederkehr von Religion» apostrophiert wird, dürfte eher mit einer Defiziterfahrung im Kontext von Säkularität zu tun haben als mit einem Vitalitätsgewinn christlicher Traditionen.[236] Davon zu sprechen erschiene höchstens zulässig, wenn die hierzu befähigten Angehörigen der in Europa verankerten Glaubensgemeinschaften wieder offensiver nicht nur ihre Überzeugungen, sondern auch die in ihren Traditionen gespeicherten kulturellen Erfahrungen öffentlich vertreten wollten.

Warum aber ist in diesem Zusammenhang von einer «katholischen» und nicht von einer «christlichen» Intellektualität die Rede? Ist es nicht ein Gebot sowohl politischer Klugheit als auch des erfreulicherweise gewachsenen ökumenischen Geistes, für eine europäische Identität das Christentum und nicht etwa eine seiner Konfessionen als religiöse Grundlage zu postulieren? Dies sei nicht in Frage gestellt. Aber es bleibt doch unverkennbar, dass sich das Christentum in der europäischen Geschichte durch vielfältige konfessionelle Trennungen hindurch entwickelt hat, und dass es diese Konfessionen – insbesondere die römisch-katholische, die orthodoxe, die anglikanische, die lutherische und die reformierte – gewesen sind, welche die Glaubenstraditionen der verschiedenen Regionen Europas geprägt haben und noch heute – wenngleich in stärkerem Austausch – weitgehend prägen. Trotz der (oft eher polemischen) Rede von einer «Dritten Konfession» gibt es bisher keine «ökumenische Konfession». Ökumene entsteht zwischen, nicht über den Konfessionen! Sie prägt typischerweise nicht den Habitus der heranwachsenden Christen, die nach wie vor – wenn überhaupt – im Horizont der Konfession ihrer Eltern aufwachsen. Konfessionen verfügen über ein «Langzeitgedächtnis», das sich in ihren Institutionen manifestiert.[237] Die Ökumene dagegen verfügt kaum über Institutionen.

Nicht allein hinsichtlich bestimmter Glaubensinterpretationen, des Ritus, der Art ihrer Religiosität und der Lebensführung unterscheiden sich die Konfessionen, sondern auch hinsichtlich dominierender gesellschaftspolitischer Einstellungen. So postuliert z. B. Karl Gabriel ein «Sozial-katholisches Modell des Sozialstaats», das sich deutlich von liberalen und sozialistischen, aber auch von evangelisch-

236 Zu Recht verweist Hans Joas auf den Umstand, dass das «postmoderne» Prinzip eines «entgrenzten Pluralismus als einer Verbürgung von Freiheit und Kreativität» auf «interne Schwierigkeiten eines solchen Denkens [stößt], das ja implizit auf ein Ethos der Toleranz und des gewaltfreien Zusammenlebens gestimmt war, allerdings die Fundierung für ein solches Ethos nicht liefern konnte». Hans Joas: Gesellschaft, Staat und Religion. Ihr Verhältnis in der Sicht der Weltreligionen. Eine Einleitung, in: Säkularisierung und Weltreligionen, hg. von Hans Joas und Klaus Wiegandt, Frankfurt a. M. 2007, S. 9–34, Zitat S. 13.
237 Michael Opielka: Kultur versus Religion?, Bielefeld 2007, S. 59.

sozialen Interpretationen des Sozialstaats abhebt.[238] Neben vielen Gemeinsamkeiten enthalten die unterschiedlichen christlichen Traditionen moralische Eigengüter, deren Kraft durch eine ökumenische Einebnung eher gelähmt als gefördert wird. Das wird insbesondere mit Bezug auf die Verarbeitung der Aufklärung sichtbar: Die katholische Tradition postuliert als Ergebnis neuzeitlicher Individualisierungsprozesse «Personalität» statt «Subjektivität» und verweist damit auf die unhintergehbare Sozialität menschlicher Existenz. Sie betont die Unverfügbarkeit menschlichen Lebens und profiliert in der Ritualität ihrer gottesdienstlichen Vollzüge eine sinnliche Präsenz Gottes, wie sie ähnlich ausgeprägt nur noch in der Orthodoxie zu finden ist. Dem entsprechend geht vom Katholischen auch eine ästhetische Faszination aus, die auch unabhängig von der Glaubensbindung zu ergreifen vermag.[239]

Über Unterschiede zwischen der katholischen Konfession und anderen christlichen Konfessionen sowie ihre mentalitätsmäßigen und lebensweltlichen Konsequenzen ist viel geschrieben worden. Auf einen auch für aktuelle Auseinandersetzungen ziemlich fundamentalen Unterschied macht Wolfgang Braungart aufmerksam: Die Aufklärung ist im Wesentlichen auf protestantischem Wurzelgrund gewachsen, sieht man vom französischen Laizismus ab. «Die protestantische Mentalität konnotiert Selbstzweifel, Selbstbefragung, Introspektion. … Die Verpflichtung auf Subjektivität wird nun zu einer unhintergehbaren Voraussetzung der Literatur der Moderne … Melancholie adelt. Seither hat es die Heiterkeit in der deutschen Literatur schwer.»[240] Die katholische Mentalität kennt ein affirmativeres Verhältnis zur Wirklichkeit, das eben nie ausschließlich subjektbezogen, sondern stets auch gemeinschaftsbezogen konnotiert wird. Dem entsprechend hat sie auch mehr Sinn für die Bedeutung von Partikularitäten, was einem subsidiären Politikverständnis kongenial ist. Sie erscheint heute auch eher disponiert, die Eigenständig-

238 Vgl. Gabriel, Caritas und Sozialstaat, S. 88 ff. – Zur evangelischen Interpretation vgl. Philipp Manow: «The Good, the Bad, and the Ugly». Esping-Andersens Sozialstaats-Typologie und die konfessionellen Wurzeln des westlichen Wohlfahrtsstaates, in: Kölner Zeitschrift für Soziologie und Sozialpsychologie 52 (2002), S. 203–225.

239 Vgl. Wolfgang Braungart: Ästhetischer Katholizismus. Historisch-systematische Überlegungen im Ausgang von der Romantik, in: Zur Debatte 37 (2007) H. 3, S. 41 ff.

240 Wolfgang Braungart: Zwischen Protestantismus und Katholizismus. Zu einem poetischen Strukturprinzip der Lyrik Georg Trakls. Zeitschrift für Deutsche Philologie 119 (2000), H. 4, S. 545–563, Zitate S. 545–547. Ich danke Wolfgang Braungart für wichtige Anmerkungen zum ersten Entwurf dieses Aufsatzes.

keit historisch-kultureller Entwicklungen gegen eine naturalistische Weltauslegung zu behaupten.

Die innerchristliche Pluralität ist in einer pluralen Moderne ein Vorzug und kein Nachteil für die öffentliche Relevanz des Christentums. Die Ökumene sollte sich nicht auf die Suche nach einem gemeinsamen Nenner, sondern ebenso in wechselseitiger konfessioneller Kritik auf der Basis einer fundamentalen wechselseitigen Anerkennung äußern. Es fällt beispielsweise auf, dass im Korruptionsindex von *Transparency International* die protestantischen Staaten Europas deutlich günstigere Werte aufweisen als die katholischen, was zu mancherlei Rückfragen Anlass geben könnte.

Mein Plädoyer für katholische Intellektualität ist somit nicht gegen ökumenische Bestrebungen gerichtet, sondern beruht auf der Annahme – oder hoffentlich Einsicht – dass die Eigenwertigkeiten der verschiedenen Konfessionen auch heute noch Wesentliches für ein modernitätsresistentes und zukunftsfähiges Christentum bereithalten. Katholische Intellektualität heute bedeutet kritische Vergewisserung der eigenen Tradition im Horizont verschiedener «Post»-Diagnosen – von der Postmoderne bis zur Postsäkularität. Und sie bedeutet Zeitkritik im Lichte von daraus gewonnenen Einsichten und Überzeugungen, unter Berücksichtigung der jeweiligen Fach- und Sachkompetenzen, die einem jeden von uns durch Bildung, Beruf und Lebensumstände zugewachsen sind.

NACHWEIS DER ERSTVERÖFFENTLICHUNGEN

I. Der europäische Sonderweg der Religion. In: Otfried Höffe/Andreas Kablitz (Hg.): Religion im säkularen Europa, Paderborn: Wilhelm Fink, 2018, S. 19–31.

II. Was ist katholisch, was ist «römischer Geist»? In: Christ in der Gegenwart, Nr. 36, 2011, S. 421 f.

III. Kirche angesichts der Ambivalenzen der Moderne. In: Magnus Striet (Hg.): «Nicht außerhalb der Welt». Theologie und Soziologie (Katholizismus im Umbruch, Bd. 1), Freiburg i. Br. 2014: Verlag Herder, S. 93–119.

IV. Vom Zwiespalt der Kirchenkritik. In: Frankfurter Allgemeine Zeitung, Nr. 48, 26. Februar 2011, S. 6.

V. Dimensionen der Kirchenkrise. In: Judith Könemann/Thomas Schüller (Hg.): Das Memorandum. Die Positionen im Für und Wider, Freiburg i. Br.: Herder, 2011, S. 157–182; gekürzte Fassung in: Schweizerische Kirchenzeitung 179 (2011), S. 587–592.

VI. Moralische Lethargie in der Kirche. In: Frankfurter Allgemeine Zeitung, Nr. 96, 26. April 2010, S. 8.

VII. Entweltlichte Kirche? In: Frankfurter Allgemeine Zeitung, Nr. 23, 27. Januar 2012, S. 11. Nachdruck unter dem Titel: Entweltlichung als Forderung an die Kirche? In: Jan-Heiner Tück (Hg.): Der Theologenpapst. Eine kritische Würdigung Benedikts XVI., Freiburg i. Br.: Verlag Herder, 2013, S. 176–183.

VIII. Kritik des Klerikalismus. Als kürzere Originalfassung in: Frankfurter Allgemeine Zeitung, Nr. 149, 1. Juli 2019, S. 6.

IX. Römischer Zentralismus: Entstehung – Erfolg – Gefahren. In: Orientierung (Zürich) 66 (2002), S. 112–116 und S. 125–127.

X. Entwicklung und Dilemmata der päpstlichen Kurie. Vorfassungen unter dem Titel: Vom Elend des römischen Zentralismus. In: Frankfurter Allgemeine Zeitung, Nr. 152, 3. Juli 2012, S. 6; sowie in: Michael Felder und Jörg Schwaratzki (Hg.): Glaubwürdigkeit der Kirche – Würde der Glaubenden, Freiburg i. Br.: Herder Verlag, 2012, S. 71–80.

XI. Zur Soziologie der Sünde: Vom Umgang mit Schuld in der Kirche. Veröffentlicht unter leicht verändertem Titel in: Michael Meyer-Blank u. a. (Hg.): Sündenpredigt (Ökumenische Studien zur Predigt, Bd. 8), München: Don Bosco Medien, 2012, S. 159–176. Erweiterte (Original-) Fassung unter dem Titel: Vom Umgang mit Sünde in der Kirche – eine soziologische Betrachtung. In: Franz-Xaver Kaufmann: Kirche in der ambivalenten Moderne, Freiburg i. Br.: Herder, 2012, S. 146–166.

XII. Ist das Christentum in Deutschland zukunftsfähig? In: Kirche – Idee und Wirklichkeit. Für eine Erinnerung aus dem Ursprung, im Auftrag der Eugen-Biser-Stiftung hg. von Richard Heinzmann, Freiburg i. Br.: Herder, 2014, S. 251–269.

XIII. Kann es heute katholische Intellektualität geben? Veröffentlicht unter dem Titel: Den Schutt der Geistfeindschaft wegräumen. Brachliegende Felder katholischer Intellektualität. In: FUGE, Journal für Religion & Moderne, Paderborn: Schöningh, Bd. 2, 2008, S. 7–24.